자세한 이야기는 다음에

자세한 이야기는 다음에

박성기 지음

도서출판 동인

글쓴이의 말

수상록 1집 『무와 숭어』를 출간한 지 2년이 지났다.

이제금, 살아가는 삶에 진폭이 없어, 머릿속을 다 긁어내도 한 권의 책에 이르지 못한다. 하여, 지나친 내 것에 대하여 글 아닌 글을 꾸어대기도 한다. 그게 가만히 엎드려 있는 것보다는 책상머리에 앉아 시간을 죽이기가 쉬울 듯해서.

그런 와중에서도 「주는 대로 받지요」는 많은 세월 살아가는 사람들의 향기일 것 같았다. 「주는 대로 잡수세요」 또한 요즘 시세와는 맞지 않게 돌아가는 대목이 분명하다. 급기야 「자세한 이야기는 다음에」에 이르러서는 숱한 시간을 흘려보낸 이들의 노회(老獪)를 엿보일 뿐이다.

나는 어느 글귀를 잡고 있는 순간에도 아버지와 아버지의 아버지를 가슴에서 풀어놓은 적이 없었다. 아버지와 아버지의 아버지는 내가 효자노릇 한번 해보고픈 시간적인 여유를 주지 않으셨다. 다만 나는 그분들이 나에게 던지고 홀연히 사라진 그림자에 대한 추적을 계속하기에 은혜의 빚을 스스로에게 부과하고 있는 것이다. 이러한 나의 뚜렷한 생각이 박상민의 「손전등」에서 이어지기를 기대해본다.

지금 나는,

사오년 전 『경남문학』에 단편 「회유」를 실은 후, 생각하면 할수록 옅어지는 생각들 속에 나를 깊숙이 가두고 있다. 「신라의 개」에서도 밝혔듯이 자꾸만 가늘어지고 그리고 끝내 막히고 마는 것들.

「낮이 짖을 때」(『현대문학』 2014. 5.)를 읽고 실타래를 풀어내는 손재주에 감동하고, 앨리스 먼로의 「내가 당신에게 하고 싶었던 말은」을 읽으면서 가슴 조였던 연민을 되새김하고. 이렇게 하는 사이, 쓰고자 하는 그리고 써야만 하는 나의 향기를 상실해가고 있는 것일까?

동녘이 희붐하게 밝아오는데, 아직 턱을 괴고 책상머리에 앉아있다.

차례

3부 존슨의 편지

4부 손전등

1부　할아버지를 그리며

석탄도둑

기차가 석탄을 지펴 가던 때의 일이다. 대학에 들었을 무렵이니 57년에도 사정은 그랬다.

D 시의 하치장에는 태산만큼 높은 석탄 무더기가 여기저기 쌓여있었다. 하치장은 기차역과 동네를 구분 짓기 위하여 시멘트 담벼락을 두르고 있었다. 처음에는 경계 표시로 나지막한 블록 두세 장을 쌓아올렸었다. 석탄의 부정반출이 극심해지자 나중에는 형무소 담벼락만큼이나 높게 쌓아올렸다. 무단반출을 하면서 흘린 석탄 부스러기가 온 동네골목 구석구석을 탄전처럼 까맣게 칠했으니까 짐작할 만했다.

높이 솟구친 담벼락에도 불구하고 유출이 없는 것은 아니었다. 날쌘 고교생쯤이면 도움닫기로 뛰어와 장대높이뛰기라도 하듯 담을 훌쩍 넘을 수 있었다. 그중에서도 차돌처럼 야무지게 보이는 '석이 형'이라고 불리는 녀석이 있었다. 그는 허리춤에 빈 포대기를 꿰차고 비호같이 날아다녔다. 그는 그런 일로 파출소엘 밥 먹듯 불려 다니더니 결국엔 고등학교를 중퇴하고 말았다. 그 후로도 하는 일이 마땅히 없다 보니 걸핏하면 담 너머 석탄을 도둑질하는 짓을 업으로 삼고 살았다.

그에게는 일곱 살 아래 석이라는 남동생이 있었다. 초등학교 5학년인

석이는 걸핏하면 내 동생을 때렸다. 내 동생 홍이는 어수룩해 보였던지 매일같이 맞고 다녔다. 맞을 이유 같은 것은 없었다. 때리니까 맞는 것이었다. 때리는 녀석도 맞아주니까 때리는 일에 잔뜩 재미를 붙인 모양이었다. 게다가 때리기만 하면 먹을거리도 생기고 별게 다 굴러들어오니까 때리는 일은 일상이 되었다.

하루는, 홍이가 골목길에 앉아 울고 있었다. 자초지종을 묻자 홍이는 내가 사준 연을 뺏겼다는 것이었다. 주지 않으려고 떼를 썼는데 억지로 뺏어갔다고 했다. 실랑이를 벌리는 통에 연의 꼬리가 잘리고 몸통이 부러졌다고 했다. 빼앗기는 것보다 연이 망가지는 것이 더 마음을 아프게 한 것 같았다.

그날 오후, 석이는 부러진 연을 이렁저렁 고쳐 길거리에서 날리고 있었다.

"야! 그 연 홍이에게 돌려줘라."

나는 단호하게 얘기했다. 그러나 석이는 돌려줄 마음이 없어보였다.

"자식! 네 것 내 것도 모르는 거야? 이리 내!"

석이는 나를 노려보더니 연을 북북 찢어버렸다.

"고얀 자식!"

나는 석이의 머리에 꿀밤을 주었다.

"우리 형한테 이를 거야!"

석이가 울면서 말했다.

드디어 석이 형이 나에게 싸움을 걸어왔다. 굴러들어온 돌이 박힌 돌 빼려 든다는 것이 싸움을 걸어온 이유였다. 대학 새내기였던 나는 내가 살고 있던 P 시에서 D 시로 옮겨와 당숙 집에 기거하면서 학교를 다니고 있었다. 그러니까 홍이는 내 제종동생이었다.

앞서도 언급했지만, 석이 형은 키는 작았지만 가슴팍이 빵빵한 싸움꾼처럼 보였다. 내가 상대하기엔 버겁다는 생각이 들었지만 나도 20살 나이에 체면을 구길 수는 없었다. 싸우기로 정해진 날, 나는 오도관 사범 둘을 들러리로 배치시켰고 실전에 돌입했다. 싸움은 싱겁게 끝났다. 나의 번개같은 돌려차기 한 방에 석이 형은 엎어져 게거품을 물었다. 나의 검은 띠가 여실히 효력을 보여준 것이었다.

다음날 형사 두 명이 나를 강제 연행했다. 석이 엄마가 파출소에 신고를 한 모양이었다. 파출소에 끌려간 나는, 무술을 연마한 사람이 약한 시민을 제압했다는 이유로 하루 종일 파출소 귀퉁이 신세를 지고 있었다. 이따금 형사들로부터 쌍소리를 듣기도 했고 알밤을 맞기도 했다.

나중에 들은 얘기로는, 오도관 관장이었던 이 중령이 직접 전화로 선처를 구했다는 것이었다. 당시 오도관은 2군 산하 육군 태권도 도장의 요람이었다. 그곳에서는 군인과 민간인이 수련시간을 따로 마련해 운영하고 있었지만 사범들은 일반인과 군인들을 나누지 않고 함께 관리하고 있었다.

또 다른 한 가지 후문으로는, 석이 형이 절뚝거리며 파출소에 찾아와 처벌을 하지 말아달라는 간곡한 부탁이 있었다고 했다. 그 친구 어디서 배운 의리는 있는 것 같았다.

석탄을 때던 기차가 디젤엔진으로 바뀌면서 그 많던 석탄도 어디론가 사라져버렸다. 그 후 석탄 도둑이었던 석이 형이 개과천선을 했는지는 알 수 없는 일이었다. 청소년보호소 입소 출소를 밥 먹듯 거듭한 후, 중국집 배달부로 식당종업원으로 무수히 직종을 바꾸다 지금은 어엿한 건어물도

매상 사장으로 행세를 하고 있다는 풍문을 들었다.

　홍이도 아버지 사업을 물려받아 재래시장의 장사치가 되었고, 결혼하여 슬하에 아들 딸 하나씩을 둔 다복한 가정의 가장이 되었다. 하지만 석이의 소식은 듣지 못했고 아무도 아는 이가 없다고 했다.

놓아주는 미덕

밀양강 단산천 보에서 장대낚시를 하는 사람이 있다.

평소 같으면 낚시를 할 자리가 아니다. 여름철, 동네 꼬마들이 장난삼아 장대질을 하긴 하겠지만. 그러다 요행히 한두 마리가 낚이면 그 자리에서 패대기를 치고 말 것이다. 배가 터지고 비척 말라서 끝내는 개미들이 잔치소동을 벌이게 될 것이다. 그런데 이 낚시꾼은 채비가 제법 갖춰진 영감님이다. 게다가 기다란 어망을 물속에 담가두고 있다.

"좀 낚입니까?"

'좀'은 예령이다. 그는 나를 힐끔 올려다본다. 나는 계면쩍어 흘러가는 찌만 한동안 바라본다. 순간 그가 뱃바닥이 눈부시게 새하얀 피리를 낚아올린다.

"피리가 꽤 크군요."

"이게 참피리라는 겁니다."

아까와는 달리 그가 설명을 단다. 인내심을 갖고 지켜봐줘서 고맙다는 표시인 것 같다.

"여긴 참피리가 많은가 보죠?"

돌무더기에 자리를 잡아 앉으며 던지는 말이다.

"오랜만에 보는 놈이오."

"그렇게 귀한가요?"

그는 오십 년을 낚시를 했단다. 그새 많던 물고기가 도시 어디로 증발해버렸다는 듯이, 투덜거리기 시작한다. 고급스러운 품종의 물고기들이 사라진 데 대해 분개하기까지 한다.

"무슨 귀한 물고기가 있었기에 화를 다 내시고 그러세요."

"잉어, 누치는 기본어종이고 언어, 빠가사리, 기름종지, 꺽지, 쏘가리……"

"아니 이 천에 쏘가리가 있었다고요?"

의외라는 듯 천의 상하류를 굽어보면서 내가 묻는다.

"몇 년 전만 하더라도 팔뚝만한 황쏘가리를 내 손으로 낚았다니까?"

그는 팔꿈치까지 소매를 걷어 크기를 재 보인다.

쏘가리 낚시라면 나도 할 말이 있다.

진양호 위쪽 오미에 밤낚시를 간 적이 있었다. 덕유산에서 발원한 물줄기가 면면이 이어오다 함양, 생초, 산청을 거쳐 합수하는 지점이 진양호다. 이 지점들은 물이 맑고 수량이 많아 급류를 이루고 있어 각종 물고기가 서식한다. 또 그걸 노리는 천연기념물인 수달도 흔히 발견되는 곳이다. 그래서 이따금 예상치 않은 쏘가리가 포획되기도 한다. 단양이나 홍천처럼 쏘가리 전문낚시꾼들이 대대적으로 출조하는 그런 곳은 아니다. 하지만 붕어나 피리를 낚다 보면 낚시에 걸린 작은 고기를 낚아채는 쏘가리를 종종 만날 수 있다.

그날 오미에서의 밤낚시 조황은 씨알 좋은 붕어로 손맛을 제대로 보았다. 하지만 해가 떠오르자 붕어는 자취를 감추었고 잡어들의 입질이 극성을 부렸다. 이쯤에서 채비를 거두려는 순간 갑자기 찌가 물속으로 곤두박질쳤다. 계속 깝죽거리기만 하던 피리가 달랑 걸려나왔다. 나는 제풀에 피리가 떨어져나가도록 장대를 들었다 놓기를 반복했다. 그때였다. 갑자기 낚싯대 전체를 물속으로 끌어당기는 힘에 놀라 장대를 놓치지 않으려고 안간힘을 썼다. 대나무로 만든 낚싯대는 여지없이 부러졌다. 물속으로 계속 끌고 가려는 힘에 눌려 한동안 장대 끝만 쥐고 버틸 뿐이었다. 아마도 꽤 큰 가물치가 걸렸을 거라고 생각했다. 그때까지만 해도 나는 쏘가리라는 물고기를 알지 못했다. 천신만고 끝에 잡아낸 고기는 다름 아닌 초대형 쏘가리였다. 이곳의 어부도 이처럼 큰 쏘가리를 본 적이 없었다고 했다.

나는 민물고기를 먹지 않는다. 그래서 잡은 쏘가리를 처치할 방도를 몰랐다. 햇볕에 말리다 소나기에 젖어 부패해 내버리고 말았다. 어탁을 해 기념으로 남길 수도 있었을 것을, 생각할수록 안타까운 마음이 들었다.

수년이 지나고 생초에 들른 적이 있었다.

생초는 낙동강의 지류인 경호강을 끼고 있어 민물고기 식당이 몇 있다. 잉어나 붕어찜을 전문적으로 하는 집이 있는가 하면 잡어추어탕을 끓여내는 집도 있다. 우리 일행은 쏘가리를 전문으로 하는 집엘 들렀다. 엔간히 큰 쏘가리 한 마리에 거금을 투자하기로 하고 주문을 했다.

먼저 쏘가리회가 들어왔다. 처음에는, 민물고기 회여서 일행들은 미적거렸지만 이내 그 호화스러운 맛에 심취해 순식간에 접시를 비우고 만다. 피리튀김을 서비스로 시식한 후 마침내 쏘가리탕이 나왔다. 천상천하 유아독존! 나는 바다고기 회를 먹은 후 으레 나오는 비릿한 어탕일 거라 생각했다. 아니었다. 생전 처음 대하는 쏘가리탕은 그 어느 것과 견줄 수 없는 맛을 지니고 있었다. 오죽하면 천상천하라 감히 일컬을 수 있었을까. 어느 찌는 듯한 여름, 강원도 내린천 변 모래사장에서 먹었던 어탕 생각이 났다.

그 감칠맛에 비교를 불허하는 쏘가리탕의 오묘한 맛.

　나는 그 후로 쏘가리회나 탕을 먹을 기회를 갖지 못하고 있다. 내가 사는 밀양강에서는 쏘가리가 멸종한 것이 이유가 되기도 한다. 다른 이유는 값이 너무 비싸다는 것이다. 현지까지 가는 교통비를 더하면, 우리 집한 달 부식비가 한 끼 식사비로 들어간다. 한 가지 이유를 더하면, 식당에서 판매하는 쏘가리의 90% 이상이 중국산이라는 보도가 있고부터 발걸음이 놓이질 않는 점도 있다.

　밀양강에 쏘가리가 돌아온다면, 그때는 장대낚싯대라도 장만해 낚시도 하고 맑은 물에 발을 담그기도 할 텐데. 행여 나의 낚시에 쏘가리가 걸려든다면, 낚아내는 손맛을 보았으니까 놓아주는 미덕을 베풀 수 있으리라, 이제는.

등산

오를 때는
경사각이 낮아보였다.

차츰, 저려오는
허릴 움켜쥐고
오금을 싸잡고
숨은,
또 한 구비를 넘는다.

내려올 때는
경사가 섰다.

늙은 호박을 딸 때까지

올해는 기어이 호박을 심어야겠다고 작심했다. 별스런 이유가 있어서 가 아니었다. 그냥 심고 싶다는 생각에 빠지다 보니 그랬다.

구덩이를 어디다 파지? 호박은 뭐래도 밑거름이랬다.

인분을 퍼다 붓고 알맞게 발효시킬 구덩이가 필요한 것이었다. 그런데 요즘 세상에 인분이 있을 리 없었다. 인분에 버금가는 영양소가 함유된 거름을 구입해서 써야 할 처지였다. 그때 나에게 묘안이 떠올랐다. 다름 아니라 밭 한 모퉁이에 아무렇게나 쌓아둔 거름무더기 생각이 났다. 작년 여름부터 김을 맨 풀이며, 가을에 알곡을 뺀 나머지 옥수숫대며, 버리지 않고 모아두었던 음식찌꺼기, 쓰다 굴러다니던 깻묵뭉치들을 잡탕으로 모아둔 거름무더기 생각이 난 것이었다.

장날, 나는 애호박과 줄기호박 모종을 각각 세 포기씩 샀다.

애호박은 밑거름을 퍼다 옮긴 밭골에 심었다. 그리고 줄기호박은 거름무더기 가장자리에 심었다. 왜냐면, 애호박은 면적을 적게 차지하겠지만 아무래도 줄기호박은 그렇지 않을 거라 생각했기 때문이었다.

처음에 모종을 사왔을 때는 그들끼리 구별이 잘 되지 않았다. 그 나물

20

에 그 밥이라 여겨졌다. 그런데 그게 아니었다. 시간이 흐를수록 녀석들은 본색을 드러내기 시작했다. 완전히 가는 길을 달리 했다. 애호박은 이파리가 몇 잎 달리기도 전에 꽃을 피우고 꽃 아래에 눈깔사탕만한 호박을 달았다. 그런데 줄기호박은 거름무더기 위로 줄기와 잎을 왕성하게 뻗느라 열매를 달 여유가 없는 것 같았다. 애호박 잎이 갓난아이 손바닥만 했다면 줄기호박 잎은 커다란 연잎 같았다. 줄기호박은 세 그루에서 세 가닥의 줄기를 줄기차게 뻗더니 어느 날 아침, 반대방향으로 다섯 개의 다른 줄기를 뻗기 시작했다. 원래 호박구덩이가 있었던 자리를 중심으로 커다란 원을 그리려나 보다 했다.

아침마다 텃밭에 나가면 두 종류의 호박을 자연스레 보게 되었다. 비교의 대상은 아니었지만 이상하리만큼 눈길이 두 군데로 나뉘어 쏠렸다.

애호박은 줄기호박에 비해 가련하게 보였다. 그래서인지 유기농 비료를 이따금 뿌려주었다. 그런다고 해서 아담한 태를 벗어날 것 같지 않았지만. 애호박꽃은 장난감 호박꽃 같았다. 플라스틱처럼 단단하고 샛노랬다. 노랑기가 울트라옐로 같았다. 그래서인지 벌 나비가 날아들지 않는 것 같았다. 이제나저제나 날아들겠지 했는데 꽃잎이 그만 시들고 말았다. 며칠 전부터 옆으로 기는 곁가지가 돋아나 노란 비닐 끈으로 발을 엮어 시렁으로 올릴 참이었다.

반면에 줄기호박은 거름에다 맹물을 부어도 쑥쑥 자랐다. 이러다간 감당할 수 없을 정도로 번져나갈 것 같았다. 담장이라고 쳐놓은 두 가닥 철사 아래에서 자라고 있는 빨간 강낭콩 줄기와 겹쳐 얽힐 게 뻔했다. 아직은 강낭콩이 계절 탓으로 제자리걸음을 하고 있지만 가을쯤이면 사정은 다를 것이었다. 작년에 우연히 몇 포기 심은 강낭콩잎이 엄청 불어나 뒤치다꺼리에 애를 먹었던 기억이 새로웠다. 올해에는 볼만한 한판 승부가 펼쳐질 것이 예상되었다. 자연은 서로 부딪히며 이겨내는 자만이 존재할 수 있는 냉엄한 삶을 펼치게 하는 것 같았다. 하지만 나는 이 순간 그들이 공생할 수 있는 길을 모색해나가기를 고대하고 있는 것이었다.

오월의 막바지, 낮 동안의 햇볕이 몹시 따가웠다.

잘 자라던 줄기호박잎이 여름을 탔다. 잎사귀가 까칠하게 축 처졌다. 저러다 말라버리지나 않을까 걱정이었다. 하지만 새벽녘이면 밤새 내린 이슬로 생기를 되찾곤 했다. 믿기지 않는 이런 현상이 되풀이되었다. 애호박은 그에 비해 따가운 햇볕의 피해를 덜 입었다. 앙증스럽게 작은 잎사귀가 태양열을 머금을 공간이 부족하나 보다.

유월에 들면서 비가 내렸다. 이번 강수량은 5밀리리터 정도랬다. 해갈하기에는 턱없이 부족하겠지만 작물들은 그 틈을 타 성장을 이어갔다. 이럴 경우 습도가 높은 밤을 도와 성장하는 것 같았다. 새벽엔 줄기호박의 새로운 곁가지가 삐죽 나왔고 애호박도 새 꽃을 피웠다. 줄기호박은 아직 꽃을 달 기미를 보이지 않았다. 하기야 잎을 쪄 보리밥에 싸서 된장을 얹어 먹는 게 줄기호박의 멋이 아니었던가. 내가 서둘러 걸탐을 내고 있는 것 같았다. 같이 먹을 풋고추도 아직은 꽃만 조롱조롱 달 뿐 열매는 보이지 않았다. 열무김치를 담글 때까지는 기다려야 할 것 같았다.

'그 사이 거름밭이나 더 거루어야겠다. 호박잎쌈이란 게 더워져서야 제격이라니까.'

'호박을 썰어 넣어 약간 매콤하게 끓인 된장찌개는 속을 편안하게 해주리라. 뿐만 아니라 호박잎줄기에서 가시 부분을 벗겨내고 주물럭거려 들깨와 함께 끓인 된장국은 참으로 별미지. 누런 호박으로 갖가지 요리를 할

때까지 기다릴 필요는 없는 거야.'

그런데 드디어 줄기호박이 말썽을 부리기 시작했다. 웃자라다 결국 남의 경작지 안으로 발을 들여놓기 시작한 것이었다. 두어 평 남짓한 거름 무더기에 세 식구가 산다는 게 애초부터 무리였다. 시골 담벼락에, 초가지 붕에, 가죽나무 꼭대기까지 둥지를 터는 녀석의 웅장함을 상상하지 못한 게 문제였다. 그렇다고 이미 자란 줄기를 잘라내기도 뭣했다. 일단 방향전 환을 시도해야겠다.

거름무더기와 주변에 말뚝을 박아 끈으로 엮어 2층 시렁을 만들었다. 얼마나 효용이 있을 것인지는 알 수 없었다. 비가 내릴 것 같으면 시렁 위 에 비닐을 덮어 웃자라는 것을 억제해야 될 것도 같았다. 그렇게 해서라도 버틸 때까지 버텨보려는 것이었다.

첫 비는 찔끔 내리다 그쳤다. 많이들 고대했던 빈데 그만 날이 들었 다. 하늘이 하는 일을 어찌 말릴 수 있겠는가. 그래도 밤새 기온이 내리고 다음날에도 구름이 머물러 있어 애호박이 기지개를 켰다. 포도알 같은 호 박이 다섯 개나 달렸다. 줄기도 두 가닥이나 슬그머니 발을 내밀었다. 상추 를 뺀 두어 뼘 빈자리에 발을 펴도록 줄기를 가지런히 펴주었다. 얼마나 자랄지 지켜볼 참이었다. 한편 줄기호박은 행여 꽃이 피려나, 잎사귀를 뒤 적여도 아직은 아닌 것 같았다. 뜸을 들여도 무지 오래 들인다 싶었다. 지 쳐서라기보다 아직은 기다림이 훨씬 컸다.

꾸어서라도 한다는 장마가 시작되었다. 칠년대한 가문 날에 비 안 내 리는 날 없고, 오뉴월 장마에도 볕 안 드는 날 없다고 했던가. 해가림, 비가 림을 오로지 비닐덮개에 의지하다 보니 올 걸음 줄 걸음을 칠 때가 한두

23

번이 아니었다. 그깟 호박모종 댓 포기 심어놓고 수선을 떠는 내 모습이 우스웠다.

그 사이 애호박은 열매를 달았다가 제물에 꼭지가 빠졌지만 그래도 서너 개 탐스러운 애기호박은 계속 자랐다.

'서너 개가 더 달리면 영근 호박은 전도 부치고 된장찌개에도 넣어야지.'

하지만 장난감 같은 호박을 따먹으려니 마음이 내키지 않았다.

'그러나 어쩌랴. 다음 세대를 키워내기 위해서는 자리를 비워주어야 하는 것이 순리인 걸.'

장마 통에 애호박도 줄기호박도 넝쿨과 잎을 한없이 달았다. 내가 밭엘 뜸하게 발을 디딘 탓이었다. 이대로는 더 이상 견뎌낼 수 없는 상황이 되어버린 것이었다. 공사장에서 뒷마무리 작업 후 남기고 간 막대기를 수거하여 작두질을 했다. 말뚝을 박아 임시방편으로 곁가지를 붙들어 맸다. 이 이상은 더 엄발을 내지 말라고 신신당부를 했다. 귀가 있어 들리랴마는 내 바람을 내 스스로에게 토해내는 것이었다.

내가 한 당부는 시간이 지날수록 흐지부지해졌다. 왕성한 줄기는 아스팔트 위로도 발을 내밀다 차바퀴에 무참히 잘리고 있었다. 다른 줄기는 옆 사람의 작물 쪽으로 감아 오르기 시작했다. 심지어는 헛개나무에도, 오가피나무에도 마구잡이로 기어올랐다. 주체할 수 없는 그들의 힘—그것은 진정 사건이었다.

그때 내 머리를 스치는 것이 있었다. 게르였다. 몽골 여행 때 양가죽의 노릿한 냄새 때문에 도무지 잠을 이룰 수 없었던 기억이 이제야 떠올랐다. 버드나문가 자작나문가로 양피를 얽어맨 원추형의 이동식 가옥이었다. 나는 거름무더기 주위에 말뚝을 박았다. 그리고 가운데에 길쭉하게 다듬은 대나무를 세 그루 꽂았다. 그러고 나서 막대기와 대나무를 2층 3층으로 이렁저렁 얽어맸다. 줄기들은 초가지붕 위에 올라앉듯 기어오를 것이었다. 그 이상은 나로서도 어쩔 수 없는 노릇이라고 생각했다.

장마에 줄기호박도 노랗고 큼직한 꽃을 여럿 피웠다. 대부분이 수꽃이어서 열매와는 무관했다. 어쩌다 한두 개 달렸던 것도 꼭지가 빠져버리곤 했다. 진짜 진짜 속을 썩이는 애물단지임이 틀림없었다. 무성한 잎들만 덕지덕지 포개져서 잘도 자랐다. 잎사귀 사이로 노란 호박꽃이 머리를 내밀긴 했지만 정작 호박은 어디에 숨었는지 보이지 않았다.

장마가 잦아들자 칠월의 강력한 햇살이 다시 호박잎을 들볶았다. 낮의 높은 기온을 견뎌내지 못해 이파리들은 풋나물 데친 듯 축 내려앉았다. 장마 전의 일과를 되풀이하는 것 같았다. 그러던 어느 날, 줄기호박의 처진 이파리 밑에서 몇 개의 연초록 여린 호박이 자라고 있음을 확인할 수 있었다. 여태껏 애호박에서만 호박을 채취해 반찬을 이어온 터였다. 반갑고 고마운 마음마저 들었다.

끝없이 머물 것 같은 칠월도, 팔월도 지나갔다. 조석으로 서늘한 바람이 내렸다.

줄기호박은 그네끼리 어우러져 정글을 이뤘다. 발자국 놓을 공간조차 찾을 수 없었다. 줄기와 가지는 내가 의도했던 대로 좁은 공간에서 빙글빙글 돌다 게르의 꼭대기까지 점령했다. 앞을 다투어 기어오르던 줄기가 게르의 꼭짓점에서 성장을 멈추었는지 내려올 생각을 하지 않았다. 계절을 속일 수는 없는 모양이었다. 애호박도 덩달아 성장을 멈추고 있었다. 얌전한 강아지처럼 흙바닥에 배를 깔고 있었다. 애호박은 작다고 해도 나에게는 기대 이상의 수확의 기쁨을 주었다. 애초부터 늙은 호박으로의 길을 선택하지 않았기에 그들대로의 임무를 다한 것이었다.

'줄기호박이나 애호박은 결실의 계절을 맞아 더욱 부지런히 열매를 달려나 보다. 하기야 줄기호박이 얼마만큼의 열매를 품고 있는지는 미지수일 테지만.'

작대기로 뒤적이면 대강은 훑을 수 있겠지만 그건 밭을 놓을 때의 행위이지 아직은 아닌 것 같았다. 게다가 호박을 세기 위해 이슬에 바짓가랑이를 적실 이유는 없었다.

때가 되면 서리가 내리게 될 것이었다. 호박잎만큼이나 서리를 못견뎌내는 작물도 없을 것 같았다. 늦가을의 찬 서리는 이파리를 오그라들게 하고도 남음이 있었다. 그러나 겨울의 초입에 이르러 내린 무서리는 잎사귀를 철저히 녹아내리게 했고 사방은 황량해졌다. 그때쯤이면 누렇게 늙은 호박은 벌거벗은 자태를 드러내 보일 것이었다.

'늙은 호박은 한 해를 그렇게 마무리 지으려 하나보다. 둥글넓적하게 황금색으로 거름무더기에 앉기도 하고. 게르의 지주에 아슬아슬하게 매달리기도 하겠지.'

무게에 겨워 지주와 더불어 뭉개지지나 않을까 염려가 되기도 했다. 그러나 끝까지 줄기와 넝쿨손이 힘이 되어줄 것 같았다. 땅바닥, 잡초와 함께 자란 녀석들은 점잖게 똬리를 틀 것이었다.

'그렇게 군데군데 자리 잡은 호박이 얼마나 늠름하고 탐스러우랴. 호박은 된서리가 내리기 전에 따야만 한다고 했지. 서리를 맞으면 식용으로는 가치가 없어지기 때문에. 밭주인에게도, 이웃집에도, 입방아를 찧던 할아버지에게도, 외톨로 사시는 할머니에게도, 한 덩이씩의 누런 둥이 호박을 안겨드려야겠다. 예전엔 쇠죽을 끓일 때도 듬성듬성 썰어 넣곤 했던 게 누런 둥이 호박이 아니었던가. 지천으로 남아 그런 게 아니라 사람을 도와 힘든 일을 도맡아 해준 소에 대한 고마움을 표시했던 것이리라.'

그 사이, 태풍의 영향으로 애호박의 줄기가 땅바닥으로 내려앉았다. 잎들은 죄다 흙더미를 뒤집어썼다. 재생하기에는 너무나 많은 부분이 그랬다. 행여 싶어 처진 줄기를 거두어 시렁에 올렸다. 그리고 쓰다 남은 탄저병 예방제와 성장제를 조심스럽게 줄기와 뿌리에 뿌렸다. 일주일이 경과했다. 신기하게도 애호박은 새 삶을 열기 시작했다. 그리고 열심히 호박을 달았다. 우리 내외가 먹기에는 양이 너무 많았다. 나누어 먹으려 해도 주먹 크기의 애호박을 어디다 갖다 부칠 데가 없었다. 그런데도 자꾸만 생산해 내니 찬은 호박 일색이었다. 최근에 분가한 막내 내외도 호박 반찬 때문에 곤욕을 치르는 모양이었다.

된서리는 줄기호박에 치명타를 날렸다. 왕성하던 잎과 줄기가 한꺼번에 녹아내렸다. 도무지 원인을 알 수 없는 노릇이었다. 키워오던 꿈도 일시에 무너졌다. 애초부터 줄기호박은 잎만 무성할 뿐, 노란 꽃만 피웠을 뿐, 호박과는 상관이 없었다. 상상의 세계 속에서 키워오던 누런 둥이 호박은 없었다. 호박 모종을 팔던 장사꾼의 얘기처럼 잎만 먹을 수 있는 품종이었구나 싶었다. 뒤늦게 약제와 성장제를 뿌려보았지만 아무런 성과를 보지 못했다. 줄기호박에 대한 기대는 기대했던 것만큼 실망도 컸다.

애호박은 아침저녁 시원한 바람이 불자 곧잘 열매를 달았다. 무더위에, 장마에 수없이 꼭지가 빠지던 애호박이 이제는 호박꽃만큼 열매를 달았다. 매일 새벽, 한두 개의 호박을 따다 보니 냉장고가 꽉 찼다. 이제 몇 개만 더 수확하면 누른 호박 대신 애호박을 몇 개씩 나눠줘야겠다. 누런 둥이와는 맛이나 가격으로는 비교가 되지 않겠지만 어설픈 농사꾼의 첫 작품이라 사람들은 관용을 베풀리라 생각했다.

줄기호박에 대한 미련은 남아 있지만 내년에 다시 줄기호박을 심을지는 미지수다.

청수의 초대

그 무렵 김청수는 시내 명문 중학교 2학년생이었다. 도내에서도 가장 어렵다던 K 중학교에 상위권으로 당당하게 입학했다. 내가 그를 이처럼 치켜세우는 데는 그럴만한 이유가 있다. 아버지가 조개잡이 머구리인 집안에서 태어난 그는 초등학교 상급반부터 전마선에 식수를 담은 드럼통을 싣고 항만에 닻을 놓은 커다란 철선으로 노를 저어 다녔다. 식수를 공급해주고 돈을 버는 일을 하는 것이었다. 가족들의 호구지책을 돕기 위해 자청한 일이었다. 비록 어렸지만 아버지의 무쇠팔뚝을 닮아 힘은 셌다. 그러나 도무지 공부할 시간은 갖지 못했다. 그럼에도 불구하고 그가 K 중학교에 합격했다는 사실은 여간 대단한 일이 아닐 수 없었기 때문이었다.

그 무렵 나는 고등학교 2학년이었다. 그러니까 그하고 나는 세 살 차이였고 3년 선배가 되는 셈이었다. 그는 틈이 나면 나를 찾아왔고 따라다니기를 좋아했다. 그로 인해 나도 가끔 그가 노를 젓는 일을 도와주기도 했다. 드럼통을 싣고 다니는 전마선은 문어 잡이 소형 전마선과는 비교가 안 되었다. 문어 잡이 전마선은 오른손으로 낚싯줄을 시울질하면서 왼손으로 간들간들 노를 젓는 방식이었지만 청수의 전마선은 크기부터가 달랐다. 배의 크기만큼 노의 크기도 엄청났다. 청수 혼자로는 노를 둘러멜 수 없을 만큼 무게도 대단했다. 노를 저을 때도 혼자 젓기보다는 둘이 힘을 합해 **빳빳**이 서서 젓는 편이 물살을 가르는 속도감이 있었고 드럼통을 더 실을 수도 있었다.

그가 중학교 3학년이 되던 날, 그러니까 내가 고3이었을 때, 그의 집은 이사를 했다. 1킬로미터 밖이었으니까 그다지 멀리 이사를 한 것은 아니었지만 한 걸음이 천리라고 그와 만나는 횟수가 점점 줄어들었다. 그렇다고 그의 노 젓기가 줄어든 것은 아니었다. 다만 내가 대학에 들어갈 준비를 하느라 시간을 그리로 옮긴 탓이 컸다. 자연스럽게, 만나는 횟수가 줄어듦에 따라 가끔 만날 때는 좀은 서먹서먹해지기도 했다.

"고등학교에는 안 갈 거야?"

"아버지가 가라면 갈 거고......"

"가지 말라면?"

청수는 고개를 수그리고 말이 없었다.

나는 청수 아버지를 만나 용기 있게 청수의 진학문제를 여쭙고 싶었다. 아니 꼭 진학을 시켜달라고 애원하고 싶었다.

"청수야, 너의 집에 나를 초대해라."

나는 뜬금없이 나의 초대를 청수에게 제안했다.

"초대가 뭔데?"

"인비테이션."

"인비테이션은 또 뭔데?"

"공부도 잘하는 녀석이 그걸 몰라. 사전 뒀다 어디에 쓰냐."

나는 청수에게 스펠링을 또박또박 가르쳐주었다. 그는 늘 하던 대로 안쪽 호주머니에서 낡은 영한사전을 꺼내 찾기 시작했다.

며칠 뒤, 청수의 아버지가 잠수작업을 쉬는 날 나는 청수의 아버지를 뵈러 갔다. 초대 형식이 아니라 쉬는 틈을 타 나 스스로 찾아간 것뿐이었다. 청수 아버지는 교육에 대해서는 아는 바가 거의 없었다. 교육에 대해선 보고 들은 바가 없었기 때문이었다. 그 총중에 관심을 가져본 적도 없는 것 같았다.

"지가 하고 싶으면 하는 거지. 내사 마......"

알아서 하라는 것이었다. 청수는 아버지에게 고등학교에 가도 되냐고 반문했고 청수 아버지는 청수가 고등학교에 가도 아무런 바뀔 사항이 없을 것이라고 했다. 아버지는 잠수질을 계속할 것이고 청수는 전마선 일을 계속하기를 기대하는 것 같았다. 청수는 대나무를 조각해 만든 저금통을 기념으로 나에게 주었다. 청수의 작은형은 저금통에 들어있던 동전을 모조리 꺼내 자기 호주머니에 집어넣었다. 작은형은 정신박약아라고 했다. 청수는 바닥에 떨어진 동전 몇 닢을 다시 저금통에 넣어 나에게 내밀었다. 나는 동전을 다시 꺼내 작은형에게 주었다. 작은형은 나더러 최고라는 표시로 엄지손가락을 꼿꼿하게 세워보였다.

"형, 다음엔 정식으로 초대할게."

청수는 겸연쩍어 하면서도 분명하게 말했다.

청수가 고등학교에 진학하던 날, 나도 D 시의 국립대학에 합격해 그곳으로 거처를 옮겼다. 그리고 내가 살던 집도 시의 동쪽 끝으로 이사했다. 청수와 나 사이는 점점 멀어져갔다. 방학 때가 되면 이따금 그가 일하는 전마선을 찾는 일이 고작이었다.

고등학생이 되면서 청수는 말수가 줄어들었다. 그저 싱긋이 웃거나 무언가 심각한 표정을 지어보이기도 했다.

"대학엘 가야지."

내가 던지는 말에 청수는 머뭇거릴 뿐 대답이 없었다. 대학에 갈 엄두를 내지 않는 듯한 표정이었다. 중학교 때와는 달리 대학에 들어갈 수 있을 만큼 가정형편이 여의치 않음을 깨닫고 있는 것 같았다. 잠수질을 하는 아버지의 연세와 건강문제에 대해서도 깊이 생각하고 있는 듯했다. 청수는 자기가 고등학교에 다니는 것이 가족 모두를 힘들게 하는 것이라고 생각하는 것 같았다. 형들은 중학교 문턱에도 가보지 못했다. 초등학교를 근근이 졸업하고 다들 조선소나 철공소에서 일을 하고 있는 처지였다. 청수의 맏형은 철공소 일이 지겨워 전전긍긍 하다가 일본으로 가는 밀항선을 탔다. 몇 번이나 도중하선하다 한번은 몇 달 동안 소식이 끊겼다. 확실히 일본으로 갔다고, 그래서 일본 사람이 되었다고 했다. 그랬는데 일 년이 지나자 완전 거지꼴이 되어 다시 나타났다. 오무라 형무소에 수감되어 있다가 쫓겨났다고 했다. 그러나 청수 큰형의 집념은 거기에서 그치는 것이 아니었다. 결국 도일하여 지금까지 소식 하나 전하는 일없이 시간만 흘렀다. 청수는 언젠가 큰 형이 부자가 되어 나타나리라 확신하고 있었다. 그때가 언제일 것인지 아는 사람은 아무도 없었다.

청수는 고등학교를 끝으로 모든 학업을 내려놓았다. 전마선으로 밥벌이를 하던 일도 그만 두었다. 이것저것 닥치는 대로 일을 한다는 소문이 돌았다. 내가 대학을 졸업하고, 군대를 다녀오고 하는 사이 시간은 꽤 흘렀다. 한번은 시간을 내 그가 이사했던 집으로 찾으러 나섰다. 그 집은 벌써 다른 사람의 소유가 되어 있었다. 부모님들은 돌아가셨는지, 형제들은 뿔뿔이 흩어져버렸는지 알 길이 막연했다. 청수와 나는 이산가족처럼 만날 수 없는 상황이 된 것 같았다. 혹은 내가 성의가 부족하여, 혹은 찾아야겠다는 의지가 꺾여서인지 그는 좀체 내 앞에 나타나주질 않았다.

　해가 바뀔수록 청수에 대한 그리움은 더해갔다. 나이가 더할수록 지난 일들은 점점 생생해지는가 보았다.

　그러던 어느 날, 나는 아산에 살고 계시는 고모님으로부터 청수인지 아닌지 확실치 않은 사람의 소식을 접하게 되었다. 고모의 아들, 곧 나의 고종사촌동생이 근무하는 곳에 김청수가 근무하고 있다는 것이었다. 기다리고 앉았을 여유가 없었다. 가정에는 적당히 빌미를 갖다 대고 아산으로 직행했다. 청수가 맞았다. 건장한 신체, 구레나룻하며 몇 가닥 굵은 주름을 제외하면 바뀐 게 별로 없는 청수였다. 고등학교 때처럼 말이 없는 점도 꼭 같았다. 청수의 가족은 큰형이 다시 돌아오면서 파국을 맞았다고 했다. 일본 생활 십여 년 만에 일경에 체포되어 오무라 형무소에서 오래토록 죄수로 지내다 추방되었단다. 하는 일이 없어 빈둥거리다가 아버지가 가까스로 모은 재산으로 무슨 사업을 합네 하다 몽땅 거덜을 냈단다. 식구들은 알거지로 거리에 내몰렸고 부모님은 화병으로 돌아가셨단다. 그 후로 청수도 기나긴 방황생활을 했단다. 큰형에 대한 믿음과 기대가 컸던 만큼 좌절도 컸기 때문이었으리라. 청수는 전국을 두루 돌아다니다가 우연한 기회에 한 여자를 만나게 되었고 결혼을 하면서 아산에 정착하게 되었다고 했다. 늦깎이로 공무원 시험에 합격해 이곳 생활에 그 대도록 적응해오고 있단다. 생활에 안정을 찾으면서 나에 대한 추억도 되살아나 그동안 찾아보려고 애를 썼단다. 내가 그를 찾으려고 했던 것만큼 청수도 노력했겠지만 그다지 쉬운 일은 아닌 것 같더란다.

　청수는 기차역까지 나를 배웅하러 나왔다. 말은 없었지만 지나온 자

33

취에 대한 연민이 스며있는 것 같았다.

"형, 잘 가세요. 다음에 정식으로 한번 초대할게요."

청수는 그때 내가 했던 말을 잊지 않고 있는 것 같았다. 잊지 않고 되풀이하고 있는 것 같았다. 나는 빙그레 웃으며 고개를 끄덕거려주었다.

밥 두 그릇

어릴 적, 음식투정을 나만큼 부린 사람도 없을 것 같다. 내가 바라는 반찬이 없으면 괜스레 트집을 잡아 아예 밥 먹기를 포기하기가 일쑤였다. 밥을 먹을 때마다 까닭을 잡으니 주위 사람들의 고생이 이만저만한 게 아니었을 것이다.

초등학교에 다녔을 때, 유일하게 먹는 반찬은 말린 멸치를 고추장에 찍어먹는 것이었다. 이따금은 생쌀에 마른멸치의 뼈를 발라먹는 것으로 점심을 때우기도 했었다. 다른 반찬에는 아예 젓가락이 가지 않았으니 고집스러운 편식쟁이였다. 김치를 잘 담가놓아 봤자 그저 그랬고 고등어나 전갱이자반을 올려놓아도 아예 손을 대지 않았다.

그랬는데, 초등학교 상급반이 되면서 식성이 바뀌기 시작했다. 멸치에서 고래고기 쪽으로 회전한 것이었다. 난장에서 볶아 간장 종지에 담아 파는 고래고기 맛에 푹 빠졌다. 매콤하고 기름기가 자르르 도는 향에 빠져 그것만을 고집했었다. 어릴 때부터 병치레에다 먹는 음식에조차 까탈을 부리니 살이 오를 리 없었다. 그래도 나름 비실거리지 않았던 것은 멸치와 고래고기의 고단백 덕택이라는 생각이 든다.

식성은 바뀌게 마련인가 보다. 나이가 듦에 따라서, 환경의 변화에 따라서 서서히 변하게 되나보다. 대학에 다녔을 때는 하숙할머니가 담근 동치미에 매료되어 그것만 찾았다. 군대에 가게 되었을 때는 1식 3찬의 틀에 매여 후다닥 먹어치우는 버릇으로 바뀌었다. 찬을 많이 먹지 않는 나의 습관은 군대식사가 나에겐 적격이었다. 그 후 공무원이 되면서 구내식당을 이용하게 되자 여기서도 어김없이 1식 3찬이었다. 나는 퍽 오랜 기간 동안 1식 3찬에 익숙해져 있었다.

그러다 음식문화가 바뀌기 시작한 80년대 초반에 이르러 반찬의 숫자가 급격히 늘어났다. 20 내지 30가지가 넘는 진수성찬이 나왔다. 경제가 나아지면서 많은 식당들이 경쟁적으로 찬을 내다보니 그렇게 된 것 같았다. 내 식성으로 미루어 두세 가지를 제하면 전부 쓰레기통으로 들어가든지 도로 손님상으로 나올 것이었다. 쓰레기통으로 들어가면 낭비가 될 것이었고 손님상에 다시 나오면 위생문제가 제기될 것이었다. 어느 것도 내가 바라는 사항은 아니었다. 차라리 먹는 데까지 먹어볼 수밖에. 그런데 이게 웬일인가, 배탈도 없이 다 소화를 시키고 있지 않은가. 40대에 이르러 식생활의 반란이 일어난 것이었다. 체중도 1년이 멀다하고 늘어났다.

아주 오래전 어느 핸가, 나는 전라도의 Y 시를 여행 중이었다. 해질 녘, 나는 2층 당구장을 기웃거리고 있었다. 마침 그 시의 돈우회(豚友會) 회원들이 정기모임을 당구대회로 갈음하고 있었다. 그곳의 돈우회는 80킬로그램 이상의 체격을 가진 사람들이어서 당구장 안이 꽉 차는 느낌을 주었다. 여러 대로 나누어 당구공을 치면서 배달해온 자장면을 먹는 회원들도 눈에 띄었다. 곱빼기 자장면을 나무젓가락으로 휘휘 저어 세 번으로 나누어 입안에 밀어 넣고는 눈알을 뚜르르 굴리다 냅킨으로 입 언저리를 훔치고는 큐대로 다시 볼을 치는 것이었다. 그것으로 식사 끝이었다. 아무리 돈우라 해도 그렇지 마파람에 게 눈 감추듯 하니 믿을 수 없는 광경들이었다. 나는 그 광경을 목격한 이후 밥맛이 없어 입맛으로 먹어야 하느니 하는 따위의 소리는 할 수 없게 되었다. 아니 그 광경만 떠올리면 없던 밥맛도 절로 생겨났다. 그 후 줄곧 밥숟가락이 커진 것도 당연지사였다. 40대와 50대를 거치면서 나의 체중도 10킬로그램 이상 불어났다.

식욕이 왕성해지자, 비빔밥이 먹고 싶으면 전주까지 달려갔고 냉면이 생각나면 사천으로 차를 몰았다. 우리 밀 칼국수는 경주가 그 중 일미였고 물회를 먹으려면 포항이나 울산으로 가야 했다. 나의 이런 식도락은 좋아하는 여행과 맞아떨어졌다. 아직까지도 운전이라면 한나절을 연속 할 수 있는 체력이 되나보다. 마음에 드는 식사가 운동의욕을 부채질하고, 알맞은 운동이 식욕을 돕는 상호작용을 하나보다. 62세에 공직에서 물러난 후 이런 일련의 일들은 나의 일상으로 굳어진 것 같았다.

70대에도 하던 일을 멈출 수 없어 지속적으로 차를 몰고 다닌다. 대중교통편으로는 마음 놓고 나설 곳이 없다는 것을 나는 잘 알고 있다.

가을 단풍놀이 차, 남해 금산에 들른 적이 있었다. 남해에 들른 김에 내가 근무했던 학교엘 들렀다. S 중학교는 교감 승진을 한 처음 학교여서 정이 더 깊게 밴 곳이었다. 당시 중학교는 초등학교와 같은 울타리 안에 있었고 내가 전근을 한 이태 뒤에 폐교가 되었다. 그래도 건물은 그대로 보존되고 있었다. 갈 때마다 초등학교 선생님들과 추억담을 되새김질할 수 있어 다행이라는 생각이 들었다.

나는 자취를 했던 정 씨네 아래채에도 들르곤 했었다. 그 사이 아흔세 살 되신 할머니도 돌아가셨고, 장자도 일흔을 넘긴 나이에 무단히 눈이 멀어 고생하다 최근에 작고했단다. 지금은 며느리 혼자 집을 지키며 살아가는 모양이었다. 내가 빈손으로 가기가 뭣하고 해서, 만 원짜리 지폐 한 장을 내밀자 한사코 받지 않으려 했다. 나는 조금 민망해졌다. 할머니에게도 그 아들에게도 그랬던 것처럼 불쑥 내민 게 잘못된 것 같았다. 하지만 이미 저질러진 것을 도로 회수할 수는 없는 노릇이었다. 며느리가 대문을 따지 않아 담 너머로 계속 받아주기를 바랄 뿐이었다. 며느리는 마지못해 담 쪽으로 다가섰다. 그리고는 낚아채듯 받아갔다. 며느리는 파킨슨병을 앓고 있는 중환자였다.

나는 겸연쩍어 모하메드 알리를 아느냐고 물었다. 내가 아는 파킨슨병 환자는 그뿐이었다. 무안함을 달래려 던진 말에 며느리는 병원에서 많이 들었다고 했다. 그리고 퇴원한 지 한 달째라고 덧붙였다. 병수발은커녕 혼자서 두문불출하는 모습이 너무 안타까웠다. 세 끼 식사는 제때 챙겨 드시는지. 순경 한다던 장남은 잘 보살펴주거나 하는지. 딸 걱정은 않고 지내시는지. 생각할수록 떠오르는 기억들은 순탄하지 않았던 고달픈 삶을 연상케 해주었다. 노리에 저리도 외톨이가 되었으니.

행정실장이, 객지 교감이 고생이 될 거라며 잡아다준 털게를 어찌할 줄 몰라 했을 때 이 귀한 밥도둑이 어디서 났을까? 라며 요리를 해주시던 한 가정의 당당한 며느리가 아니었던가. 지금도 그 게 요리의 맛은 잊을 수 없는 추억거리다.

나는 곧장 차를 몰아 남해의 끝자락 항구도시인 미조로 향한다. 여수를 바라보며 달리는 해안길이 온통 단풍으로 물들어있다. 금산의 해풍을 머금은 단풍은 등 뒤에서 내리쬐는 햇빛을 받아 마치 불타는 듯했다.

점심시간을 한참 넘겼지만 배가 고픈 줄을 몰랐다. 미조에 도착했을 때는 두 시에 가까운 시간이었다. 미조중학교의 박 교감 선생은 나와는 동향으로 늘 어울려 다녔다. 미조에서 가까운 물건중학교의 정 교감 선생도 같은 시기에 함께 근무했다. 나이가 비슷한 우리는 죽이 맞아 틈만 나면 남해의 풍경에 빠져들었고 어촌 정서에 함몰되었다. 특히 미조는 남해의 최남단에 위치하면서 어업 전진기지로서 명성을 떨치고 있었다. 우리는 빈번히 미조를 찾아 활어의 싱싱함을 즐겼고 두주불사(斗酒不辭)의 자세로 마셔댔다.

26년이 지난 지금 미조는 많은 발전을 거듭했다. 바다가 육지로 변하고 그 자리에 횟집이 줄을 지어 서있다. 도로도 깨끗해졌고 정리정돈도 잘 되어 있다. 점심이 늦은 시간이었지만 나는 거리를 두루 살핀 후 시장기를 들려고 식당을 찾기 시작했다. 회를 먹고 싶은 마음도 있었지만 1인분이 그렇고 그럴 테고 해서 아예 가정식을 찾아 나섰다. 바다와 연해 있는 어시장을 따라 멸치와 갈치를 주재료로 하는 식당이 줄을 지어있었다. 모두들 방송을 탔던 집이라고 표지판을 내걸고 있었다. 그중 한 곳에 발이 머물렀다. 늦은 시간임에도 불구하고 식당 안이 사람들로 붐비고 있었다. 모르면 붐비는 곳에 뭔가 있을 거라는 생각에서 그 식당엘 들어섰다. 뱃사람인 듯한 사람들이 삼삼오오 식사에 열중하고 있었다.

나이 지긋하게 보이는 여사장과 비슷한 또래의 여자 둘이 경영하는, 정식을 주로 하는 식당이었다. 어서 오시다, 라는 인사를 받으며 한쪽 구석에 자리를 틀었다. 물수건은 없었지만 냉수대신 구수한 숭늉이 노란 주전자에 담겨 나왔다. 시작부터 하는 식이 다른 곳과 다르다는 느낌이 들었다. 이어서 일곱 가지의 찬이 먼저 선을 보였다. 그러고는 반찬을 나르던 여자가 나를 힐끗 보더니 밥 두 공기를 상위에 올려놓았다. 배고픈 젊은이가 한 그릇을 더 요청하면 나올 법한 밥공기를 한꺼번에 둘씩이나 안겨주다니. 그 여자는 나의 모습이 배고픈 뱃사람 같아 보였던지, 점심시간이 훨씬 지났으니 얼마나 허기가 졌을까 해서 미리 두 그릇을 챙겨주었으리라 생각했다. 그거야 준다고 다 먹을 이유가 없으면 중도에 숟가락을 내려놓으면 그만일 터였다. 요즘 사람 사는 세상에, 배가 터지라고 먹을 위인이 어디에 있겠는가.

바닷가라 해물반찬이 다른 육지에서보다 많았다. 국도 파래, 장도 파래라고 반찬 트집을 할 나이가 아니잖은가. 시장이 반찬이라고 첫술을 입으로 가져갔다. 간장 우럭구이가 싱거운 미역국에 맞아 떨어졌다. 살짝 데쳐 막장에 무친 나물과 무 물김치가 또한 간이 맞아 반찬그릇을 금방 비워냈다. 시중드는 여자가 어느새 다가와 접시 네 개를 가져갔다가 잔뜩 담아 다시 밥상에 올렸다. 한 번도 받아보지 못한 서비스였다. 한 가지 반찬을 추가하려 해도 만만찮았던 일들이 수도 헤아릴 수 없이 있었던 생각이 휙 지나갔다. 뿐만 아니라 물도 셀프, 반찬도 커피도 셀프, 온통 셀프 세상 아니던가. 외국처럼 차라리 사이드디시에 가격을 매겨놓았다면 그야 떳떳이 시킬 수도 있을 것이었지만. 한 가지가 아니라 네 가지를 한꺼번에 실어다 주다니. 여기가 우리나라가 아니고 어디란 말이던가.

나는 다른 공기의 밥을 슬그머니 당겨 먹기 시작했다. 이러다 배터지는 것 아닌가 염려를 하면서도 밥은 어디까지나 밥맛으로 먹는 거라고 스스로를 달랬다.

훈련병 시절, 대대 농구선수로 차출된 적이 있었다. 우리는 작은 시골 중학교를 빌려 열흘간 열심히 연습을 했다. 연습이 끝나던 날, 대대 부관님이 특식을 준비해 우리에게 대접을 해주었다. 훈련병의 두 가지 소원이 있다면 그것은 실컷 자는 것과 원 없이 먹는 것일 게다. 그날, 우리는 우리에게 주어진 찰밥 고봉 한 그릇과 큰 대접에 꽉 찬 닭볶음탕을 신나게 먹었었다. 결과는 뻔했다. 배가 터질 것 같은 고통이 뒤따랐다. 한 동료가 개처럼 엎드려 헐떡거려지는 호흡을 조절하는 모습이 보였다. 다른 동료들도 고통으로 눈물까지 흘리다 그를 따라 나란히 엎드렸다. 온 방에 엎드린 개떼들. 그래도 그렇게 하는 것이 숨을 쉴 수 있는 가장 나은 자세였다.

나는 두 그릇째 밥공기를 비웠다. 여자는 반찬을 더 추가할 태세였다. 나는 정중하게 거절했다. 앞으로 닥칠 포만에 대비해 엎드릴 자세는 되어 있었다. 헌데, 어판장을 한 바퀴 둘러보고 방파제까지 휭허케 돌아왔는데도 아무런 기별이 없었다. 희한한 일이었다. 한 그릇을 비웠을 때나 큰 차이가 없었기 때문이었다. 그동안 위가 많이도 늘어났나보다. 더불어 그 식당의 정성들인 밥을 맛있게 먹은 탓이기도 할 것이었다. 맛있게 먹은 음식은 체하지도 않는다지 않는가. 어쨌거나 군대 밥을 먹은 지 50년 만에, 아니 생애 75년 만에 밥 두 그릇을 비우고도 이렇게 건재할 수 있다니 스스로 놀랄 뿐이었다.

파자마 시대

파자마란 잠옷이다. 주로 여자들이 잠자리에서 입는 것으로 연상이 된다. 원피스니, 투피스니, 가운처럼 만들어진 잠옷의 개념으로 생각하게 된다.

예전엔 매무새나 색깔 같은 것에 신경을 쓰지 않은 입는 것의 하나였다. 입기에 편하면 그것으로 족한 것이었다. 지금에야 디자인도 제 각각, 천이나 무늬도 천차만별이다. 그리고 파자마라면 통바지 식으로 길이가 발목이나 발바닥까지 내려온 것이 주종이었다. 최근엔 미니 파자마라고 해서 팬티 스타일로 둔갑한 것들도 많은 것 같다. 신혼부부들은 파자마도 커플로 제작된 것을 입는 모양이다. 하기야 하얀 천에 포니 무늬로 박은 미니 파자마를 입은 신혼부부는 더더욱 어울려 보이기도 할 것이다.

나도 파자마 세대라면 가히 원조 격이라 할 수 있다. 언제부터 파자마를 입었는지는 기억밖이지만 고3 때는 분명히 입었었다.

졸업을 며칠 앞둔 어느 날 친구들이 찾아왔었다. 그들은 다짜고짜 나를 납치하듯 끌고는 영도대교를 넘어 남포동으로 향했다. 우리는 난생 처음으로 어느 다방엔가 들어갔다. 그때서야 나는 파자마 차림이었음을 알았다. 내가 생각하기에도 이건 너무 아니었다. 다방 아가씨가 차 주문을 받으러 왔을 때는 쥐구멍이라도 기어들고 싶은 심정이었다.

"뭘 주문하시겠어요?"

나는 다방에서 가장 흔한 커피를 파는 것조차 모르는 풋내기였다. 갑작스러운 요청에 나는 칼피스라고 더듬었다. 그즈음 유행하던 노랫말 중에 '다방 아가씨와 칼피스'라는 말이 떠올랐기 때문이었다. 친구들도 아는 바가 없었으니까 나를 따라 너나없이 칼피스를 주문했다. 참으로 독특한 주문이었다. 똑같은 생짜배기들이 뭘 알았겠는가? 영도 촌놈이 간 크게 대교를 건너 남포동에 진을 칠 생각을 했다니. 거기다 커피나 홍차도 아닌 칼피스를 청했다니. 그게 누구의 발상이었는지는 끝내 밝혀지지 않았지만 도를 넘은 짓임에는 분명했다.

당시, 친구들이랑 어울렸다 하면 계산은 으레 내 몫이었다. 그들은 믿는 바가 있어 나를 납치해온 것이 아니었겠는가. 그러나 어쩌랴. 현금이 파자마에서 나올 리가 없었으니. 파자마에 호주머니 따위는 있을 리 만무했다. 간혹 윗저고리에 조그맣게 형식적으로 달려있는 것도 있긴 했지만 거기에 돈을 넣을 일은 없었다. 어쨌든 모든 책임을 내가 지기로 하고 학생증과 시계를 모아 저당 잡히고 소굴에서 빠져나올 수 있었다. 아까부터 다방의 에스피판 전축에서는 파자마 타령을 하고 있었던 것 같았다.

'파자마 입은 아가씨들의 인사가 좋다.'

'파자마 입은 아가씨들의 노래가 좋다.'

'파자마 입은 아가씨들의 이별이 좋다.'

쫓겨나는 우리의 뒤통수에서 파자마 타령은 계속되고 있었다.

다음날, 나는 일찍 다방에 들러 회계를 마치고 신분증과 시계를 받아냈다. 다방 레지가 감사하다며 차 한 잔을 공짜로 서비스하겠다는 소리를 뒤로 흘려들으며 총알처럼 빠른 속도로 뛰쳐나왔다.

그 무렵 아버지께서는 사업을 확장하고 계셨다. 백고무신 공장을 경영하시다 수익이 수직상승하자 연관사업인 포플린 공장을 설립하셨다. 포플린은 운동화를 만들 때 뚜껑을 덮는 천으로 사용되었고, 융을 만들어 파자마 원단으로도 활용했다. 그리고 천에다 무늬를 찍어 제법 옷감의 형태를 자아냈다. 원단은 전국적으로 팔려나갔고 그 결과 부를 축적하기도 했다. 우리 집에서도 최신 원단으로 재단한 파자마를 입는 것을 자랑으로 여겼었다.

그러나 부라는 것은 한 군데 머물러 있는 것이 아니었다. 고무신을 만드는 원료의 수입이 차단되고, 엎친 데 덮친 격으로 파자마 원단의 수입마저 중단되자 사업은 하루아침에 물거품으로 사라지게 되었다. 그 후로 그 흔한 파자마 잠옷은 걸쳐본 기억이 없다. 그 자리를 운동복이 메웠다. 집안에서도 외출 시에도 운동복은 편하게 두루 입을 수 있어서 좋았다. 그리고 운동복은 비싼 돈을 염출하지 않아도 직장에서, 동호회에서 공짜로 나누어주어 그것만으로도 충분했다. 때로는 마을 운동회에 참석해도 상의 정도는 새 것을 얻어 입을 수 있어 별도로 살 필요가 없었다.

어느 늦가을 아내가 느닷없이 파자마를 사왔다.
"이게 갑자기 어디서 났어요?"
나는 의아해 물었다.
"났기는요. 샀지요."
당연하다는 듯 아내가 대꾸했다.
나는 한참을 생각에 빠졌다.

그랬겠구나. 비싼 운동복보다 파자마가 어울렸겠지. 그동안 흐른 세월이 얼만데 마음만 묶어 놓았구나. 기동력도 떨어졌고, 벌여두었던 계도 모두 해체하고, 그랬으니 어디서 운동복이 굴러들어오기나 할까. 집 안에 머무는 시간이 길어질수록 운동복보다는 파자마가 더 편안할 거라고 아내는 판단했을 터였다.

산다는 게 별 게 아니었구면. 그동안이나마 무사히 잘 견뎌낸 걸 보람이라 생각해야겠지. 그래도 아직껏 삼시 세끼 다 챙겨주는 걸 먹을 수 있다는 게 어딘가. 밉든 곱든 서방님이라고 수발을 해주는 사람이 있으니 참으로 큰 복을 타고났나보다.

무늬 곱고 부드러운 이런 파자마가 언제 어디에 또 있었던가? 자, 점심을 먹었으니 파자마 바람에 오수나 즐겨 볼까나.

실수

실수란 게 무엇이던가? 조심하지 아니하여 발생하는 잘못이 아니던가.

따지고 들면, 우리네 일거수일투족은 실수의 연속이라고 해도 과언이 아닐 것이다. 이래도 실수, 저래도 실수. 아무리 애써 조심한다 해도 건너 뛰어지는 게 아닌 성싶다. 조심을 하든, 안 하든 어쩔 수 없이 일어나는 게 실수인 것 같다. 오죽이면 입안에 든 혀도 깨문다고 했을까. 광주리에 담은 밥도 엎어질 수 있다는 걸 어떡하겠는가. 원숭이가 나무에서 떨어진다고 그 원숭이가 조심하지 않았을 리도 만무할 테고. 항우도 낙상할 적 있고 소진도 망발할 때가 있다고 했잖은가, 말이다. 그렇다고 치자. 그렇다고 시도 때도 없이 실수를 저지른다면 그건 실수로 받아들여지기 어려울 것이다. 과실이요, 실책이요, 결례일 것이다. 무식한 도깨비가 부작을 모른다고 몰라서 실수하는 탓으로 돌리기가 만만찮기 때문이다. 서울 길도 물어 가라는 속담도 있다. 모르면 묻고 또 물어 실수를 줄이는 게 낫다. 지속적으로 실수를 범한다면 그 사람에 대한 신뢰도도 떨어지게 마련이니까. 한 번 실수는 병가지상사라고 어여삐 봐줄 수는 있을 것이다. 그러나 반복되는 실수는 어쩌면 실수로 인정될 수 없는 지경으로 몰릴 수도 있다. 동방삭이는 백지 장도 높다고 하였지 않았는가. 매사 조심을 하라는 경고문이렷다.

반면에, 실수를 아예 허용하지 않는 경우도 종종 볼 수 있다.

　　하룻밤을 자도 헌 각시라고 한 번의 작은 실수로도 지조를 지킨 사람으로 볼 수 없다는 말이다. 왕공도 망국하고 학사도 망신한다는 말, 나라나 개인도 단 한 번의 실수로 돌이킬 수 없는 나락의 세계로 떨어뜨릴 수 있다는 얘기로 들린다. 개미구멍으로도 공든 탑이 무너진다는 말이 있다. 열 번을 잘 해도 한 번의 실수로 거대한 탑이 속절없이 무너져 내리는 액운을 당하게 된다는 것이다. 특히나 요즘엔 세상 돌아가는 이치가, 사돈이 말하는데 싸라기 엎지른 것까지 들추는 세상 아니던가. 어디서든 마음을 놓아서는 안 되는 세상에 살고 있음이다. 마음을 놓는 순간 실수는 이내 뒤따르고 그로 인해 꼬집힘을 당한다. 게다가 연거푸 실수를 하게 되면 그거야 쇠똥에 미끄러져 개똥에 코 박은 꼴이 되고 만다. 마음을 놓으면 그 즉시 홍시를 먹다 이가 빠지는 낭패를 당하게 되는 이치다.

　　몇 해 전 일이었다.

　　어느 늦여름 오후, 나에게 비보가 날아들었다. 내가 동생처럼 아끼던 모 중학교 교감 선생님이 실족사했다는 것이었다. 현장학습 차 학생들을 인솔하던 중 발을 헛디뎌 절벽 아래로 추락한 것이 사인이었다. 절벽이라고는 하지만 높이가 3미터에 불과했다. 머리가 암반에 부닥친 것도 아니었다. 엉덩이로 주저앉은 상태로 숨을 거둔 것이었다. 죽으려면 접싯물에도 빠져죽는다는 격이었다. 유망했던 그의 장래도 일순간에 흩날려버렸다. 그의 죽음을 애석하게 여기는 시간은 짧았다. 빈자리에 곧 새사람이 채워졌고 언제 그런 일이 있기나 했냐는 식으로 세월은 흐르고 있었다. 나에게도, 한동안 꿈에서까지 나타나던 그였지만 이제는 가물거리기만 한다.

　　나의 주변에는 유독 교감 선생님들에 관한 안타까운 사건들이 많았다.

국화재배의 전문가였던 두 분 초등학교 교감 선생님들도 비닐하우스 안에서의 작업을 수년간 해온 후유증으로 모두 폐질환으로 세상을 등졌다. 그들 교감 선생님들은 가을이 오면 관내 유관기관에 화려하게 채색된 국화를 나누어주는 미덕을 보여주었는데 지속적인 그 일이 폐에 치명적인 손상을 입힐 거라고는 미처 깨닫지 못했던 것 같았다. 온갖 산업폐기물이 비료로 둔갑하는 온실 속의 오염이 그분들을 좋내는 죽음에 이르게 한 것이었다. 그 중 한 분 교감 선생님은 교장연수에 차출되었으나 중도에 포기하지 않을 수 없게 되어 안타까움을 더했다.

중풍을 앓으시던 또 다른 중학교 교감 선생님은 교통사고로 타계하고 말았다. 병 회복을 위해 매일 자전거 타기를 생활화했고 거의 회복단계에 이르렀는데 어느 안개 낀 새벽녘, 차와 자전거가 부딪치는 사고로 불귀의 몸이 되고 말았다.

독학으로 자수성가한 또 다른 교감 선생님은 학생들의 수련을 위해 현장답사를 하던 중 1박을 하게 되었는데 그날 밤 익사체로 발견되었다. 한밤중에 잠에서 깬 교감 선생님은 아마도 소변이 마려워 주위를 헤매다 강물로 들어갔다는 것이었다. 평소, 애주를 하시던 분이어서 그날도 약간의 취기는 있었으리라. 그리고 잠자리에도 늦게 들었으리라. 의문의 죽음으로 여겨지기도 했지만 당사자만이 알 수 있는 사건은 세월이 흐르면서 잊혀갔다. 시신이 인양되던 날 유족이라고는 사모님뿐이어서 분위기가 쓸쓸하기 그지없었다. 화장을 끝내고 돌아서가는 사모님의 뒷모습이 아직껏 아련하게 떠오른다.

그 옛날, 실수는 해학의 원천이었고 여유로움 그 자체였다. 그래서 옛날이 그리워지는지도 모를 일이다. 덤이 있어 좋았고 에누리가 있어서 활기찼다. 요즘처럼 기계화된 세상에서 하찮은 물건 하나에도 가격표를 붙여 놓고서야 장사치와 가타부타 무슨 숭강이질이 필요하겠는가. 군소리 없이 사면 끝이다. 불만이 있으면 소비자고발센터에 고발하면 그만이다. 왈가왈부할 필요성이 없어진 것이다. 법으로 해결하고 법으로 보상받는 데 익숙해졌기 때문이리라. 그리해야 손해 볼 것도, 마음 쓸 일도 없어 편하나 보다. 하지만, 골똘히 생각해봐도 떡만 있을 뿐 고물은 간데없는 허망한 세상에 몸 붙이고 사는 것 같아 찝찔하다. 떡 따로 고물 따로, 사도 되고 사지 않아도 된다. 고물 없는 떡 맛에 길들여진 사람들과 어울려 세상을 살아가는데 엇박자라도 맞출 수밖에 없을 것 같다.

나에게는 두 아들이 있다.

여넓 살 터울이지만 형제간이라 그런지 곧잘 작란도 잘 하는 사이다.

어느 봄날이었다. 대학생인 형과 초등학교 상급반인 동생이 담벼락에 화사한 꽃이 피어있는 것을 보고 대화를 나누고 있었다.

"그 매화, 참 곱게 피었다. 향기도 그윽하고."

형이 말했다.

"매화 좋아하시네. 지금 철이 언젠데. 저건 백목련 다음에 피는 자목련이라는 거야. 그런데 목련과의 꽃들은 거의 향기가 없거든."

동생의 대답이었다.

졸지에 형은 색맹이 되어버렸고 후각 장애인으로 전락하고 말았다.

지금은 대학에서 연극을 가르치는 형이 시각, 후각 장애를 어떻게 극복해나가는지 궁금하기만 하다.

아이 말 듣고 배딴다는 속담이 있다. 어리석은 사람의 말일지언정 곧

이들을 수 있었다는 것이 새삼스러워진다. 하기야 망신살이 뻗치려면 아버지 이름도 생각이 안 나는 법이다. 면접시험장에서나 있을 법한 얘기다. 그게 극히 정상이었음에 동의하는 시험관들은 무단히 그 일로 수험생을 돌려세우는 일은 없었을 것이다.

실수 아닌 실수가 있다는 것에 나는 주목한다.

인터넷을 검색하다 우연히 눈에 띤 내용은 이러했다.

어느 경찰관이 사고를 낸 버스 운전자를 찾고 있었다. 며칠을 수소문하고 탐문수색을 하였으나 찾지 못하고 있었다. 자칫 미궁으로 빠질 조짐조차 보였다. 그랬는데 함께 탔다가 내렸다는 동네아이로부터 제보를 입수했다. 수사는 급진적으로 이루어졌고 범인은 고등학교 3학년, 졸업을 눈앞에 둔 학생임이 드러났다. 그 학생은 수능시험도 끝마친 터라 마땅히 할 일도 없던 차에 집 앞에 세워둔 버스에 올라 운전을 하게 되었다. 호기심 많은 남학생인지라 평소 자기가 아는 상식으로 차를 몰기 시작했다. 그러다 길거리에 세워둔 차들을 잇달아 추돌했다. 겁에 질린 학생은 브레이크 대신 액셀러레이터를 밟았던 것이었다. 주위의 모든 장애물들이 차와 충돌했고 차는 대파됐다. 전봇대에 부딪힌 버스가 가까스로 멈춰서기는 했지만 피해는 엄청났다. 다행히 인명피해는 없었다. 임무에 충실했던 경찰관은 세세하게 조서를 꾸몄고 그가 생각했던 대로 그 학생을 소년원으로 보내는 데 일조했다. 그러나 그 후 경찰관은 평생 씻지 못할 죄책감에서 헤어날 수 없었다고 했다. 나중에 안 사실이었지만 그 학생은 우리나라 전체에서도 몇 번째로 손꼽히는 수재였다는 것이다. 더욱이 경찰관이 놀란 것은 소년원을 출소한 그 학생이 자살을 했다는 소식을 접하고서였다. 얼마든지 그 학생을 바른 길로 인도할 수 있었던 상황을 알량하게도 자기 임무에만 충실하면 된다는 허울에 가려 국가적인 인재를 잃게 되었다는 것이었다. 단순한 호기심으로 시작된 사건이 죽음으로까지 치닫게 된 것에 대하여 경찰관은 돌이킬 수 없는 좌절감과 후회로 고통을 받고 있다고 했다.

　세상은 어지러울 정도로 빨리 돌아간다. 티브이의 한글자막은 한 단어도 채 읽기 전에 다음 자막으로 건너뛴다. 눈알이 뱅뱅 돌아간다. 어지러워 자빠질 지경이다. 세상은 늙은이가 따라오지 못하게 철저히 쇠사슬로 막는다. 나야 유일한 낙이 티브이 보는 건데 이젠 티브이로부터도 따돌림을 당하고 따라가지 못하게 되고 말았다. 울적하기도 해, 차라리 웃으면서 포기하는 게 편하겠다고 생각한 지 오래다. 귀먹은 늙은이가 주절거리지 않고, 들어도 못들은 척, 못 들어도 못 들은 척하듯 여생을 보내는 게 상책일 것 같다. 괜스레 아는 척, 들은 척 하다간 금방 들통이 날 것이다. 그래서야 수습하기도 어렵게 되고 말 것이다. 복잡하지 않고 간단하게, 질러가지 말고 신작로로 행차하는 게 여간 도움이 되는 것이 아니라는 생각이 든다. 노인들의 실수는 느림, 굼뜸의 철학으로 해소할 수 있음을 깨달아야 할 것 같다. 예를 들어 앉았다 일어날 때도 단번에, 빠르게 일어나는 것이 아니라 몇 단계로 나누어 흔들어가면서 일어서는 요령을 터득하면 된다는 것이다. 이를테면 기차를 보라. 완행은 급행에게 양보하고 대피하는 배려를 보이지 않는가. 오늘을 살아가는 노인들에겐 그런 미덕이 요청되는 것이다.

고혼을 달래며

스무 살쯤 때였을까?

아무튼 고등학교를 갓 졸업한 무렵이었던 것 같다. 붉은 등대가 있는 방파제에서 웬 젊은 여자가 황급히 바닷물로 뛰어드는 것을 목격하게 된 것은. 자살을 시도하는 여자! 방파제를 산책하고 있었던 나로서는 지체할 여유가 없었다. 나는 그녀와 거의 동시에 바다로 뛰어들었다. 그 여자는 폭넓은 치마를 입고 있어서 다행히 그것이 낙하산처럼 펼쳐져 물 위에 둥둥 떠 있었다. 나는 치마 끝을 잡아당겨 그 여자를 방파제로 간신히 끄집어 올렸다. 그 여자는 죽을 사람을 내버려두지 않고 꺼냈다고 대뜸 나에게 앙탈을 부렸고 매서운 원망의 눈초리를 던졌다. 나는 죄진 사람마냥 아무 말도 할 수 없었다. 그저, 물귀신처럼 바닷물에 흠뻑 젖은 그 여자 옆에 홍건하게 물을 뒤집어쓴 자세로 쭈그리고 앉아 있었다. 꽤 긴 시간이 흘렀다고 생각했다. 그 여자는 그제야 제정신이 들었는지 부끄러운 표정을 지으며 한동안 나를 쳐다보았다. 그러다 자신의 몰골을 두리번거리더니 물을 머금은 넓은 치마를 움켜쥐고 방파제를 달려서 빠져나갔다.

나는 지금까지도 그 여자에 대한 한 가지 의문이 가시지 않고 있다. '그 여자는 다시 자살을 시도했을까? 아니면 나처럼 늙어가고 있을까?' 그 여자는 아마도 나처럼 늙어가고 있을 거라는 생각이 짙게 든다.

나는 중학교에 입학하면서 영도에서 토성동으로 통학을 하게 되었다. 그러자니 자연 영도대교를 건너야 했다. 오가며 두 번씩 건너는 다리난간에는 '당신의 앞날을 위해 잠깐만 참으세요.'라는 글귀를 마주하게 되었다. 한국전쟁 직후 살기가 힘들었던 시절 많은 사람들이 걸핏하면 다리 밑으로 떨어져 죽음을 선택했기 때문에 붙여둔 팻말이었다. 다리 밑 수산경찰서에서는 24시간 구명정에 엔진을 걸어두고 있었지만 죽을 운명에 놓인 사람은 세찬 조류에 휩쓸려 결국 죽고 말았다. 그럴 경우 뒤치다꺼리는 잠수부의 몫이었다. 잠수부들은 조개를 캐서 연명하기보다 수입 면에서 더 나은 시신을 건져 올리는 일에 몰두했다. 그 무렵 영도 태종대의 자살바위는 자살명소로 악명이 나있을 정도였다. 그곳에서는 일단 떨어지면 구조될 확률은 0%였기 때문이었다.

요즘 들어, 자살을 기도하는 사람들이 늘어나고 있다고 연일 지상에 보도되고 있다. OECD 국가들 중에 자살률 1위니 뭐니 해서 어쩌면 언론이 자살을 부추기는 느낌마저 든다.

자살도 유행을 타는 것 같다. 인터넷상으로 자살클럽을 만들어 젊은 이들이 일정한 장소에 모여 한꺼번에 생명을 버리기도 하는 걸 보면. 죽은 자야 말이 없겠지만 나름 죽을 수밖에 없는 사연들을 갖고 있었을 것이라는 동정심이 쏠리기도 한다. 더욱이 살기가 어려워 일가족이 집단으로 자살하는 양태는 참으로 안타깝기조차 하다. 어른이야 그렇다 하더라도 어린 생명까지 함께 몰아가는 것은 부모의 도리가 분명 아닌 듯하다.

옛날에도 자살클럽은 엄연히 존재했다. 그러나 지금의 형태와는 사뭇 달랐다. 나이가 들어 더 이상은 활동이 허용되지 않은 사람들이 어떻게 하면 생을 아름답게 마감하느냐가 그들의 관심사였다. 경비행기로 나이아가라 폭포 아래로 추락하는 것이 그 시절의 소망 1위가 아니었던가 싶다. 죽음에 낭만이, 화려함이 묻어있는 것이었다.

나는 천수를 다하지 못하고 스스로 생명을 단축시킨 고인들에 대해 무한한 위로와 조의를 표한다. 한편, 살아있는 또 다른 그들이 다시 죽음을 선택한다면 그 이상의 조의를 표하고 싶은 생각은 추호도 없다. 그들은 죽음을 선택하기에 앞서 내가 아닌 다른 사람의 생각을 들을 필요가 있다고 생각한다. 일상생활에서 내 몸을 내 마음대로 할 수 없음은 내가 우리 사는 세상의 공동체이기 때문이다. 다른 사람이라고 해서 그들이 당신보다 가진 게 많아서, 더 행복감을 느껴서 살아가고 있다고 판단한다면 그것은 오산이다. 그렇게 생각하는 것 자체가 당신 정신세계의 피폐에서 비롯된 것이다. 그렇다면 무엇이 당신을 그토록 피폐하도록 했을까?

나의 소견은 우선 당신의 그릇된 독서습관에서 비롯되었다고 말하고자 한다. 홍수처럼 쏟아져 나온 무분별한 책들이 서서히 당신의 정신질서를 붕괴시킨 결과라고 생각한다.

책방에는 '부자가 되는 길'이라는 책자만도 산더미처럼 쌓여있다. 과연 그 책들이 당신을 부자로 만들어줄 수 있을까? 읽을수록 거지가 되지 않은 게 천만다행이라는 생각이 든다. 그 책들의 저작자는 그의 견해를 피력했을 따름임을 인지하지 못하는 당신의 실수에 불과한 것이다. 일확천금에 눈이 어두운 사람이 어쩌다 복권에 1등으로 당첨됐다 하더라도 그가 결국 쪽박을 차게 된 사례를 우리는 너무나 잘 알고 있다.

세계적으로 이름을 드날린 유명인사도 한 권의 책에서 영감을 얻었다고 피력하고 있음을 우리는 그의 자서전을 통해 알고 있다. 천 권의 책을 읽은 사람은 천 가지 생각에 빠지게 마련이다. 읽은 책에 대한 정립을 해주는 사람도, 기준도 없이 스스로의 결정에만 따를 수밖에 없었기 때문이다. 이럴 때 당신의 가치관은 흔들리게 되는 것이다. 가치관이 흔들리면 삶의 목적이 흔들릴 수밖에 없다. 평생 농사만 짓는 우직한 농부가 스스로 생명을 끊는 사례는 찾아보기 어렵다. 그들은 남을 탓하지 않고 원망하지 않고 스스로에게 충실하게 살아가는 사람들이다. 그들의 삶의 목적은 너무나 뚜렷하다. 자기보다 부모를, 자식을 무엇보다 우선시한다. 남들을 위한 봉사를 하는 사람 이상으로 그들은 피붙이에 대한 봉사를 생활화하고 있다. 그곳에서 가족이라는 공동체의 끈끈한 유대를 실천하고 있는 것이다. 그리고 자기가 해야 할 분담에 대해 철저히 이행하는 자세를 보여주는 것이다. 그들은 부모가 늙고 병들어서 눈 밖으로 밀어내는 짓거리는 염두에 두어본 적이 없다. 자식이 지지리도 못나서 허덕여도 보듬는 사랑을 보여준다. 그들은 그게 자신이 해야 할 일임을 너무나도 잘 알고 있다.

요즘은 부모가 자녀에 대해 지나칠 만큼 보호하려 든다. 그 부모의 심리기재가 자신이 받지 못한 것에 대한 보상차원이 크게 작용하는 것 같다. 과잉보호를 받고 자란 아이가 어느 순간 홀로서기를 하려할 때 얼마나 힘들어 할까. 스스로 헤쳐 나가는 체험을 못한 그들이 새로이 거쳐야 할 시행착오를 얼마나 인내심을 갖고 개척해나갈 수 있을까. 언어나 습관은 어릴 때 대부분 형성된다고 한다. 부모의 요구에 의해 형성된 품성이 영원히 바뀌지 않을 수도 있다는 가정은 너무나 끔찍하다. 만 16세가 되면 독립적인 생활을 인정하는 외국의 경우와는 너무나 다르다. 심지어는 그 나이에 정든 집을 떠나 홀로서기를 하는 자녀와 우리의 현실은 비교를 불허한다. 무조건 상위권 대학에만 가야 하는 의식으로는 멘탈 붕괴를 막을 수 없다. 대학으로 가는 과정과 절차가 당사자가 아니면 도무지 이해할 수 없는 해괴한 일들이 현재 우리나라에서 경쟁적으로 벌어지고 있다. 그렇다고 그 대학이 질적인 면에서 세계적인 대학들과 어깨를 나란히 하지 못함은 우리의 교육이 절름발이식으로 가고 있음이다. 참으로 개탄할 일이 아닐 수 없다.

가정사정이 어려워 고등학교를 근근이 졸업하고 취업현장에서 중노동을 하고 있는 사람들이 있다. 남들 다 가는 대학을 포기한 그들에게 대학의 반값등록금 명분으로 다달이 세금을 징수하려는 행위는 그야말로 해적질이다. 문둥이 콧구멍에서 마늘을 빼먹는 처사가 아닐 수 없다. 그러나 당사자는 그런 일에 개의치 않는다. 하루하루 그들에게 주어진 힘든 일에 매진해나갈 따름이다.

작은 부자가 되는 길은 많이 벌어서 되는 것이 결코 아니다. 적게 벌더라도 알뜰살뜰 아껴 쓸 줄 아는 사람이어야만 가능한 일이다. 그런 사람들에게는 쌓아 올린 탑이 견고함으로 무너지지 않는다. 꽤나 많이 배우고, 한꺼번에 많은 월수입을 보장받는 사람일수록 가세가 기울면 급격히 무너져 내리기 쉽다. 마마보이로 자란 그가 무에서 유를 창조해낸다는 것은 사실상 불가능한 일이다. 그에게는 재기할 여력이 없는 것이다. 아이디어란 게 고작 무너져 내린 일에만 집중되어 있어 다른 방향으로 가면 죽는 줄로 알고 있기 때문이다. 노숙자가, 성인가출이, 집단가족자살이 여기서 비롯되는 것임을 간과할 수 없는 것이다.

외설과 타락 일변도의 책, 반항과 무분별을 키우는 작가, 폭력과 허황한 도전의식으로 혼을 빼는 영화, 이론만으로 직격탄을 날리는 상위 교육 관련자, 그런 것들로 무장된 일방 청춘들, 충격적이고 자극적인 것으로 노출된 세계 속에서 나 홀로서기는 어렵다. 그들에게 나 홀로 조화로운 삶을 영위하기란 너무나 힘들다.

얼마 전까지만 해도 은퇴 후 귀향하는 사람들이 있었다. 그러나 지금은 젊은 부부가 떳떳이 귀농하여 그들의 생활터전을 마련하는 현상이 두드러지게 늘어났다. 참으로 본보기가 되는 모습이다. 그러기까지 그들 가정의 혼란이 오죽했을까. 그들은 후일담으로 그때 그렇게 결정하기를 참 잘했다고 기억할 것이다. 정착 초기 그들의 애환은 말로 표현할 수 없을 만큼 컸을 것이다. 그러나 그들은 진주조개가 모래를 삼켜 체내에서 진주로 다듬어낼 아픔을 긴 세월 인내로 견뎌낸 사람들이다. 귀농한 모든 사람들이 다 성공한 것은 아니다. 그러나 대부분 마음만은 부자요 행복한 사람이다.

당장 죽겠다고 극약처방을 내린 사람에게는 백약이 무효다. 왜냐면 그들은 자살준비기간이 충분히 있었기 때문이다. 효력은 없겠지만, 그 순간 할 수 있는 것은 '잠깐만!'이라는 어구밖에 없을 것 같다. 당장 자살을 시도하려는 사람에게 미사여구는 닿지 않는다. 그는 평소에 많은 미사여구에 현혹되어 삶을 망친 장본인들이다. 그에게는 죽음만이 만사형통의 길로 통할 뿐이다.

문제는 그가 왜 이 지경에까지 몰렸는가, 이다. 부모의 과잉보호에 이어, 학교교육이 뒷전을 부리는 게 큰 원인이다. 성적 올리는 일에 급급한 나머지 학생들을 교습소로 몰아붙이는 풍조로는 건전한 생명을 보장받을 수 없다. 그들에게는 1등이 아니면 살아남지 못한다는 의식이 머릿속 깊숙이 박혀있다. 그렇다고 누구나 1등을 할 수 있는 게 아니라는 것쯤은 다들 알고 있는 사실이다. 사실을 사실로 받아들이지 않겠다는 논리가 팽배할 때 사회는 병들어가게 되는 것이다.

여기서, 나는 한 조그만 시골학교의 투철한 교육관을 가지신 교장 선생님의 얘기를 하지 않을 수 없다.

그 초등학교에는 A라는 학부모가 있었다. 학부모는 대도시에서 대학까지 수학한 사람으로 서울에서 회사생활을 시작했다. 결혼도 하고 슬하에 아들 셋, 딸 둘을 둔 가장이었다. 그들의 서울생활이 파탄을 맞은 것은 가장이 직장에서 정리해고 되면서부터 시작되었다. 그가 아는 것이라고는 방직회사에서 염색을 하는 전문적인 일뿐이었다. 방직회사가 겉돌아가는 판국에 염색 하나의 기술로는 더 이상 직장을 붙들 수 없게 되었다. 가세가 극도로 기울자 서울의 전세방에서 전주로, 전주에서 광양으로, 다시 밀양의 작은 시골마을로 집시처럼 유랑의 생활을 이어왔다. 3년여를 방황하다 밀양으로 거주지를 옮겼을 때는 쪽박을 차지 않은 거나 다름없었다.

이 무렵 이 지역 초등학교는 학생 수가 30명이 채 되지 않을 정도로 줄어들었다. 통폐합의 위기에 놓이자 교장 선생님이 직접 팔을 걷고 나섰다. 교장 선생님이 A 씨를 만난 것은 그 무렵이었다. A 씨 가족은 주민등록도 말소되었고, 호구지책을 위해 꾸어다 먹은 양곡대금 부채 등으로 피신을 하고 있는 중이었다. 중학교에 다녀야 할 장남부터 그 아래로 줄줄이 의무교육의 혜택을 받지 못하고 있었다. 그들에게는 교육이 문제가 아니라 당장 입에 풀칠을 하는 것이 우선과제였다. 굶기를 밥 먹듯 한다는 말이 그들에게는 실감나는 현실이었다. 그들은 한두 끼, 하루 이틀 굶는 것쯤 대수롭잖은 것이었다. 눈앞의 죽음과 사투를 벌이는 일이 다반사였다.

교장 선생님은 우선 면사무소와 긴급연락을 취했고, 담당직원으로 하여금 아사직전의 현장을 목격하게 했다. 곧 그들 식구에게 구호의 손길이 뻗쳤다. 면사무소와 학교와 지역사회가 그들을 위한 구명운동에 나서게 됐다. 교장 선생님은 그들의 주민등록을 조회하여 새로운 주민등록증을 발급받게 했다. 주민등록증이 발급되자 자녀들의 입학수속이 잇따라 이어졌다.

장남은 여러 조건을 고려하여 초등학교 5학년생으로 편입되었고 차례로 형제자매들이 입학하게 되었다. 모든 자녀들에게 무상급식이 이루어졌고 학용품 일체가 배부되었다. 끼니 걱정이 해소되고 자녀양육이 학교로 옮겨지자 교장 선생님은 A 씨를 면사무소 임시직에, 부인을 보건소의 파트타임 요원으로 일자리를 만들어 주었다. 교장 선생님의 관심은 그들 가족에게는 정착과 희망을 선물하는 것이었으며, 학교에는 대거 5명의 신입생을 유치하는 쾌거를 이룬 것이었다. 다른 의미에서, A 씨 가족은 사경을 헤매면서도 결코 죽음을 선택하지 않았으며 끝까지 인내하면서 가족을 지켜낸 강인함을 보여준 것이었다.

나는 가난에 찌들려 더 이상은 버텨낼 수 없다고 단정해버리는 그들에게 차라리 굶어서 죽는 길을 선택해보라고 말해주고 싶다. 굶어 죽을 수밖에 없는 처지라면 그들이 굶어죽는 모습을 보고 있을 사람은 없다고 생각하기 때문이다. 어느 신문에서도 온 식구가 굶어 죽었다는 보도를 본 적이 없다. 아직은 굶어죽을 수밖에 없는 그들이 생각하는 것만큼 이 세상은 황량하지 않다는 것이다. 그렇게 매몰찬 곳은 아니라는 것이다. 그냥 이불을 뒤집어쓰고 죽기를 기다리는 사람이라면 어쩔 수 없다. 그런 그는 삶을 포기하고, 남의 시선에서 고립되기를 자청한 사람이다. 그래도 그에게까지 세상은 적어도 굶겨죽이지는 않는다. 간혹 수십만 명이 해수욕을 즐기는 한 가운데서도 익사자는 생기게 마련이다. 도시의 벅찬 소용돌이 속에서 아무도 모르는 사이에 죽어가는 사람은 있을 수 있다.
가난한 농촌이라고 해서 가난하다 못해 굶어죽는 사람은 없다. 참으로 가난해서 난방비를 아끼려다 얼어 죽을 수는 있을지 모른다. 그러나 그것도 도시에서나 발생할 수 있는 가능성이 높다. 시골에는 할머니들의 동네 마실이 있는 곳이다. 매일 매일의 이웃 간 정보를 공유하고 공론화한다. 한 끼만 굶어도 야단법석이 난다. 이장이 마이크에다 대고 마치 전쟁이나 난 듯 고래 고함을 지른다.

"아무 댁이 굶어죽게 됐소. 이러다가 우리 동네 인심 나겠소. 어서 빨리 동네회관으로 모이시오."

이쯤이면 이웃은 이웃이 아니다. 내 형제요, 내 자매다. 내 수족처럼 여기는 연대의식이 나타나는 것이다.

내가 사는 이곳도 작은 도시여서 달동네가 있다.

여느 달동네처럼 즐거움보다 애환이 더 많이, 더 깊이 서려있는 곳이다. 희망을 안고 살아가는 사람보다 죽음의 수순을 기다리는 사람이 많은 곳이다. 이들에겐 산다는 의미보다 생명의 연장을 소원하는 경향이 짙다. 내가 만나본 그들 중 많은 사람들은 고통 속에서도 웃음의 끈을 놓지 않고 살아가는 사람이 많다. 스스로는 의식주의 어느 것도 해결하지 못하는 젊은이부터 장작개비처럼 마른 노인네까지 그들의 눈가엔 잔잔한 웃음이 피어있다. 삶이란 그렇게 모질게 살아가야 하나보다 하고 느끼게 된다. 굶어보지도, 아파보지도 않고 자기 스스로 만든 집착으로 똘똘 뭉친 이들에게는 화학적 거세가 요구된다. 갈증으로 스스로 키워가는 갈구는 점점 더 엄청난 스피드를 필요로 하게 되고 더 높은 산을 오르게 한다. 로마의 네로 황제는 생모를 발기발기 찢어죽이고 많은 사람을 굶주린 사자의 밥이 되게 하였다. 그의 그릇된 갈구는 모든 시민을 불태워 죽이기 위해 로마를 불바다로 만들고 말았다. 인디오의 왕은 노예들의 펄떡거리는 심장을 꺼내 재전에 바쳤다. 발광의 극치에 이르러서는 수만 명 백성의 심장을 도려내 무자비하게 죽였다. 갈증은 끝이 없다. 이럴 경우 갈증 해소란 있을 수 없다.

죽음만이 갈증을 종식시킬 따름이다.

　삶에 염증을 느껴 이제까지의 모든 것을 내려놓고 산 속으로 들어간 사람들이 있다. 그들은 혼자이기도 하고 가족이기도 하다. 그들은 발달한 문명을 경험했고 거기에 적응했기에 어렵사리 도시의 모든 것을 털고 산사람으로 탈바꿈한 것이다. 나는 그들의 용기 있는 결정에 갈채를 보낸다. 그들에게 새 삶은 희망이요, 광명이다. 삶의 구렁텅이에서 헤어나지 못하는 사람들의 공통점은 변화를 잊은 사람들이다. 스스로 만든 삶의 질에 갇혀 고착적인 행동을 반복하는 사람은 그것으로 인해 스스로를 망치게 되는 것이다. 변화란 언제부터 시작해도 결코 늦지 않다. 변할 수 있다는 것은 그의 높은 가치관에 의해서 결정된다고 본다.

　모든 사람이 바라는 성공은 3초 만에 이루어진 소산물이 아니다. 올림픽의 2단 높이뛰기의 결실은 3초에 달려있다지만 그렇게 하기까지의 노력은 3년도 더 걸린다는 사실을 알아야 한다. 가능성이 있을지 없을지도 모르는 비인기 종목에 3년씩이나 목을 맬 사람은 그리 흔하지 않을 것이다. 그러다 이름 없이 사라진 별들이 부지기수다. 그들 역시 낙담하고 있을 처지가 아니다. 새로운 것으로 탈바꿈하여야 할 것이다. 완전히 새로운 것으로 나아가야 할 것이다. 비록 그로 인해 성공을 거두었다 하더라도 그곳에 머무는 것은 불가능하다.

　오히려 패배를 인정하고 방향전환을 빨리한 사람이 삶의 질 문제를 논할 자격을 갖게 되는 것이다. 승리했다고 매스컴에나 연일 오르내리는 생활에 안주하면 어느 순간 자신도 모르는 사이에 쓰러지게 된다. 잘나가던 운동선수나 연예인들의 비참한 말로를 우리는 너무나 잘 알고 있다. 그들이야말로 그 숱한 자살명부에 이름을 올리게 된다. 잘나갈 때의 그 명성을 만회할 아무런 여분조차 남아있지 않기 때문이다. 젊음처럼, 그의 곁에서 모든 것이 떠난 것이다. 세상은 한결같지를 않다. 천천히, 빠르게 흘러가면서 변하게 마련이다. 있던 것을 없애기도 하고, 없던 것을 새로 만들어내기도 한다. 기득권을 가졌다고 해서 그게 마냥 그에게 머무는 것이 아니다. 그렇게 지속적으로 머물기를 바라는 마음이야 성공한 사람들에겐 한결같을 것이다.

가난은 나라도 구제하지 못한다고 했다.
어느 정권이 들어선다고 해도 개인 살림살이는 나을 것도, 못할 것도 없다. 나아질 거라고 생각한다면 그건 오산이요, 착각이다. 누가 나를 담보로 내가 만족할 만한 혜택을 줄 것인가? 오히려 쥐꼬리만큼 가진 나에게서 무언가를 꼬여낼 방도를 꾀하느라 골몰할 것이다. 내가 엎어지든 자빠지든 그것은 그들이 알 바 아니다. 아니 내가 견디다 못해 자살바위로 간다한들 그것은 그들의 소임 밖이다.
못할 거라고 생각하는 사람은 후퇴할 거라는 생각 때문에 스스로를 압박받게 할 것이다. 자기 것을 자기에게 맡기는 자유로움이 있어야 한다. 잔뜩 기대를 걸었다 이루어지지 않는 날에는 그만큼 실망도 커지게 되고 원망도 쌓이게 될 것이다. 원래 내 것이 아닌 것을 내 것이 될 것처럼 여겼던 것이 화근을 부른다. 분노로 잠을 설치게 하고 내 몸까지도 불사르게 하는 것이다.

기꺼이 죽어주겠노라고 할 이유가 없다. 내 주변을 둘러싸고 있는 그들의 아니꼬운 부추김에 내 생명을 담보로 해서는 안 된다. 현재 나의 처지보다 몇십 배 못한 환경에 처하더라도 나의 의지대로 살려는 보람은 남겨

놓아야 한다. 그리고 현재의 나보다 어느 면에서나 못한 무수한 사람들이 아니꼽게도 이 세상의 구성원이 되어, 이 세상을 꾸려나가고 있음을 잊어서는 안 될 것이다. 별로 뾰족하지도 않고, 일등은커녕 꼴등인 주제에도 목소리 하나만은 일품인 사람들도 허다하다. 구멍은 깎으면 커지듯 고함도 지를수록 커지게 마련이다. 때로는 고함이 법보다 앞질러가는 수도 있다. 한때는 주먹이 온 세상을 뒤흔들었듯이.

　세상은 참으로 요지경이어서 뜻한 바와 같이 되는 일이 없다. 대학의 전공에 맞춰 취업을 한 이가 몇이나 될까? 쌀의 미가 아닌가. 지금까지의 대학선호도도 학부모의 의식이 급격히 바뀌는 시점에서 모래성처럼 무너지고 말 것이다. 고개 하나를 넘으면 있던 초등학교는 말끔하게 정리되고 말았다. 그 자리에 우후죽순처럼 들어선 각종 대학이 이제 추풍낙엽처럼 되고 있다. 대학의 교수가 본연의 학문에 전념하지 않고 얄팍한 지식으로 학생을 우롱하는 행위는 이제 사라져야 할 것이다. 연예인이 정치꾼들과 어울려 거리를 헤매는 모습은 이제 사라져야 할 것이다. 모든 공인이 그들 분야에 맘 놓고 정진할 때가 도래할 것이다. 국회의원만 되면 온갖 행패를 부리는 사람들이 철퇴를 맞을 시간도 임박해 있다. 걸어서, 자전거로, 도시락을 싸들고 등원하는 국회의원들의 모습이 도무지 낯설지 않게 될 것이다. 거드름과 허세가 난무하던 우리 사회가 점차 안정을 되찾을 날도 머지않은 것 같다. 데모만 벌이면 극한상황으로 치닫는 시대도, 나의 주장을 평화로운 시위로 바꿀 날도 가까이 오고 있다. 참으로 아침이 조용한 나라 이미지를 지금부터 바로 세워 나가야 할 것이다.

　이따금 항해를 하다 보면 삼각파도를 만날 때도 있다. 아무리 큰 몸집의 배라도 삼각파도 앞에선 침몰할 수밖에 없다. 우리는 그럴 경우를 불가

항력이라고 한다. 그렇다고 마냥 연안에 돛을 내리고 빈둥거릴 수는 없지 않겠는가? 바다가 무서워 움직일 수 없다면, 많은 사람들이 죽어간 따뜻한 방구석이 무서워서 어떻게 들어갈 수 있을까? 사람의 힘으로 해결할 수 없는 경우일지라도 우리는 거기에 맞설 용기를 가지고 있어야 한다. 그래야만 언젠가는 헤쳐 나갈 방도를 강구할 수 있게 될 것이다.

흔히, 아버지 세대에선 가능할 수 있었지만 우리 세대는 이룰 수 없다는 말을 듣게 된다. 무엇이 가능하고 무엇을 이룰 수 없다는 말인지 납득이 가지 않는다. 아버지 세대는 안 죽어도 되는 것이고 지금 세대에서는 죽어야 한다는 말이 아니기를 바란다. 비교하고 비교당하는 일이 기분 좋은 것은 아니다. 젊은이들은 절대적으로 혹은 상대적으로 비교하는 데 익숙한지는 알 수 없다. 그러나 지금은 늙었지만 젊었을 때도 늙은이는 비교의 대상을 구하지 않았다. 가끔은 과거와 현재를 뒤돌아보곤 했다. 미래는 미래에 맡겼다. 미래가 현실로 다가왔을 때 더 늙은이는 한없이 고달파졌다. 되돌아보면, 굶기도 많이 했었고 굶어서 죽기조차 했었다. 생명을 버리려는 의도에서가 아니었다. 설령 나의 삶은 포기하더라도 나로 인하여 태어난 내 새끼는 내 손으로 거두어갈 수 없었기 때문이다. 새끼의 아버지는 속이 휑하니 비고 뚫려서, 먹지 못할 것을 먹고 삼켜서, 토하고 싸다가 꼬치꼬치 말라 비틀어져 죽어갔다. 젊은이의 아버지는 그 순간에도 새끼가 어린 양처럼 오동통한 모습으로, 아니면 식채에 소화불량으로 소화제를 들이키게 하고 있었다. 그게 우리네 아버지의 아버지, 또는 아버지의 진정한 모습이었다. 아버지의 세대는 가능한 것을 가능하게 꾸려간 것뿐이었다. 불가능한 것을 가능하게 하려는 것이 아니었다. 간혹 불가능하다고 여겨지는 것에 대하여 도전장을 낸 아버지들도 있었다. 그러다 성공한 사례도 있었지만 실패한 사람은 수를 헤아릴 수 없을 만큼 많았다. 실패했다고 해서 좌절한 사람은 흔치 않았다. 그리고 죽으려고 약 봉지를 들고 다니지도 않았다. 언제 죽겠다고 예언하거나 죽을 낌새를 뿌리고 다니지도 않았다. 왜였을까? 그들은 이미 죽었어야 할 숱한 고비를 넘겨 면역성이 생겼기 때문이었을까? 혹독한 춘궁기에도 기어이 살아남았고, 한국전쟁의 연이은 전투에서도 영웅처럼 살아남았다. 베트남의 빗발치는 총알과 포탄 속에서도 생명줄을 이은 사람들이었다. 지금에 돌아와 늙은이가 경제빈곤층에 처해 있다고 해서 쉽게 생명을 버리겠는가? 아닐 것이다. 그들의 산전수전을 다 겪은 체험은 그들로 하여금 거머리 같은 삶을 살아갈 수 있도록 해주기에 충분할 것이다.

나는 20대에 경험했던 어느 젊은 여성을 익사 직전에 온몸을 던져 구명했던 기억을 더듬고 있다. 그 여인은 할머니가 되어 자식들에게, 또한 손자들에게 무슨 말을 해주고 있을까, 궁금하기만 하다.

고니는 날아가고

겨울의 문턱에 이르면 내가 하는 일이 한 가지 있다.

온몸을 이불로 뒤집어쓰듯 한껏 보온을 한 후 승용차에 오른다. 남천의 물가를 따라 먹이 사냥을 하는 겨울새를 보기 위해서다. 그것이 나의 겨울 아침을 여는 시작이다. 겨울에야 기온이 영하로 떨어지는 것이 다반사지만 그래도 새들이 특별한 보온장치 없이 어떻게 추위를 이겨내는지 궁금하기 한량없다. 청둥오리나 기러기들은 겨울 철새라 그렇다 하더라도 지난여름 이곳 천변에까지 날아왔다가 되돌아가지 못하고 웅크리고 있는 왜가리의 모습을 보는 것은 안타깝기 그지없다. 매서운 한파 속에 잔뜩 쭈그리고 있는 녀석은 눈물이 핑 돌게까지 한다. 나는 아침을 열면서 행여 녀석들이 간밤에 얼어 죽지나 않았는지 먼저 눈길을 그리로 보낸다. 그러나 녀석들은 늠름하지는 못하지만 장하게도 추위를 잘 견뎌내고 있다. 낮 동안 영상의 기온을 맞이하면 녀석들은 굶주린 배를 채워 에너지를 보충하게 될 것이다.

반면, 겨울 철새들은 신명이 나 있다. 세차게 푸드득거리기도 하고 까불거리기도 한다. 꽁지를 세우고 부리로 먹이를 사냥하는 모습이 활기차 보인다. 몇 종의 겨울새들은 통째로 잠수를 하기도 한다. 각자 생활방식에 따라 겨울을 나는 모습이 나에게는 신비감을 불러일으킨다.

새에 대한 나의 일천한 경험담을 풀면 아래와 같은 것들이 있다.

어릴 적 바닷가에 살았던 나는 연줄로 갈매기를 잡는 광경을 목격하곤 했다. 연줄에 칼날 같은 사금파리를 먹여 나는 갈매기의 날개를 찢으면 결국 갈매기는 바닷물로 추락하고 말았다. 갈매기를 잡아 생계로 하려는 것이 아니라 잡는 재미로 하는 것이었다. 어린 소견에도 너무나 잔인하다는 생각이 들어 온종일 기분이 우울했다.

어쩌다 고향인 시골에 갈라치면 동네 청년들이 짚으로 엮은 지붕 사이 구멍에다 통발을 끼어 참새를 잡는 모습을 볼 수 있었다. 청년들은 잡은 참새를 나에게 꼭 쥐어주며 놓치면 안 된다고 신신당부를 했다. 그러나 나는 따뜻하게 느껴지는 참새의 체온이 너무나 안쓰럽고, 할딱거리며 떨고 있는 모습이 불쌍해 슬그머니 놓아주곤 했다. 그 다음부터 청년들은 나에게 참새를 맡기지 않았고 잡는 족족 땅바닥에 패대기를 쳤다. 그렇게 참새들은 불쌍하게 죽어갔다.

참새에 관한 얘기는 거제도 쪽으로 옮겨간다. 한창 공기총이 유행하던 시절이었다. 포획대상은 주로 참새였다. 간혹 비둘기나 꿩을 잡기도 했지만 그것은 그리 쉬운 일이 아니었다. 나는 산탄공기총을 구입하지 않았지만 동료들이 참새잡이에 나서면 따라나서곤 했다. 하루 종일 뛰어다녀봤자 수확은 신통찮았다. 한번은, 해질녘 대나무 밭에 쭈그려 앉아 비둘기 사냥을 하게 되었다. 잠을 자기 위해서 둥지로 날아드는 비둘기를 노리는 것이었다. 그날 저녁 잡은 비둘기는 여남은 마리는 되었을 것이었다. 잡은 비둘기를 구워 회식을 하는 자리에 참석한 나는 비둘기구이가 예상 밖으로 고소하고 산뜻한 맛을 낸다는 사실을 알게 되었다. 하지만 죽어간 비둘기를 생각하면 미안하다기보다는 죄를 짓는다는 느낌이 들었다. 나는 회식 도중 슬그머니 자리에서 빠져나와 숙소로 갔다.

그 후, 나는 그곳 거제에서 우연히 옥 포수를 만나게 되었다. 그는 산탄공기총을 쓰는 것이 아니라 벨기에제 쌍발엽총을 소지하고 있었다. 엽총의 위력은 대단한 것이었다. 꿩이 주 포획대상이었지만 때로 고라니를 사냥했고 어쩌다 한 번씩은 멧돼지 사냥에 나서기도 했다. 옥 포수가 사냥을 나설 때면 나와 동행하기를 제안해왔다.

나는 한동안 그분의 사냥술과 사냥 경험담에 푹 빠져 있었다. 어떻게 해서라도 꼭 엽총을 사리라 생각하고 월급을 떼어 돈을 모으기 시작했다. 그 사이 총포사에는 문턱이 닳도록 다녔다. 주인과 총신이 긴 체코제 단발엽총을 사기로 약정을 해놓고 진열해둔 엽총을 내 것처럼 보수도 해댔다. 그러나 엽총을 구매하는 행위는 결국 무산되고 말았다. 옥 포수가 만류한 이유는 체코제 단발엽총의 위력이 너무 강해 초보자에게 부적절하다는 것이었다. 그러나 나는 보병부대에서 이미 M1과 카빈, L.M.G.를 사격한 사실이 있었고 특등사수는 아니었지만 높은 수준의 사격을 한 이력이 있다고 항변했다. 옥 포수는 나에게 조용히 타일렀다. 살생이 뭐가 그리 좋아 그렇게도 꼭 하겠다는 것인지 다시 한 번 생각해보라고 했다. 나는 오랜 기간 동안 침묵에 빠졌고, 마침내 사격의 충동에서 빠져나왔다. 새삼 생각해보면 참으로 잘한 결정이었다는 후렴이 남는다.

한동안 새에 대한 생각은 내 머릿속에서 멀어져갔다.

가끔 티브이에서 멋지게 군무를 펼치는 가창오리나 홍학의 비상을 감동으로 보았다. 또는 새 특집으로 취재한 그림들을 보면서 훈훈한 마음을 가지기도 했다. 가마우지의 목을 매 물고기를 사냥하는 모습이나, 독수리로 꿩을 사냥하는 원시 스포츠를 보기도 했다. 그러나 새들의 활동을 인위적으로 제한하는 행위는 그다지 좋은 그림은 아닌 것 같이 느껴졌다.

인간과 새 그리고 자연이 어우러져 살아가기 위해 많은 조류보호단체에서는 철새에게 먹이를 제공하고 독극물이나 덫에 걸린 맹금류를 구제하려는 노력을 기울이고 있다. 상처를 입은 새들에게 치료를 해 자연으로 회귀시키려는 의도는 새를 사랑하는 마음을 갖게 하는 효과가 크리라 생각한다. 그러나 그러한 소극적인 방법보다는 새들 스스로 먹이활동을 벌일 수 있는 여건과 환경을 조성해주는 일이 선결적으로 이루어져야 할 것 같다. 인간에 의해서 먹이를 제공받는 일이 얼마나 가식적일 수 있을까 생각해보면, 그것이 새를 인간에다 초점을 맞추어 길들이는 형상일 수도 있을 것이다. 상처를 입은 새를 치료하고 방사하기 위해 바치는 노력에 비해 새의 생존율은 얼마나 될 것인가를 생각해보면 필요 이상의 노력이 투자되고 있다는 생각이 들기도 한다. 멸종위기의 새라고 떠들 필요는 없을지도 모른다. 멸종위기라고 겁을 주어서도 안 될 것이다. 인간에 의해서 제한되는 위기를 제외하고 새들은 스스로 살아갈 수 있는 힘을 길러주어야 한다. 그 힘은 새 스스로에게 긍정적으로 유전변이를 일으켜 지구의 역사와 더불어 끝까지 살아남아야 할 이유가 되어줄 것이다. 익룡이, 그리고 무수한 새들이 지구상에서 사라졌지만 그들은 대부분 인간에 의하여 죽임을 당한 것이 아니다. 왜 인간은 인간 스스로에게 죄의식을 심어주고 그로 인해 거부감과 거리감 내지는 괴리마저 느끼게 하는가? 인간이 인간을 사랑하는 마음이 인간 내면에 잠재해 있다면 인간의 새에 대한 사랑은 넘쳐날 것이다. 그리하여 새의 개체 수도 늘고 줄기를 거듭할 것이다. 지구상에 인간의 수가 급격하게 불어나는 현상이 그다지 반가운 일만은 아닐진대 새의 개체 수도 자연의 법칙에 순응해나가는 일이 필요할 것이라고 생각해본다.

이번 겨울에 접어들면서 나이에 자꾸만 억눌리게 되는 느낌을 받는다.

아침나절 외출이 금기시되는 상황에서 늘어나는 것은 더께더께 불어나는 옷의 두께와 무게인 듯하다. 잔뜩 차려입고 나서야 그나마 출입을 할 수 있기 때문이다. 찬바람이 옷깃을 파고들지 못하게 하는 데는 이 길밖에 없다. 겨울이라고 방구석에 콕 박혀있는 게 능사가 아닌 줄을 모르는 바가 아니기에 자리를 비켜주려고 나서는 것이다. 크게 다행한 것은 아직도 운전대를 고수한다는 사실이다. 그리고 운전석 시트에 깔린 보온장치는 온돌방 이상의 역할을 해준다. 기름 값 부담이 되지 않는 아침의 근거리 주행은 내 사정에 꼭 들어맞는 일과이다.

운행하는 코스도 몇 안 되게 정해져 있다. 여름엔, 장마에 강물이 얼마나 불어났는지 둘러보는 강변일주 도로가 길게 누워있다. 그러나 겨울엔 모든 게 생략되고 절제되어 있다. 푸름이 사라지고 모든 게 한 발짝 물러나 앉은 도로변은 황량하다. 황량하다 못해 잎을 떨어뜨린 나무들은 누렇게 오그라들어 을씨년스럽게 서있다.

운전을 할 때, 때로는 쌓인 눈 때문에, 언 땅덩이 때문에 조심스럽긴 하다. 그러나 그래도 내가 고수하는 겨울길은 한 가닥 남아있다. 겨울을 좇아 찾아오는 겨울 철새들이 생명의 온기를 대지 가득 뿜어내는 기쁨을 만날 수 있어서 좋은 것이다.

먼빛으로 보아도 청둥오리 떼가 보인다. 햇빛에 반사되는 초록색의 목덜미가 유난스럽다. 청둥오리보다 덩치가 있어 보이는 무리가 기러기 떼이다. 곧장 물속으로 곤두박질치는 녀석은 검은 몸바탕에 주둥이가 새하얀 물닭이다. 물닭들은 개구쟁이 놀음의 선두주자다. 차가운 얼음물이 뭐 그리 즐거운지 연신 날개를 털고 푸드덕 날갯짓을 해 주위를 소란스럽게 한다. 그들에게는 겨울이 겨울 같지 않다. 그들의 생동감을 주는 몸짓들이 나의 심장을 고동치게 한다.

나는 하루도 거르는 일없이 매일 한적한 이 길을 달린다. 매양 같은 모습이긴 하지만 나의 느낌은 그때마다 다르다. 다른 느낌은 그들의 모습조차 다르게 비춘다. 기온이 영하로 곤두박질칠수록 겨울 철새는 떼를 더하여 날아든다. 수십에서 수백 마리로 무리 짓는다. 그런데 외로이 움츠린 자세로 홀로 서 있는 키다리 새가 있다. 여름을 보내고 같이 갈 동료를 잃어버린 쇠백로다. 저러다 겨울을 나기 전에 얼어 죽지나 않을까 여간 신경이 쓰이지 않는다. 어제께는 올 들어 최고 추위라는 영하 12도를 찍었다. 나는 차에서 내려 녀석의 동태를 살펴본다. 녀석은 겨울 철새 바로 옆에 한껏 움츠린 채 그러나 꼿꼿하게 서 있다. 선 채로 화석이 되지나 않았는지 유심히 바라본다. 아무리 보아도 움직임이 없다. 그때였다. 어저께 저녁에 날아온 다섯 마리의 하얀 큰고니가 옆을 스치자 녀석은 움칫 머리를 돌려 고니를 주시한다. 기어코 살아있었구나! 이제 날이 풀리면 먹이활동도 재개하겠지. 추운데 먹지도 않고 있다면 얼마나 더 추울까? 뭔가 요기를 해서 배를 채울 수 있다면 좀 좋으련만.

내가 사는 동네하천에 큰고니가 날아온 것은 올해가 처음이다. 다섯 마리가 가족을 이루어 생활하고 있다. 새 중에는 저리도 큰 새가 있을 수 있구나. 강갈매기나 고방오리가 곁을 지나치면 큰고니는 마치 군함처럼 보인다. 군함의 비행을 느껴보기 위해 나는 아침마다 확인 작업을 벌인다. 큰고니는 어디선가에서 날아왔을 텐데 며칠이 지나도 날 생각을 하지 않는다. 그들의 행동반경 안에서만 먹이활동을 펼치고 털 고르기를 할 뿐이다. 볼수록 새하얀 큰고니의 깃털이 눈부시도록 곱다.

하천은 구정을 지나면서 조금씩 모습이 바뀌었다. 처음에 철새의 개체가 늘어난 것만큼 점차 개체 수가 줄어들고 있었다. 그들은 봄이 오는 소리를 실감하나보다. 나는 큰고니가 하천에서 떠나지 않았으면 했다. 떠나더라도 모든 겨울 철새가 다 떠난 뒤에 대미를 장식해주었으면 했다. 그 큰 날개와 물갈퀴로 하천의 물을 온통 뒤집어엎으며 비상하는 위용을 보여주었으면 했다. 그 여파로 움츠렸던 왜가리가, 쇠백로가 겨울잠에서 깨어나면 금상첨화가 아닐까 생각했다.

2월 16일은 잊을 수 없는 날이 되었다.

위풍도 당당한 큰고니가 밤새 사라진 것이었다. 또 다른 여름을 나기 위해 그들의 나라로 날아가 버린 것이었을까, 아니면 같이 비상할 동료들에게로 집결해 있을까. 올해 처음으로 날아들었던 이곳을 그들의 머릿속에 고운 추억으로 담아두고 있으리라. 그리고 기억을 더듬어 내년 겨울에도 잊지 않고 찾아오리라. 그들의 거대한 몸집이 착륙하고 이륙하는 장관을 보여주리라.

흩어져 먹이 사냥을 하던 물닭들이 한 덩어리가 되기 위해 강변으로 모여든다. 그들마저 떼를 지어 떠난다면 올해의 겨울은 종지부를 찍게 되리라. 이제 남은 것은 겨울을 잘 견뎌낸 왜가리와 쇠백로들뿐이다. 남쪽으로 날아갔던 동료들과 어울릴 시간도 머지않은 것 같다.

가리고 정리하고(현해탄에서 규슈까지)

규슈는 내가 태어나고 유년기를 보낸 곳이다.

평생을 두고 한번 가보려고 벼르던 곳이었지만 쉽게 문이 열리지 않았다. 작년 이맘때 오래도록 이어오던 계(契)에서 부부동반 규슈 여행을 하기로 했었다. 제각기 다른 사정으로 인해 어렵사리 이루어진 일이었다. 마침 계원이었던 회원 한 분의 자녀가 여행사 일을 하고 있어 일은 예상 외로 진전이 빨랐다. 그러나 안 되는 일은 마가 끼는 법. 그토록 열망해왔던 여행은 나로 인해 백지화되었다. 치질로 인한 하혈이 심각해 당장 수술을 하지 않으면 안 되는 상황에 이른 것이었다. 처음에는 일주일이면 여행에 큰 지장이 없을 것으로 예견했지만 한 달간은 자제를 해야 하는 수밖에 없었다. 그 사이 여권도 준비하고 일정도 다 잡힌 터여서, 한 달 후의 여행구상은 계원 개개인의 사정이 도저히 맞지 않아 어려움에 처하게 되었다. 결국 규슈 여행은 불발로 끝나고 말았다.

해가 바뀌고 봄이 돌아오자 나의 규슈 여행은 다시 고개를 내밀었다.
하지만 어떤 방식으로 여행에 임할 것일지에 대하여는 구체적인 방안이 없었다. 가까이에 살고 있는 막내가 여러 가지 사항을 알아왔다. 먼저 우리 부부가 함께 해외여행을 한 적이 없다는 점을 감안하여 이참에 부부 동반여행을 적극 추천했다. 그리고 비행기 여행비용보다 절반에도 못 미치는 배 여행을 권유했다.

그 무렵 나는 신장비대현상으로 약을 복용하고 있었으며 자주 소변을 보아야 하는 불편을 겪고 있었다. 그래서 배 여행이라면 안성맞춤이라고 생각했다. 여객선의 크기가 2만 톤급이어서 웬만한 파도에는 움쩍달싹도 않는다는 바람에 아내도 기꺼이 동의했다. 사실 아내는 몇 년 전 울릉도 여행길에서 심한 멀미를 일으켜 다시는 배라면 쳐다보지도 않으려 했었다.

더욱이 함께 팀을 이룬 여행객들이 연세가 높은 분들도 있어서 무리한 여행계획이 없어 보였다.

우리가 승선할 배는 '뉴-까멜리아호'로 얼핏 보기에도 산더미처럼 커 보였다. 엄청 긴 길이에다 부두에서 올려다 보이는 조타실은 까마득해 공중에 드높이 매달려 있는 느낌마저 주었다. 그리고 실제로 승선한 느낌도 파도 위로 항해하는 것 같지를 않았다. 양탄자를 깔아놓은 바닥 위로 슬금슬금 기어가는 것 같았다. 우리나라 해역 중에서 가장 풍랑이 세다는 현해탄을 건널 때도 느낌은 마찬가지였다. 꿈적하지 않는 데다 길게 다리를 뻗고 잠을 청할 수도 있는 밤배여서 편안하기까지 했다. 그래도 아내가 뱃멀미를 하지 않을까 걱정은 됐지만 동승한 여행객들과 밤샘 환담을 나누느라 멀미를 잊은 것 같았다.

나는 이따금 덱에 나가 사라져가는 부산항의 야경과 멀리 내다보이는 쓰시마 섬을 바라보았다. 이윽고 새벽에 이르러 배는 먼동이 트는 규슈의 하카다 항에 정박하기 위해 서행을 하고 있었다. 이내 모닝콜 벨이 울렸고 우리는 선내의 식당으로 아침식사를 하러 갔다. 두어 시간밖에 잠을 자지 못했지만 쌀밥에 미역국 선내식은 참으로 맛이 있었다. 나와 아내는 집에서 싼 김밥으로 저녁을 대신했기에 든든하기까지 했다. 다들 한 그릇씩 뚝딱 해치우는 것 같았다. 하지만 아내는 먹기는 하되 입맛으로 먹는 것 같지를 않았다. 긴장 탓인지, 잠을 설쳐서인지, 약간의 멀미 영향 탓인지는 모를 일이었다.

3박 4일 일정이지만 배에서 1박을 하기에 일본 현지에서의 일정은 2박 3일인 셈이었다. 간단한 입국수속을 끝낸 뒤 우리 일행은 영어로 '텐료' (Tenryo)라 적힌 관광버스를 타고 규슈의 남부를 제외한 여행일정에 올랐다. 대도시가 없는 지역이어서 더욱 그러하겠지만 가는 곳마다 주차선이 없는 곳에는 세워둔 차를 발견할 수 없었다. 주차는 주차장에, 란 말이 실감나는 부분이었다. 뿐만 아니라 거리 어느 곳에나 휴지조각 하나 버려진 곳이 없었다. 아내는 과자 껍데기 하나를 버릴 데가 없어 오전 내내 들고 다녔다.

"지금은 쇠락해보이지만 세계를 넘본 민족답게 자부심이 강한 나라네요."

거리를 굴러다니는 소형승용차를 쳐다보며 아내가 말했다.

아내는 일본여행이 첫길이어서 막내가 준 사진기로 촬영을 하느라 구경할 겨를이 없는 것 같았다. 2박 3일 동안 배터리 두 개를 다 쓰고도 모자라 귀국길 배에서의 촬영은 접을 수밖에 없었다. 아무튼 2백 수십 컷을 찍어댔으니 원 없이 찍긴 했겠지만. 20만 본의 형형색색 튤립을 심어놓은 강변에서는 색깔별로 몽땅 찍어대기도 했고. 아마추어의 경지를 훌쩍 뛰어넘는 활동을 폈으리라 짐작이 갔다. 귀국 후 사진 선별작업 과정에서는 거의 삭제가 되었지만. 그래도 꽃에 대한 정성을 가상하게 여겨 종류별 꽃들을 스크랩북에 옮겨놓았다.

사진을 많이 찍기로는 아무래도 아소 화산이었다. 안내자가, 어떤 관광객은 여덟 번을 왔지만 직접 화산을 보지 못했다고 했다. 화산에서 뿜어져 나오는 유황 때문에 접근을 할 수 없었다는 설명이었다. 유황의 농도가 짙어 질식하는 경우도 있었다고 했다. 그런데 우리 일행은 모든 조건이 맞아떨어져 다행히 산정에서 직접 아소 활화산을 보게 되어 큰 영광이라고 했다. 거기에 뒤질세라 아내의 셔터 소리는 끊이지 않았다. 또 그만큼 찍을 거리도 많았다. 편집한 사진첩에는 아무리 삭제해도 아소 화산이 압권이었다.

도중에 우리가 도착한 곳은 '시인의 촌' 유후인이었다. 금어호수촌(金魚湖水村)의 빼어난 경관. 그 옛날 한 시인이 물고기가 수면 위로 뛰어오르는 저녁나절의 모습이 마치 금빛 물고기를 연상하게 한다 하여 붙여진 마을 이름이란다. 지금은 먹을거리 촌으로 바뀌었으나 옛 정취는 호수 둘레의 벚꽃과 더불어 오래도록 간직하고 있었다. 이곳은 아이스크림의 향이 유별난 곳으로 알려져 있기도 해 방문객들은 누구나 할 것 없이 먹게 된단다. 하나씩 입에 물고 이곳저곳 기웃거리는 여행객들로 거리는 꽉 찼다.

내가 눈여겨보는 일본의 풍속도는 여관문화에서도 엿볼 수 있다. 무려 100년의 역사를 가진 아소카도만 호텔을 본보기로 내가 느낀 점을 몇 가지 피력해보고자 한다.

그곳은 일본천황이 다녀간 신성한 곳이라 하여 승천(昇天)의 탕(湯)이라 부르고 있다. 그들이 개발한 세 가지 마유(馬乳) 제품의 샴푸와 화산석으로 만든 비누는 나름 피부미용에 좋은 영향을 주는 것 같았다.

"피부가 반지르르해 몇 년은 젊어 보이네요!"

아내가 웃으며 나에게 던지는 말이 싫지는 않았다.

욕탕에 들어갈 때나 나올 때 현지인들은 타월로 중요부위를 가리는 것을 잊지 않는다. 근래 들어 나는 대중목욕탕을 이용하지 않지만 탕 내에서 남녀노소가 벌거벗고 돌아다니는 모습을 보지 않게 되어 기분이 가뿐해진다. 내가 태어난 곳이 규슈이고 일곱 살 때까지 그곳에서 성장한 것이 영향을 미치는 것 같기도 하다.

또한 그네들이 사용하는 물건들이 필요 이상으로 크지 않게 제작되어 있음을 알게 된다. 언젠가 쓰시마 섬에 갔을 적에는 일본 본토보다 판이하게 작은 것들이 사용되고 있음에 놀란 적이 있었다. 2층으로 올라가는 계단이 하도 좁아 뚱뚱한 사람은 혼자서 오르지도 못할 폭이었다. 일본 음식의 주된 찬인 노랑무도 잘게 썰어 1인당 달랑 한 조각이 접시에 올려졌다. 조금 더 달라고 주문했을 때 주인은 안 된다고 손사래를 쳤다. 결코 먹다가 버릴 것이 없겠구나 하는 생각이 들었다. 하기야 최근까지도 일본은 쓰시마 섬 주민을 먹여 살리기에 힘든 모양이다. 그리고 쓰시마 섬 주민들도 그 나름대로 잘 적응해나가나 보다.

주차장의 질서문제는 앞서도 언급했지만 그들의 일상생활에 있어서 정리정돈 정신은 몸에 밴 것 같았다. 가이드도 그랬다. 한국인들의 잠자리 뒷정리는 그냥 내팽개치는 것이 정상인 것처럼 되어버렸다고. 하지만 일본인들은 자기가 잔 잠자리는 흔적을 남기지 않는단다. 내가 살아온 뒤를 둘러봐도 잠을 자는 행위는 내 몫이고 잠자리 정리는 아내가 하는 것이었다. 물론 요즘이야 이부자리를 펴고 개는 일뿐만 아니라 간단한 설거지도 할 때가 있지만. 그리고 그런 빈도수는 늘어나고 있지만. 그러니까 과거 나의 행위는 시정할 점이 많았다는 생각을 하지 않을 수 없게 된다.

최근 들어서는 요리학원에 다녀 내가 좋아하는 음식을 손수 해먹을 수 있었으면 하는 마음이 들곤 한다. 음식이 짜니, 간이 맞지 않느니, 일일이 말로 하기가 번거롭기 때문이다. 사실 음식이란, 개중에서도 반찬은 한두 가지만 마음에 드는 것이 있으면 충분하다. 아침에 먹던 것을 저녁까지 데워 먹기를 거부하는 나로서는 특히 내손으로 해먹는 것이 불만이 없을 것 같다. 음식을 만들고 싶은 욕망이 없으면 아침은 건너뛰기가 십상이고 점심은 라면 부스러기에 물을 부어 때우고, 저녁은 이리저리 어울려 술 몇 잔으로 해결하는 방향으로 필경 직행하리라. 그런다고 모진 목숨이 그리 쉬이 끊어지기야 하련마는. 그러나 요즘처럼 삶의 질을 논하게 되면 그건 아닌 것 같다. 어떻게 잘 먹고 잘 사느냐가 이슈이기에. 다들 이런 일에는 동의하리라 믿어 의심치 않는다.

　　한국전쟁 후 일본이 잘 사는 나라로 변모했지만 오늘날의 일본은 그렇지만은 않는 것 같다. 일본인들은 한국이 잘 사는 게 베트남 때문이라고 곧잘 얘기한단다. 후쿠오카 거리를 굴러다니는 소형차들, 간소한 복장과 소박한 음식들. 눈에 띄는 많은 것들 중에서 흥청거리는 것을 대하기가 어렵다. 그들은 어려움을 견디며 사는 사람들 같지가 않다. 크게 잘 살았을 때조차 그렇게 살아온 방식을 고수하는 것 같다. 자신을 드러내지 않고 안으로 끌어들이는, 그러면서도 타인을 적극 배려하는 일본인의 고집을 고수하는 것 같다. 오래전 읽었던 『일본 이야기』(일본에 오래 살았던 한국인 외교관이 직접 쓴 경험담)가 그대로 적용되는 것 같다.

　　규슈는 일본 본토와 떨어진 섬일 뿐더러 따뜻한 기후를 보여주는 곳이다. 떠나올 때 두꺼운 외투를 입고 온 게 조금은 불편스럽다. 가벼운 점퍼 차림으로 바꿔 입자 걸음걸이도 한결 가벼워지는 것 같다. 그리고 4월초 벚꽃 잎이 약간 떨어지는 분위기에도 어울린다. 나중의 일이지만, 찍은 사진을 검색했을 때 화면이 화사하게 나온 그림이 훨씬 격에 어울리는 것 같았다.

우리 일행이 구마모토 성에 도착했을 때는 후쿠오카 전체가 축제 분위기에 휩싸여 있었다. 거리축제의 대부분은 서남전쟁을 재현하는 행사가 많았다. 서남전쟁은 일본 근대사상 최대의 내전이라 일컬어진다고 했다. 전쟁은 메이지 10년(1877)으로 거슬러 오른다. 그 시절 일일평균 쏜 총알은 32만 발이나 되었다고 하니 얼마나 치열하고 처참한 전투였는지 짐작케 한다. 일로전쟁 2차 여순 공격 시 일일평균 30만 발이 소비된 것과 비교한다면 상상이 됨직하다. 관군(官軍)과 융군(薩軍) 간의 팽팽한 전쟁은 12,000명의 사쓰마 휘하의 병졸이 몰살당하고 (당시 일본군 총병력은 30,000명 정도였음) 사이고 다카모리의 자결로 결국 관군의 승리로 끝났지만, 강력한 사무라이 체제였던 사쓰마가 신정부에 대항한 저항정신은 근대일본의 발전에 큰 획을 그었다는 평가를 받고 있다고 했다. 줄곧 정한론(征韓論)을 펼친 일본 육군의 유일한 대장(大將)이었던 사이고 다카모리는 오늘날 규슈인은 물론 전 일본인의 추앙을 받는 인물로 각광을 받고 있다. 사이고 다카모리 그는 '칼의 나라'인 일본의 진정한 영웅이었다. '죽어도 남자요, 썩어도 도미다'라는 일본 정신의 대들보였다.

가이드는 일본 유학을 통해 서남전쟁에 대해 많은 공부를 했으며 버스여행 내내 우리에게 일본 정신에 대해 주입식 교육 작전을 폈지만 쏟아지는 잠을 깨우지는 못했다. 우리는 구마모토 성에 도착해서야 겨우 제정신들을 가다듬은 것 같았다. 나 역시 전쟁의 시작과 결말을 들은 기억이 어렴풋이 날 뿐이었다. 나와 아내는 성벽 아래 해자(垓字)를 따라 만발한 벚꽃을 구경하다 성 안으로 달려가는 일행의 꼬리를 그만 놓치고 말았다.

우리는 내친 김에 서남전쟁기념관에 들러 그들이 남기고 간 유품들을 둘러보았다. 가이드는 미아 찾기에 나섰지만 우리는 우리대로 성내 구경과 기념촬영을 하느라 바쁜 시간을 보내고 있었다. 그리고 정해준 시간대에 맞춰 관광버스의 지정좌석에 앉아 있었다. 가이드는 우리에게 단체여행의 중요성과 일탈행동에 대한 주의를 주는 것을 잊지 않았다.

우리 일행이 삼 일째에 여장을 푼 곳은 커넬시티 백화점과 연해 있는 복강(福岡) 호텔이었다. 규모가 크긴 했지만 후쿠오카가 규슈의 제1도시인 영향인지 2인용 침대가 1인용에도 미치지 못해 추락 염려로 깊은 잠을 이룰 수 없었다. 목욕탕의 크기도 협소했고 대중탕은 어디에 있는지 안내받지 못했다. 다만 그날 석식은 가이드가 1인당 300엔씩의 쿠폰을 주며 자유 식사를 하라는 통에 시가지 중심부를 하릴없이 몇 차례 오르내렸다. 특히 천변을 따라 심은 튤립이 여러 가지 색으로 만발해 있어 이국의 정취를 느낄 수 있었다. 그리고 천변의 음식점마다 기웃거리며 기호에 맞는 음식을 찾을 때까지 헤맸다. 결국 다리가 아려오기 시작할 무렵 우리는 같은 건물 내에 있는 회전초밥 집에 약속이나 한 것처럼 모여들었다. 나와 아내는 그동안 참아왔던 초밥을 원 없이 먹기에 여념이 없었다. 나는 일본식 우동을 마지막 단계로 주문했으나 유감스럽게도 먹을 기회는 오지 않았다. 도쿄, 오사카, 나라, 시모노세키, 홋카이도, 심지어는 쓰시마 섬에서도 먹었던 일본식 우동을 시식할 수 없다는 것은 참으로 유감스러운 일이 아닐 수 없었다. 나는, 어느 일본인 젊은이가 일본 전역으로 라면투어를 하는 내용을 인터넷으로 검색하여 열을 올렸었는데. 뿐만 아니라 도쿄에 20일을 체류했을 때도 점심은 라면과 우동으로 때웠었는데. 그때 그 맛을 기억하는 나로서는 억울하다는 생각마저 들었다. 다음날 조식은 호텔식이었고 점심은 귀국길의 선내식으로 짜여있어 영영 기회는 오지 않았다.

　그러고 보니 25명의 우리 일행 중 70대는 나와 아내, 그리고 딸의 도움을 받아 합류하고 있는 모친이 고작이었다. 그중에서도 나이로는 내가 가장 상늙은이였다. 평소 건강상의 문제가 없었기에 여행을 결행했지만 전립선으로 소변 문제가 어떨까 염려했는데 마음이 편안하니까 모든 게 형통하는 것 같았다. 그리고 여행의 마무리는 선물 때문에 신경이 바짝 쓰이곤 했다. 하지만 글로벌 시대에 누가 하찮은 선물을 기대하겠는가? 사는 이도, 받을 이도 없는 상황 속에서 여행의 마무리는 순조롭게 끝나가고 있었다. 가이드의 안내계획에는 면세점 스케줄이 짜여있었지만 나와 아내는 우리나라의 진열대에도 꽉 찬 물건들을 그저 구경하는 것으로 만족할 뿐이었다. 면세랬자 고작 10% 정도에 그쳤다. 대신에 뱃머리에 우뚝 솟은 전망대에 올라 우리가 누볐던 후쿠오카를 일견에 조망할 수 있어서 감개가 무량했다.

　여행 첫날, 야간 운행이어서 조망할 수 없었던 현해탄의 넘실거리는 파도를 마지막 날은 실컷 볼 수 있어서 통쾌하기까지 했다. 떠나던 날 밤보다 파도는 다소 높았지만 배가 흔들릴 만큼의 파고는 아니었다. 나는 동해에서 불어오는 약간의 냉기를 머금은 꽃샘바람이 좋아 혼자 서편 덱에 앉는다. 푸른 칠을 한 바닥이 유난히 따뜻하다. 어린아이들 몇이 갑판 위를 달리다 선실로 사라질 뿐, 어른들은 밤배를 탄 사람들처럼 꼼짝 않고 선실을 지키고 있다.

　나는 단단한 쇠사슬로 만들어진 교차형 난간이 만들어내는 풍경을 한 컷씩 감상하는 재미에 빠진다. 1단은 완전 하늘이다. 2단은 하늘과 바다가 반반씩 나누어져 있다. 그리고 3단과 4단은 바다로 꽉 차있다. 3단의 바다는 잔잔하고 4단의 바다는 검푸르고 파도가 높다. 두 시간을 그런 상태를 유지하지만 그런 풍경을 바라보는 게 질리지는 않는다. 어느덧 하늘에서는 구름 사이로 섬광을 내리쏟는다. 섬광은 바다에 이르러 하얗게, 재색으로 변하며 바닷물을 찬란하게 물들인다. 나는 눈부심 현상으로 바다를 직시할 수 없다. 갑자기 2단으로 섬이 기어든다. 2단 좌측에서 시작한 섬은 2단 전 화면을 섬과 바다로 메운다. 설명을 부가하지 않아도 알 수 있는 섬, 쓰시마 섬이다. 쓰시마 섬은 현해탄을 사이에 두고 우리나라에서 가장 가까운 접경지대다. 그래서인지 간혹 실종된 한국인 시신이 건져지는 곳이기도 하다. 쓰시마 섬에는 한국을 바라볼 수 있는 언덕에 탑을 세우고 이들 고혼을 위로하는 위령제를 지내기도 한다.

그러고 보니 벌써 한국의 냄새가 풍기는 것 같다. 나는 조타실 바로 아래에 마련된 선실로 자리를 옮긴다. 파도를 가르는 선두에서 아스라이 바라보이는 한국의 해안선이 굼틀거리기 시작한다. 그리고 한참 후 달맞이 해운대의 높은 빌딩 숲들이 전개된다. 연락선은 오륙도 쪽으로 파고들어 그리운 품 대한민국에 우리를 하선하리라.

짧은 3박4일의 여정은 우리 모두를 추억의 도가니로 밀어 넣을 것이고, 춘몽과 같은 아름다운 꿈을 길이 간직하게 하리라.

박수를 쳐주세요

　올해 들어 나는 수염을 기르고 있다. 기른다기보다는 깎지 않고 그대로 둔다는 것이 바른 표현일 것 같다. 깎기가 귀찮아서가 아니다. 언젠가 아주 오래 전에 일주일 동안 그대로 방치한 적은 있었지만 고의적으로 깎지 않고 서너 달을 배겨낸 기억은 없다. 사흘이 멀다 하고 아내가 면도기를 들이대니 그럴 수밖에 없었다. 생각해보시라. 내가 지금 이 정도로 수염을 기르는 동안 아내의 성화가 어떠했겠는가를. 상상하기 힘든 시간이 흐르고 흘렀을 것이 아니겠는가. 아내가 그토록 수염을 기르는 꼴을 못 보아주는 것은 무슨 특별한 이유가 있어서가 아니다. 그것은 내가 수염을 기르는 이유가 없는 것과 같은 논리랄 수밖에 없다. 어쨌든 내 수염은 날로 자라고 있고 한 그루의 나무가 아닌 나무의 집합체인 숲으로 덮이고 있다.

　육십 대에 접어들면서 한번은 수염을 기르고 싶은 충동을 느꼈다. 나의 할아버지께서 수염을 길렀던 기억이 생생하게 떠올랐기 때문이었다. 할아버지의 수염은 입 꼬리 양쪽으로 몇 가닥의 수염이 턱 쪽으로 약간 감기는 느낌을 주었다. 그리고 턱수염도 턱 아랫부분만 하얗고 기다랗게 꼬여 있었다. 솔직히 말해서 당나귀를 타고 다니는 거세한 오랑캐의 대표적인 몰골을 연상하게 하는 것이었다. 그러니까 할아버지의 핏줄을 타고난 내가 무슨 연유로 그 틀에서 벗어날 수 있으랴 싶다. DNA니 유전자니 등등이 어쩔 수 없이 내 몰골이 판에 박히듯 할아버지를 닮을 것이라고 생각했을 때 나의 수염 기르기는 그때마다 일말의 재로 날아가 버렸다.

그러면서도 내 안에 자리 잡고 있는 하나의 그림은 과연 나도 할아버지와 같은 수염 모습을 할까 하는 의구심이었다. 나에게 유전적 영향을 미쳤을 외할아버지께서는 내가 태어나기 전에 이미 고인이 되셨고 두 명의 외삼촌도 외할아버지와 같은 해 임진년 고뿔로 타계하셨으니 내력을 알 길이 없었다. 외할머니와 어머니는 오래 사셨지만 수염과는 전혀 관련이 없으신 분들이었다. 다만 외삼촌들의 풍골이 장대했다는 말을 외할머니에게서 들은 바는 있었다. 풍골이 장대하다고 해서 그것이 바로 수염과 직결될 것이라는 생각은 해본 적이 없었다. 다만 옛날 장수들의 영정을 보면 가슴이 쩍 벌어지고, 체격이 우람하고, 눈망울이 뒤룩뒤룩 한가하면 수염이 한 발이나 길어 바람이 불면 나부낄 정도였다. 삼정승 육판서의 고매한 정서를 주는 것과는 차원이 다른 것이었다.

그러나 이 경우 나의 견해는 다르다. 기록문화를 중시하지 않은 우리나라의 인물화 영상은 믿음이 가지 않는다. 불과 5백여 년 전 임진왜란에서 전승을 거둔 이 충무공의 영정마저도 제멋대로 그려져 그것들이 마치 실체인 양 우쭐거리고 있질 않는가. 저 유명한 거북선조차 어떤 모습으로 제조되었는지 알 길이 막연하지 않는가. 하물며 민초들의 조상들이야 팻말 없는 무덤으로 있다가 어느 날 풍우에 씻겨 떠내려가 버리면 그만인 것을 새삼 영정이 무엇이라고 논할 바가 있었겠는가.

일흔 중반에 이른 내가 수염을 기른들 무엇 하며 깎은들 무엇하랴만 정해놓고 하는 일이 없으니 수염이라도 자연스럽게 두고 오며가며 생각날 때마다 쳐다보고 쓰다듬는 일을 게을리 하지 않아야겠다고 생각했다.

처음 수주일 동안은 나의 수염에 대해 관심을 보이는 외부사람은 없었다. 그러다 한두 달이 지나면서 제법 덥수룩하게 자랐을 때부터 관심을 표명하는 사람이 부쩍 늘어났다. 이 사람이 수염을 기르기로 작정을 했나 보다 하고 생각하는 모양이었다.

"수염을 기르셨어요?"

"기르는 게 아니라 그냥 놔두는 거죠."

처음에는 대화의 흐름이 이랬었다.

"좀 다듬어 보시지요?"

관심이 남다른 사람은 그렇게도 말했다.

"수염을 별도로 관리해주는 곳이 있어야지요."

라고 받아치면,

"미용실에 가보시든지요."

라고 답해주기도 했다.

"그건 아닐 것 같은데……"

어쨌든 스스로 해결할 방법을 모색해야 할 것 같았다. 질서 없이 자란 수염이 아마도 거지꼴로 비쳤나보다. 그래도 수염을 기르게 됨으로써 나에게 보다 강한 관심을 표명해주는 것에 대하여 나는 나의 존재감을 확인할 수 있는 계기가 되었음을 부인할 수 없었다.

낚시터에서 만난 중년의 한 낚시꾼은 '아까 주유소에서 만났던 분 맞지요?'라고 반색을 했다. '아, 그러네요.' 그 후 둘은 아주 자연스레 이야기가 오갔고 정감이 흐르는 대화가 이어졌다. 지독하리만치 평범한 얼굴의 나에게 이토록 다감하게 접근하는 것은 바로 수염의 위력이라고 말할 수 있겠다. 들만큼 든 나이와 하얀색이 원체 많은 수염은 사람들을 쉽사리 안도하게 하고 편안하게 하는 것 같았다.

이제 수염을 깎을 이유는 없어진 것 같았다. 수염이 석자로 자라도 그대로 두면 그만일 것 같았다. 머리카락도 수염과 동행하는 것이 자연스럽고 구애받지 않는 삶에 일조하리라 생각했다. 길면 긴 대로 희어지면 희어지는 대로 내버려두면 될 일이었다.

최근에 모자만 전문적으로 파는 도매상을 본 적이 있어 헐값에 두 개를 구입했다. 태양광선을 가리기에 더없이 좋고 빗질을 해봐야 모양새가 없는 머리카락을 덮어씌우기에 안성맞춤이었다. 때로는 눈으로 흐르는 땀을 차단해주는 효과가 있음을 간파하게 되었다. 모자, 머리카락, 수염은 한 세트로 작용하는 것 같았다.

아직은 수염이 어느 정도까지 자랄지는 미지수다. 머리카락도 마찬가지다. 그 이상은 아니라는 한계가 있을 것이다. 그때까지는 아니, 그 후까지도 나는 수염과 머리카락과 모자를 고수하게 될 것이다. 아내는 상거지가 다 돼가는 판이라고 핀잔을 늘어놓지만 언젠가는 지칠 단계에 이르러 드디어는 포기하게 되고 말 것이다. 기르는 것이 아니라 그대로 두는 것에 대한 핀잔은 상당히 인위적인 것이어서 어느 순간 한계에 도달할 것이 뻔하니까.

이제는 단순히 수염을 달고 다닌다는 외형적인 일보다 나날이 바뀌어가는 나의 행색에 걸맞은 도덕적인 수준을 올려야 할 것 같다. 남으로부터 받는 우호적인 것에 배가하여 내가 그들에게 해줄 수 있는 일을 찾아야 할 것 같다. 그리고 앞장서 개발해야 할 의무감 같은 것을 느끼게 된다.

먼저 생각나는 게 말씨다. 수염이라고 달고 사는 주제에 속어나 비어는 아무래도 어울리지 않을 것이다. 말의 속도 또한 완만하게 흘러야 할 것 같다. 말과 함께 어울려야 하는 것이 옷매무새일 것이다. 총천연색 캐주얼이나 넥타이 차림에 정장한 모습을 그려보지만 그것은 아닌 것 같다. 그럴 참이면 예복에 훈장이라도 주렁주렁 달아야 하지 않을까. 훈장이 많을수록 수염의 색깔은 조금씩 더 희어지는 게 어울릴 것 같으니까.

초여름 저녁나절 한 통의 전화가 걸려온다. 한번 만나자는 내용이다. 나와 같은 직장에 수년간 같이 근무했던 사람이다. 하지만 나는 모든 공직에서 물러선 지 오래고 이 사람과 만난 적은 더 오래 전이었다. 내가 잘 아는 지인을 사이에 끼우자는 말에 그도 조금은 갑작스러운 만남이 어색했던 모양이었다. 나에게 걸려온 두 번째 전화는 그가 건 것이 아니라 나의 지인이었다. 내가 지인더러 이번 만남의 목적이 어디 있는지 물었지만 그도 모른다는 것이었다. 일전에 대폿집에서 그를 만난 적이 있었는데 나의 이야기가 중간에 나와 같이 한자리를 하자고 약조를 했다고 했다. 다들 서로 잘 아는 사이여서 부담스러운 일은 아니겠구나 생각하고 약속 장소로 갔다. 우리가 도착했을 때 그가 먼저 와있었고 일어나 반겨주었다. 바닷장어요리를 전문으로 하는 일식집이었다. 술잔이 한 바퀴 돌자 그가 말을 꺼냈다.

"과년한 딸이 있는데 이번에 혼사를 치르게 되었습니다. 부디 선생님께서 주례를 맡아주셔야 하겠기에 이리로 모셨습니다."

그가 정중하게 말했다.

"허허! 내가 주례를 한 것이 언젠데 이러시나. 그리고 내 몰골을 좀 보소. 늦게 사 농사지어보느라 까맣게 탄 데다 없던 수염조차 길렀으니 산속의 도깨비 같지 않은가? 검은 털이라곤 거의 남아있지 않으니 세상을 너무 오래 살아가는 것 같기도 하고."

나는 현실을 말했다.

"멋있는데요, 뭘. 요즘은 개성의 시대라고 하지 않습니까?"

그는 찐득했다.

"선생님! 진수성찬에 곡주까지 드셨으니 승낙을 하시지요."

지인이 정곡을 찔렀다.

"아무튼 청첩장이나 보내시게."

"그럼 믿고 보내드리겠습니다."

그가 못을 박았다.

결혼식 당일 나는 마땅히 차려입을 옷이 없음을 알았다. 하얀 수염을 더북하게 길렀으니 도포 자락이라도 걸쳐야 할 판인데. 장가갈 때 입어본 한복이 있다 해도 데님조차 제대로 맬 줄 모르는 처지가 아닌가. 남의 자식 귀한 혼례식에 어중이떠중이로 주례에 임할 수는 없는 노릇 아닌가. 이참에 원래대로 환원하는 게 가장 보편적이지 않겠는가.

간만에 붉은색 넥타이도 매어보고. 매끈해진 얼굴에 스킨로션도 찍어 바르고. 나의 변모한 모습을 아는 이 없어 편할 것 같기도 하고.

신부 석에 앉은 혼주가 나를 보는 순간 화들짝 놀라는 기색이 역력했다. 그는 잠시 얼굴에 웃음을 담았다가 평상심으로 돌아가고 있었다. 나도 평상심으로 돌아가 주례사를 읽기 시작했다.

"하객 여러분! 오늘처럼 즐거운 날, 신랑과 신부에게 아낌없는 축하의 박수를 쳐주세요."

하객들은 나의 구령에 따라 우렁차게 박수를 보냈다. 우아하고 화려한 오늘의 주인공, 신랑 신부를 위하여.

마제기국과 고래고기

6. 25 때, 남해안 갯가동네에는 흔한 게 마제기였다. 먹을거리가 부족했던 그 시절, 마제기는 가히 유일한 국거리였다. 달리 찬을 만들 재료가 딱히 없었던 것은 아니었지만 대부분의 서민들에게는 개똥밭에서도 굴러다닌다는 마제기 외에 선택의 여지가 없었다. 집집마다 대문에는 큰 대못(화물을 운반하는 목선에 사용하던 길이 15센티미터 정도의 기역자형 납작한 쇠못)을 밝아 마제기단을 엮어 달아놓았다. 끼니때면 적당한 크기로 뜯어 물을 부은 솥에 마른 마제기를 집어넣고 소금으로 간을 맞추어 끓여내면 마제기국 완성이었다. 60년대 여름철, 전방초소에서 미역냉국을 조리하던 방식과 다를 게 하나도 없었다. 간장으로 맛을 내면 금상첨화였겠지만 그 시절 간장이란 결국 소금장에 불과했으니까. 메주를 쑤고 띄워 담가야 제대로 된 간장이 나온다는 걸 몰라서 그러는 게 아니었다. 고기보다 귀한 게 콩이었다는 사실을 쉽게 받아들이지 못한다면 그런 발상이 나올 수밖에 없을 것이다. 밥 한 그릇에 마제기국 한 그릇, 그게 언제나 변함없는 식사 메뉴였다. 끝없이 질리는 음식이었지만 그것 말고는 달리 허기진 배를 채울 방법은 없었다.

사정이 그러했으니 키가 큰 사람이 있을 리 없었고 뚱뚱한 사람도 없었다. 당시 대중교통 수단이었던 전차는 서양 사람들 신체조건에 맞게 설계되어 있어서 손잡이의 높이가 거의 매달려야 할 정도였다. 비린내 나는 커다란 앞치마를 걸친 자갈치 아줌마들이 옆 사람의 바짓가랑이를 잡고 버티는 모습은 쉽게 만날 수 있는 장면이었다. 얼굴에 윤기가 흐르는 사람도 드물었다. 강한 바닷바람과 햇살 때문에 까맣게 그을린 뱃사람들과 해쓱하기만 한 사람들이 바쁘게 거리를 누비고 다녔다.

초등학교 상급학년 때, 우리에게 허락된 점심시간은 2시간이었다. 대부분 싸가지고 온 도시락을 까먹고 나머지 시간엔 낮잠을 자는 아이들이 많았다. 그러나 나는 그때마다 매번 학교에서 2킬로미터나 떨어진 바닷가 집까지 오르내리곤 했다. 집에서 나를 기다려주는 사람이 있어서가 아니라 그저 친구들과 작란을 하며 오르내리는 그 자체에 재미를 붙여 그랬다. 와중에 한 가지 내세울 것이 있었다면, 그건 오가는 중간에 커다란 시장이 있었다는 것이다. 우리는 일부러 시장 안으로 들어가 쌀을 파는 가게를 스치면서 큰 뒤주 같은 쌀 가두리에서 슬쩍 한 주먹의 쌀을 거머쥐곤 했다. 그리고 그것을 재빨리 입속에 털어 넣고 우물거렸다. 씹다 보면 하얀 쌀뜨물이 생겨 목구멍으로 삼키기도 하고 내뱉기도 했다. 그때는 제대로 된 비료가 없어 인분을 삭혀 대체하였기에 생쌀을 씹어 먹으면 자칫 채독이나 디스토마 같은 질병에 걸렸었다. 나는 그런 질병으로 약을 복용한 기억이 없는 것으로 미루어 강력한 소화력이 뒷받침되었던 게 아니었겠는가 생각했다. 우스갯소리 같지만.

운 좋은 날이면 마른 멸치를 구할 수도 있었는데 생쌀과 멸치를 씹는 맛의 조화는 지금껏 먹어보았던 어떤 음식보다 더 맛이 있었다고 기억한다. 때로는 그걸로 점심을 때우기도 했다. 정작 점심을 먹는 데 소비할 시간에는 바닷물에 뛰어들어 멱을 감느라 야단법석을 떨었다. 배에서 흘러나

온 폐유(주로 콜타르 성분으로 바다표면에 떠있었고 매우 끈적거렸음)가 등줄기 가득 안겨 붙어 그러지 않아도 검은 피부가 진득거리고 반들거리기까지 했다.

중학교에 입학하면서 가정사정이 달라지기 시작했다. 특별히 생활환경이 나아진 것은 없었지만 조그마한 여유가 생긴 것 같았다. 전쟁에서 벗어나 사회가 다소 안정세를 보였기 때문이리라. 도시락을 싸가지고 통학을 했지만 마제기가 도시락 반찬으로 오르는 일은 거의 없었다. 대신에 단무지나 멸치볶음 같은 것으로 바뀌었다.

그 무렵 멸치란 귀한 음식이 아니었다. 거의 매년 여름이면 멸치 떼가 바닷가로 밀려들기에 사장(沙場)이나 축강에 퍼올렸다가 삶아서 말리면 되는 것이었다. 멸치를 즐기는 사람들이라면 집집마다 몇 포대씩의 멸치를 간수하고 있었다. 우리 집의 경우는 내가 직접 나서서 잡아다 말린 것이었다. 그러나 부모님은 내가 그런 일을 하는 것을 별로 탐탁지 않아 하셨기에 겨우 두어 포대 정도를 보유하는 데 그쳤다. 나머지는 동네의 어르신들에게 나누어주곤 했었다. 그런 일은 내가 야단을 피해가는 방법이었고, 어르신들은 덕택에 멸치볶음으로 반찬을 하거나 말린 멸치를 술안주로 드실 수 있었다. 그야말로 도랑 치고 가재 잡는 격이었다.

어머니는 내가 마제기보다는 멸치를 선호한다는 사실을 알고 계셨기에 끊임없이 멸치를 볶아대셨다. 그 뒤 차츰 살림이 낳아지면서 마제기국도 사라졌고 멸치볶음도 사라졌지만. 아마도 그 사이 사오년은 마제기와 멸치에 푹 **빠졌던** 것 같았다.

중학교 때, 방학이면 나는 축항 난전에서 파는 고래고기볶음을 사다

찬으로 삼아 밥을 먹었다. 짭짤하고 매콤한 고래고기볶음 한 종지는 한 그 릇의 밥을 비우기에 부족함이 없었다. 간장종지 하나에 동전 서너 닢을 내 면 살 수 있었으니 싸기도 했다. 고래고기가 열두 가지 맛이 난다고 하지 않았던가. 찬으로 먹기엔 아까울 만큼 맛도 있었거니와 영양가도 풍부하였 다고 생각한다. 원거리 도보통학을 하는 나에게 고래고기는 분명 스태미나 식임이 틀림없었다. 중학교 때부터 고등학교 때까지 나는 고래고기 맛에 흠뻑 젖었었다.

D 시에 있는 K 대학교에 진학하면서 자연 고래고기는 나에게서 멀어 졌다. 바다에서 육지 깊은 곳으로 옮긴 탓이었다. D 시에서의 긴 겨울 밤, 간혹 허기증을 느끼면 마주칠 수 있는 군것질은 영덕 대게였다. 칠성시장 이나 수성교 근처에는 휘황찬란하게 가스 불을 켜놓고 대게를 팔았다. 언 젠가는 하숙생끼리 벌인 회식에서 너무 많은 양의 대게를 먹어 아랫배에 통증을 호소하게 되었다. 하숙집 할머니의 도움으로 식초를 두어 숟갈 들 이켰더니 씻은 듯이 나았다. 역시 대게에는 식초가 영약이었던 것이다.

세월이 흘러 60년대 말경이었다.

우리 도에 배치된 원어민 선생님을 데리러 서울에 갔었다. 나는 내가 근무하는 M 중학교 코-티처 자격으로 참가하였다. 돌아오는 길에 원어민 선생님과 교장 선생님 그리고 내가 부산에 있는 N 그릴에서 점심식사를 하게 되었다. N 그릴은 부산을 대표할 수 있는 레스토랑으로 각종 해산물 요리며 로스구이 육고기며 최고급 음식을 다양하게 접할 수 있는 곳이었 다. 나에게는 산해진미가 따로 없는 것 같았다. 식사 마지막 부분에 이르러 나는 뜻하지 않게 잡곡밥과 마제기국을 맛볼 수 있었다.

아니 마제기가 언제부터 이토록 고급식당에 오르게 되었단 말인가?

아니 이토록 맛깔스러운 음식을 또 어디에서 찾을 수 있단 말인가?

내 곁에서 사라져버렸던 마제기국이 어언 20년이 지난 오늘, 이 찬란하고 영광된 자리에서 만날 수 있다니 참으로 감개가 무량하였다.

그날 이후 나는 오랫동안 마제기국을 대할 수 없었다. 마치 신기루처럼 다가왔다 사라진 마제기국에 대한 향수가 어렸다.

다시 수십 년이 지난 후, 어시장 바닥에 흔하게 널려 있는 마제기를 대하게 되었다. 어떤 연유에서인지는 몰라도 사라졌던 마제기가 서민의 밥상에 다시 등장하게 되어 기뻤다. 눈길을 주지 않아 혼자 차가운 바닷물에서 무럭무럭 자라주었던 것일까? 아니면 향수를 달래줄 수 있다고 판단한 상인들이 중국으로부터 수입을 한 것일까? 어쨌든 간에, 몇 차례 사다가 국을 끓여 먹어보았지만 잃어버린 그 맛을 되찾을 길은 없는 것 같았다. 물론 넌더리나게 먹었던 초등학교 시절의 맛에 비견할 바는 못 되었지만.

최근 들어 몇 지기들과 어탕을 먹을 기회가 있어 탕 속에 가끔 마제기가 들어 있는 것을 발견하게 된다. 조미료를 넣어서 그런지, 가자미나 도미를 넣어서 그런지 마제기를 넣지 않은 탕보다 감칠맛이 더하다는 느낌을 받는다. 조리하는 기술도 비약적으로 발전한 결과가 아니겠는가. 변해가는 입맛에 맞추려고 노력하는 모습들이 웰빙 바람을 타고 거세게 불어 닥치나 보다.

다시 돌아가, 고래고기 쪽을 더듬어 보자.

울산 방어진에 가게 되면 짚나라미에 푹 삶은 고래고기를 질끈 동여매 주는 곳이 있었다. 한 묶음에 이삼천 원이면 능히 사서 먹을 수 있는 양이었다. 그것만으로도 한 끼 식사를 대신할 수 있을 정도였다. 그러다 어느 해, 느닷없이 고래잡이 금지령이 내렸다. 개체 수가 줄어드는 고래에 대한 보호대책을 세운 것이라 했다. 참으로 잘하는 처사라고 생각했다. 그랬는데 일본의 홋카이도 여행길에 올랐을 때 우리 일행은 전통 라면을 파는 가게에서 고래고기가 나오는 메뉴에 놀라지 않을 수 없었다. 알고 보니 일본은 포경사업 금지조약에 가입하지 않고 있었던 것이다. 나는 아무런 거리낌 없이 라면에 고명으로 얹어주는 고래고기를 시식했다. 우리나라에서는 밍크고래만을 포획하여 먹을 수 있는 조처 때문에 진정한 열두 가지 고래고기의 맛을 보지 못했으므로 홋카이도의 체험은 아직 그 맛을 상기하게 해준다.

요즘은 자갈치 시장에서나 간혹 볼 수 있는 정치망에 걸린 고래가 그것도 밍크고래 일색인 것을 사먹기가 여간 부담스럽지 않다. 한 접시의 고래고기 값이 쌀 한 가마니 값에 버금가니 누구라서 감히 엄두를 낼 수 있을 것인가.

나의 곁에서 오래전 사라졌던 마제기가 다시 등장하여 서민의 밥상에 오르듯이 고래고기 또한 포경금지로부터 해제되어 열두 가지 맛이 나는 값싼 고기를 먹을 수 있다면 하는 것이 나의 작은 바람이다. 어서 그날이 오기를 학수고대해본다.

할아버지를 그리며

1

아버지의 아버지, 나의 할아버지.

2

할아버지와 나는 잠깐 동안 동시대에 살았던 사람들이다. 할아버지는 밀양 초동 성만에서 태어나셨고 지척 동네인 검암으로 이사해 그곳에서 평생을 사셨다. 나는 부모가 생계를 꾸리기 위해 도일(渡日)했기 때문에 일본국 규슈에서 태어났다. 일곱 살 때 귀국하고부터는 부산 영도의 바닷가 마을에서 주로 살았었다. 그러다 내가 고등학교에 입학하기 직전 할아버지는 돌아가셨다. 환갑을 갓 넘긴 해였다.

할아버지는 나에게 그다지 자상하지는 않으셨다. 어쩌면 일부러 그러시는 것 같아 보였다. 아마도 할머니의 눈에 날까봐 그랬을지 모른다. 할머니는 계조모셨다. 아버지를 낳으신 할머니는 아버지가 고작 세 살적 세상을 떠나셨다. 예전엔 비교적 그랬듯이 계조모는 아버지에게 구박을 많이 한 걸로 알려졌었다. 할아버지가 나무를 하러 가시는 날엔 아들을 지게에 태워 동행을 했었단다. 행여 뜻하지 않게 해코지를 할까봐 염려가 되었기 때문이었으리라. 할아버지는 자기 몫으로 싸간 도시락을 함께 나누어 먹었단다. 아버지 몫은 아예 없었을 것이었다. 우리 가계(家系)에 키가 큰 사람은 없었지만 아버지는 유독 키가 작으셨다. 그리고 창백한 얼굴에 수척하셨다. 그게 천수를 다하시지 못한 것과 연관이 있어보였다. 마흔 넷, 아까운 연세에 운명을 달리 하셨으니까.

3

우리 식구가 영도에 살았을 때였다.

어느 늦은 가을, 할아버지께서 오셨다. 어깨에 먹을거리를 한 짐 지시고 걸어서 오셨다고 했다. 나로서는 상상이 되지 않는 거리였다. 검암에서 영도까지라니, 혀를 내두를 거리가 아닌가. 그것도 빈 몸이 아닌 상태여서. 짊어지고 오신 먹을거리들이 중학생인 나로서는 들 수조차 없는 무게였다. 멥쌀 한 말, 찹쌀 두 되, 보리쌀 두 되, 콩 한 되, 팥 한 되, 깨 한 되…… 이래저래 두 말이 훨씬 넘어 보이는 것들을 어떻게 지고 오셨을까. 못 먹인 자식새끼 굶어 죽이지나 않을까 노심초사하시다 보니 억척스레 메고 오신 모양이었다.

할아버지는 다음날 귀향길에 오를 작정이셨다. 아버지 어머니가 말리셨고 나까지 합세하는 바람에 하루를 더 넘기셨지만 그 다음날에는 기어이 발길을 놓으셨다. 걸어서 가시겠다고 우기시는 걸 아버지가 버스에 태워 보내셨다. 나는 전날 방파제에서 낚은 꼬시라기(문절망둑)를 회로 잡수시던 기억을 지울 수 없다. 어찌나 맛있어 하시던지 지금도 눈에 선하다. 그리고 이듬해 할아버지는 돌아가셨다. 나는 고향에 안착해 살면서 이따금

산소에 들러 나란히 누워계시는 세 분 조부모님과 부모님에 대한 생각에 젖곤 한다.

4

한가한 수요일 아침, 나는 검암으로 차를 달린다.

오랫동안 벼르던 생각을 실천에 옮기려는 것이다. 옆자리에 아내가 타고 있다. 아내도 검암 출신이다. 그러니까 나와 아내는 동네 혼사를 한 셈이다. 나나 아내는 공연히 마음이 설레나보다.

벼가 누렇게 익어가는 들판을 내려다보며 수로를 끼고 농로를 따라 차를 몬다. 할아버지께서 봇짐을 지시고 이 길을 걸어가셨으리라. 큰 늪이었던 이곳은 훈장이셨던 외할아버지께서 낚시를 즐기셨던 곳이란다. 보리밥알로 잉어를 낚으셨다니 격세지감이 든다. 이곳은 오랜 세월이 흐른 뒤에도 연밥이 발견되기도 했다. 사촌동생은 통학 길이었던 이 길을 다니면서 연밥 줍기에 신명이 났던 모양이다. 동생은 이따금 고향을 찾는 나에게 한 움큼의 연밥을 내어주기도 했다.

수로를 따라 메기를 낚던 웅덩이가 오늘은 바닥을 드러내 보인다. 차는 수로에서 차도로 옮겨간다. 변전소를 지나자 하남읍으로 들어선다. 장날이면 수로로, 육로로 강 건너 쪽에서까지 흰 두루마기를 걸친 사람들이 몰려와 와자지껄했던 곳이다. 지금은 장꾼이 줄어 명맥만 유지하고 있지만. 갑자기 장터국밥이 생각나자 입안에 군침이 고인다. 점심시간까지는 아직 이르다.

차는 수산대교를 건너 일동으로 향한다. 헐지 않은 노폭이 좁은 다리 위로 기어간다. 건너편에는 4차선 도로 위로 대형차량들이 씽씽 달리고 있다. 할아버지 시절엔 좁은 다리마저 없었다. 나룻배를 타고 도강했으리라. 짊어진 꾸러밀랑 잠시 뱃전에 내리고 흐르는 강물을 손바닥에 담아 마셨으리라. 일동서부터 진영까지는 한걸음에 가셨을 테고. 진영까지의 거리는 14킬로미터이다. 그 거리는 검암 사람들이 소를 팔러 다니는 최장거리 길이기도 했다. 비슷한 거리에 영산장, 남지장이 있었지만 중간에 높은 재가 있어 도둑들이 극성을 부렸다고 했다. 중간 지점에 가술이라는 마을이 있다. 5일장이 서기도 하지만 면소재지여서 어쩌면 이쯤에서 막걸리 한 사발로 목을 축였을지도 모를 일이었다. 그래야만 진영 가는 길이 가벼워질 수도 있었을 테니까.

할아버지로서는 지금부터가 걷기의 시작이었을 것이다.

아버지가 사다주신 백고무신을 다시 고쳐 신고 나섰을 것이었다. 산비탈을 따라 이어진 비포장도로를 끝없이 걸었으리라. 고불거리는 시골길을 지나면 야트막한 언덕배기가 불쑥 나타난다. 언덕은 무거운 짐을 지신 할아버지에게는 감당할 수 없으리만큼 힘에 겨웠을 것이었다. 할아버지에게 시련을 안겨줄 첫 번째 고개는 먼지를 날리며 달리던 버스조차 허우적대는 명동고개였다. 어떻게 넘으셨을까, 의구심이 가시지 않는다. 오로지 굶겼던 기억으로 남아있는 큰자식에게 먹여야겠다는 일념에 차 넘었을 게 분명했다. 지금은 4차선으로 까맣게 포장된 도로 위로 고성능 차가 가뿐히 고개를 넘고 있다. 그건 벌써 60년 전 일이었다.

고개는 연이어 다가선다. 숨 돌릴 틈이 없다. 김해로 들어가는 입구, 자연 방패막이가 가로막는다. 할아버지께서도 고개 앞에서 망연히 올려다보았을 것이다. 유난히 긴 고개다. 내 승용차도 속도가 점점 떨어진다. 속도가 떨어진 차들이 서로 엉겨 붙는다. 할아버지는 이 고개에서 몇 차례나

짐을 풀어놓았을 것이었다. 헐떡거려지는 가쁜 숨을 고르기 위해서였을 것이다. 평생을 농사일로 힘들게 살았어도 이런 경험은 처음이었으리라. 드디어 고갯마루에 올라섰을 때 계곡 사이로 펼쳐지는 김해의 색다른 풍경에 당신께서는 벅찬 감회를 느꼈으리라. 불어오는 싱그러운 가을바람을 폐 속 깊이 담기도 하셨을 게고. 내리막길 아래로 흐르는 삼계천을 감돌아 봉황동으로 접어든다. 그 무렵 김해는 몇 개의 촌락들이 수로왕릉을 따라 산재해 있었을 게 분명했다. 지금은 50만이 넘는 도시로 성장했고 거대한 생산 공장도 즐비하다.

이제는 대저로 향해 곧은길을 걸을 차례였다. 대저는 김해에 속해 있었다. 낙동강을 안고 있어 기름진 벌판으로 김해평야의 중심지였다. 또한 대저는 경상남도와 부산의 경계를 이루는 곳이기도 했다. 그 옛날 부산 포구는 경남 사람들의 대거 유입으로 직할시로 승격되기도 했다. 그리고 지금은 드넓은 대저마저 부산으로 귀속되었지만.

할아버지는 구포다리에 이르러 부산의 냄새를 호흡하기 시작하셨을 것이다.

그런 길은 이제부터 시작이라고 봐야 할 것이다. 시외버스와 군용차들이 일으키는 먼지가 가라앉을 틈이 없었을 것이다. 찢어진 밀가루 포대 위로 달리는 차들은 플라타너스 잎사귀에 온통 먼지를 덮어씌웠으리라. 차 바퀴에서 튕겨 나오는 자갈들도 기관총알처럼 빗발쳤으리라. 그렇다고 먼 길을 가야 하는 할아버지가 길옆 미끄러운 논두렁을 타고 갈 수는 없는 처지였을 테고. 아마도 할아버지는 서면을 바라보는 신암에 이르렀을 때, 지는 해를 바라보셨을 것이다. 신암은 지형상 빨리 해가 지는 곳이다.

도시의 숨 막히는 공기를 내뱉으며 할아버지는 교통부를 거쳐 고관,

초량을 유영하듯 빠져나왔을 터였다. 그 사이, 콧대 높은 노랑머리 미군과 핫팬티의 바니걸들의 군상이 할아버지의 어안을 당황하게 했을 것이다. 찢어지는 기타 선율 속에서 천국과 지옥을 한꺼번에 목도하셨을 것이다.

이제 한결 발걸음이 가벼워진 것은 울퉁불퉁하나마 불 켜진 인도가 있었기 때문일 것이다. 그보다 더 즐거운 것은 한 발자국을 내딛을 때마다 목적지가 그만큼 가까워지기 때문이었을 것이다. 영주동과 불탄 기차역을 지나 영도다리에 도착했을 때는 비몽사몽간이었을 것임이 틀림없을 것이다. 그러나 영도다리를 스쳐 부는 갯냄새를 실은 바닷바람이 할아버지의 소금땀을 씻어주었기에 숨통이 열렸을 것이었다.

나는 영도대교 위로 차를 몰아 봉래동 축항에 차를 파킹한다. 축항엔 야적된 드럼통이나 팽이를 만들던 잡목더미는 사라지고 없다. 짚으로 얽어맨 공을 차던 너른 광장도 없다. 그 자리에 선술집들이 빼곡하게 채워져 있다. 6.25 전쟁 때 나는 간장종지에 고래고기볶음을 사다 나르던 기억이 난다. 긴 여름을 나던 나의 유일한 점심 반찬이었기 때문이다.

검암에서 영도까지는 장장 69킬로미터가 찍힌다. 우리 이수로는 175리에 해당한다. 그 거리를 할아버지는 하루 만에 완주하신 것이었다. 고무신과 도포 차림에, 두 말이 넘는 양곡과 부식을 지신 채. 그리고 다음날 꼭두새벽 빈 짐을 꾸려 귀향하시겠단다. 그것도 다시 걸어서.

5

새벽 4시. 검암 동네 포구 나무 앞이다.

찬바람이 인다. 일교차가 큰 늦가을이고 해서 내의를 껴입었다. 장갑에, 등산화에 스타킹까지 착용했으니 먼 길 떠나는 사람 같다.

그랬다. 차로 검암서 영도까지 사전 답사했던 길을 걸어서 따라가고자 하는 것이다. 류색에 김밥 두 줄과 작은 페트병 두 개에 물을 가득 채웠다. 류색에 담긴 건 달랑 두 가지뿐이다. 평소 가지고 다니던 구급약은 담겨 있을 것이다. 간단한 등산장비도 곁들어져 있을 것이다. 점심때가 지나면 류색은 빈껍데기만 남아 홀가분해질 것이다.

자, 이제부터 걷는 것이다.

별빛이 쏟아져 내리는 국노수로 접어든다. 그게 수산으로 가는 지름길이다. 새벽 네 시 십 분, 깜깜한 허공에다 마을 외등을 맞추고 걷는다. 수산에 도착했을 때는 워밍업을 한 효과가 나타나기 시작한다. 추위가 살짝 가신다. 그러나 아직은 오밤중이다. 읍내도 죽어있기는 시골과 다를 바 없다. 간혹 여수나 삼천포로 신선한 바닷고기를 실러 가는 물차가 헤드라이트를 비추다 뚜르르 사라진다. 차의 흐름이 빈번하지 않은 탓으로 4차선 도로로 걸음을 이어간다. 어둠에 가려 주위의 경관을 볼 수 없다는 것이 나를 차츰 지치게 한다. 남모산에서 진영까지는 굽은 길이 거의 없다. 10킬로미터 길이 쭉 뻗어 있다. 사뭇 직진할 수밖에 달리 질러갈 길은 없다. 직진은 무한한 인내를 요구하는 것 같다. 가도 가도 끝이 없다. 거기가 거기 같다.

물통거리를 막 지났을 무렵 먼동이 트기 시작한다. 가슴으로 불어오는 바람이 훈훈하다. 진영 입구에서 성당으로 우회하는 길을 버리고 신도시 안으로 지름길을 택한다. 옛날엔 큰 도로도 없었고 샛길도 없었다. 있었댔자 논두렁콩이 심긴 좁다란 농로뿐이었다. 어쨌든 농업고등학교 모퉁이를 돌아 장유로 들어가는 신기삼거리에 이른다. 좌측으로 새로 마련한 깔끔한 진영 기차역을 돌려세우고 작은 비에도 범람하던 무룡천을 건넌다.

출근을 맞아 부산-마산 간 국도는 어지럽다. 거기다 화물차까지 끼어 덩치를 자랑한다. 화물차의 타이어 값만 해도 웬만한 승용차 값이라더니 위세가 등등할 수밖에 없다. 빙그레 과자공장을 지나면 새총처럼 두 갈래로 길이 나뉜다. 나뉜 두 길은 결국 김해에서 조우하지만 새로 조성한 4차선 포장길은 일직선이다. 터널도 고갯길도 없다. 그 길로 내닫고 싶지만 자동차 전용이어서 사람의 왕래를 허락하지 않는다. 다른 한 쪽 길은 옛길이다. 경관은 뛰어나지만 엄청 우회한다. 뿐만 아니라 만만찮은 높이의 재도 두 개씩이나 있다. 쉬엄쉬엄 쉬어갈 수밖에 없다. 이 무렵, 나는 관자놀이의 이상을 감지한다. 쌓인 피로 때문에 우지끈해진 게 아니라 통증을 수반한다. 무거운 짐을 지신 할아버지의 비척 마른 다리 근육과 비교되는 기점이다. 고개 하나가 태산을 메고 가는 느낌이다.

명동고개를 울며 겨자 먹기로 넘었지만 다음 고개는 포기대상이다. 잠시 휴식을 취한다고 해서 뭉쳤던 근육이 풀릴 게 아닐성싶다. 걸어야 할 주체인 다리가 고장을 일으켰으니 마냥 주저앉아 있는 것이다. 다른 신체 부위나 정신은 더 걸을 수 있다고 외치고 있다. 내가 걸었던 기록엔 턱없이 미치지 못한다. 비록 20년 전 일이긴 하지만. 해묵은 응급약으로 조치를 강구해본다.

다시 일어선다.

걷는 거다. 등산용 지팡이를 양손에 움켜쥔다. 무릎에 미치는 무게를 팔로 나눈다. 한결 나아진 것 같지만 얼마나 버틸지는 미지수다. 마지막 오르막으로 내딛는 속도가 느린 황소걸음이다. 스치며 달리는 운전수들이 나를 힐끔거린다. 도로 위를 걷는 주제에 등산용 쌍지팡이까지 동원했으니 갓 쓰고 자전거 타는 몰골에 비견했으리라. 더욱이 걷는 속도와 고갯마루를 연관 지어 보면 통수가 뻔했으리라. 웃으면서 포기하라는 눈치다. 하지만 빈 몸으로, 할아버지가 걸으셨던 거리의 반에도 미치지 못하고 포기한다는 것은 부끄러운 일이다. 병원으로 실려 가는 불상사가 발생하더라도 걷는 거다. 앞만 보고 걷는 거다.

상당한 시간을 소요해 결국엔 망천 고갯마루에 올라선다. 상쾌하다. 삼계천 골을 따라 불어오는 바람이 땀으로 범벅이 된 헤친 가슴팍으로 기어든다. 지팡이를 접어 륙색에 집어넣는다. 팔도 자연스레 흔드는 편이 훨씬 용이하다. 내리막길 좌측으로 신천초등학교가 보인다. 교육위원 선거한다고 제자 운영위원장 만나러 쫄랑거렸던 곳이다. 내리막길 오른쪽으로는 가구단지가 시작되는 기점이다. 한참을 절뚝거리며 내려오니 직각으로 꺾이는 지점이 나타난다. 내가 선택해야 할 길은 오른편이다. 수로왕릉과 왕비릉이 있는 김해시내로 진입한다. 말도 많고 탈도 많던 김해전철도 여기서부터 시작이다. 전차가 공중에 매달려 부산으로 치닫고 있다. 어느새, 내가 8년의 젊음을 보냈던 김해고등학교 앞을 지나고 있다. 만감이 교차한다. 그 후 나는 단신으로 한산섬으로 유배생활을 떠났지만.

교통이 어지럽다.

전철과 지하철이 지상에서 교차하고, 차들이 땅속으로 파고들고 또 기어 나온다. 공중에 떠 있는 시멘트 덩어리가 대구로도 향하고, 공항으로도 향하고, 또 부산으로도 직진한다. 어안이 벙벙해진다. 김해와 부산의 경계 풍경이 이렇다. 아니 부산과 경남의 경계가 이처럼 야단스럽다. 가로등에 불이 들어오기 시작한다. 부산의 밤이 시작하는 시점이다.

이곳은 내가 떠나온 검암에서 40킬로미터가 되는 지점이다. 진작 걷기를 포기했어야 할 걸 지금에야 포기하려 하니 마음이 시리다. 낙동강 건너 조각처럼 서있는 온갖 조형물들이 어서 오라고 손짓한다. 유혹한다. 하지만 대교를 건너는 데만 7킬로미터이다. 되돌아갈 구포 기차역까지는 셈하지 않은 거리다.

부르튼 발가락의 물집이 끝내 터져 더 이상은 수습이 불가능하다. 등산지팡이의 도움을 받아도 쓰리고 걸음에 진도가 나가지 않는다. 지척이 천리 같다는 표현이 딱 어울린다. 나는 안타까운 마음을 스스로 달래며 지하철에 몸을 싣는다. 지하철은 나를 담아 싣고 낙동대교를 훌쩍 넘어 순식간에 구포역 코앞에 나를 하차시킨다.

할아버지! 죄송합니다. 손자의 체력은 여기까지입니다. 며칠간은 병원 신세를 져야 할 것 같습니다. 할아버지! 그래도 제가 딱 한 가지 내세울게 있습니다. 할아버지께서는 예순 살에 175리를 완주하여 목적지에 도착하셨지만, 저는 일흔두 살에 백리 길을 걸은 자랑스러운 할아버지의 후예가 되었다는 점입니다. 비록 예정된 목적지에 도착하지는 못했을망정.

6

다행하게도 병원엔 하루, 약은 삼일을 복용했더니 견딜 만하다.

젊은 시절, 남해금산에 올랐다가 혼쭐이 난 적 있었다. 이번에도 그런 전철을 밟지 않나 염려했는데 다행스럽게도 괜찮았다. 그동안 게을리 않고 걷기를 지속적으로 한 보람이 있었던 것 같았다.

겨울의 문턱에 이르러, 나는 계획해두었던 자전거 타기를 하려 한다. 얼마 전부터 그곳에 대한 밑그림은 완성되어 있었다. 국토해양부가 내놓은 낙동강자전거길-5 지도는 무척이나 세밀하게 그려져 있다.

나는 밀양 검암에서 부산 하단까지 75킬로미터를 낙동강 물길을 따라

종주하려고 한다. 내 발로는 1일에 갈 수 없는 거리를 자전거 페달의 힘을 빌려서라도 달리고 싶은 마음을 억제할 수 없다.

나는 막내와 모의했다. 자전거 렌트에서 생수에 이르기까지 완벽하게 준비가 끝난 일요일 오후! 드디어 출발이다.

꿈에도 그리던 하루 만의 부산 완주가 아니겠는가. 불가능하다고 포기한 시점에 다시 불이 붙은 격이었다. 그때와는 가는 코스가 확연히 다르다. 그것은 시대가 나에게 그렇게 요구하는 사항이다. 거기에 순응하려는 것뿐이다.

빌린 자전거는 구식인데다 형편없이 낡았다. 자동차 면허장의 뻑뻑한 핸들 같다. 앉을 좌석은 삐걱거린다. 삼각형으로 빳빳하게 받쳐놓은 좌석을 얼마만큼 견뎌낼지 의문이다. 제대를 하고 자전거를 배웠으니 늦깎이다. 초등학교 때 한 번의 배울 기회가 있었는데 도랑에 곤두박질치는 통에 미련을 버렸다. 처음 자전거 나들이 길에 비료 포대를 싣고 가다 자전거랑 비료랑 나까지 수로에 빠졌던 기억은 지울 수 없다. 삼위일체였다. 그 후로 한 번의 기회도 주어지지 않았는데 과연 국토종주가 가능할까? 누군가가 그랬다. 수영과 자전거는 한번 배우면 잊어먹지 않는다고. 그러니까 타는 거다. 타고 가는 거다.

자전거는 구 수산교를 건넌다. 아마추어에게 헬멧 같은 것이 있을 리 없다. 햇빛을 가릴 운동모로도 충분하다. 구 수산교에서 자전거는 모산 쪽으로 직진한다. 엄밀히 말하면 이 길은 농로이자 경운기 통행로다. 흙투성이길고 울퉁불퉁한 시골길이다. 자전거가 둑 위로 올라서자 자전거 전용도로가 펼쳐진다. 까만 시멘트 바닥에 자전거 전용도로, 국토종주라고 쓰여 있다. 그리고 자전거를 모형화한 로고가 그려져 있다. 우측으로는 들판의 연속이다. 언제 물난리를 만나 그 넓은 농경지가 물에 잠기고 인명피해가 났던가 싶다. 복구의 손길이 환히 내려다보인다. 자전거는 수문관리소에 이르러 산으로 기어오른다. 걸어서 끌고 가기에도 힘이 부치는데 막내는 여전히 페달을 밟아 오른다. 정상에 다다를 무렵 만난 자전거 휴게소는 설핏 낮잠을 청하기에 안성맞춤이다. 이어서 전개되는 알맞게 휘어진 내리막길은 뒷기미나루로 이어진다. 다시 자전거는 낙동강 도강을 시도하는 것이다. 그러고는 삼랑진읍으로 향한다. 이 길은 아직 정비 중이어서 도로 사정이 좋지 않다.

드디어 자전거 투어의 하이라이트라 할 수 있는 삼랑진-부산 간의 길이 열린다. 지금까지 자전거 길로 경관이 어우러지는 곳도 많았지만, 굴곡이 심했고 경사도 높았다. 하지만 지금부터는 사정이 다르다. 삼각주나 모래사장에는 자전거 대회를 치러도 손색없을 포장도로가 연속된다. 거리에 대한 안내판과 역사적인 명소에 대한 해설판도 사진과 함께 줄지어 있다. 앞으로 전개할 개발계획과 여유로움이 묻어나는 곳이 한두 군데가 아니다.

자전거는 우선 원동 입구에 진입하기 전에 작전관지를 스친다. 작전관지는 조선시대의 주요 요새로, 수로를 통행하는 사람들을 관리하고 감시하던 곳이다. 최근에는 낡은 관문을 전면 보수하고 널찍한 자동차 주차장을 마련해두고 있어 방문객들이 자주 찾는 명소가 되었다.

나는 작년 여름 이곳을 지나다 피부병이 심한 야생 너구리를 만났는데 동물보호소에 신고하지 못했던 게 새삼 후회스럽다. 해가 바뀐 뒤 그곳을 지나쳤을 때 자꾸만 그리로 눈길이 가는 것을 억제할 수 없었지만 그녀석을 볼 수는 없었다. 삼랑진의 끝자락, 인근 야산에서 발원한 작은 내와 갈대를 비롯한 수초들이 우거진 곳, 처녀와 스님의 사랑을 담았다는 처녀교는 돌무더기 흔적만 남기고 있다.

자전거는 경부선 철길과 나란히 달린다. 시멘트 옹벽을 따라가다 보면 기차는 터널 속으로 들어가버린다. 자전거는 절벽을 따라 만든 물 위 패널가교를 건넌다. 그러다 보면 다시 기찻길과 만난다. 기차는 상하행선에 따라 굴의 수가 다르지만 그때마다 가교를 달리다 기차를 만나게 된다.

자전거길이 강과 산을 끼고 이루어내는 풍경은 무릉도원을 연상케 한다. 어느덧 자전거는 원동휴게소에 이른다. 주말과 휴일에는 주차비를 받는다. 자전거 주차비가 아니라 승용차의 주차비다. 부산이 가까워짐을 암시적으로 말해준다. 한 자전거 라이더가 코펠과 버너를 꺼내 라면을 끓이고 있다. 금세 고소한 냄새가 코앞을 스친다.

물금으로 향하는 길은 낮은 언덕배기를 내려가는 기분이다. 페달에 발목을 묶은 채 바퀴가 자동적으로 회전한다. 간이휴게소에서 몇 가지 편의식품을 팔고 있다. 하지만 자전거 승객들의 호응을 받지 못하는 것 같다. 자전거 투어를 하는 사람들이란 미리 준비를 하는 바도 있지만 간이휴게소도 비싼 걸로 정평이 났나보다.

한쪽 편에서는 낚시를 하는 사람이 있다. 모래무지 몇 마리를 낚아 망태에 담아두었다. 맑은 물에서만 생존한다는 어종이다. 낙동강이 그새 이만큼 맑아졌나 싶다. 수상스키를 즐기는 사람들이 중심을 잃고 종종 물속으로 곤두박질한다. 그 모양새가 하도 우스워 낄낄거리거나 박수를 치며 비명을 지르는 이들이 있다. 세상에는 하도 웃을 일이 많다. 다들 웃으니 나도 덩달아 웃는다. 낙동강하구언 33킬로미터, 안동호 335킬로미터 지점에서의 일이다.

가벼운 휴식을 끝낸 자전거는 일로 물금으로 향한다. 할아버지가 걸었던 길과는 시작부터 다르다. 지금 위치에서 보면 그 길은 상거 60리 밖이다. 낙동강을 건너야 하고 무척산을 넘고 생림재를 넘어 골짜기와 평야를 달려야 만날 수 있는 거리다. 삼랑진에서 물금까지의 길도 자전거 길과 승용차 길은 확연히 다르다. 이수로도 자전거길이 18킬로미터이면 승용차 길은 35킬로미터에 이른다. 그만큼 승용차는 험로를 고불거린다. 신불산과 맞닿아 있는 천태산은 양산 제일봉이다. 산악자전거로도 엄두를 못 낼 만큼 경사각이 높고 오르막길 일색이다. 자전거는 오로지 자전거 길로!

왼쪽으로 갑자기 절벽이 선다. 어김없이 임경대가 있었던 곳이다. 고은 최치원 선생이 그런 명당을 놓칠 리 없지 않겠는가.

물금에 닿으니 휴게소는 자전거 천국이다. 휴일이어서 더욱 그런가 보다. 장바구니 자전거에서 짐자전거까지 남녀노소 구분 없이 몰려들었다 헤어지곤 한다. 물금은 드넓은 공터에 개발이 한창이다. 수변공원도 있고, 문화체험 공간도 있다. 25만 양산시민이 다 달라붙어도 남을 공간이다.

자전거는 따가운 햇살을 등에 지고 강변을 바짝 따라 부산으로 진입한다. 마침내 한 결로 굽이치던 강물이 곡을 이룬다. 도도히 흐르던 강물이 여기서 휘돌아 감긴다. 자전거는 화명 생태공원을 뒤로하고 구포대교 쪽으로 내닫는다. 지상으로 달리는 지하철, 경부선 열차, 양산에서 부산으로 또는 그 반대로 질주하는 만 가지 차들, 그것들이 교차하고 엉킨다. 그래도 강물은 고요히 흐른다. 여태까지보다 폭을 한없이 넓히면서 유유히 흐른다. 강은 작은 파도도 만들어내고, 햇빛을 받아 은색으로 찰랑거리기도 한다.

신라 가야 이전부터 젖줄이 되고 핏줄이 되어온 낙동강이다. 경남과 부산을 잇는 무수한 다리들 중 어느 한곳을 할아버지는 건넜으리라. 할아버지와 구포에서 잠시 해후를 나누는 사이 자전거는 다시 할아버지와 직각으로 이별을 고한다. 자전거는 다리 밑으로 구포를 돌려세우고 엄궁, 하단을 스쳐 종착지인 하구언으로 향한다. 한참을 달리다 보니 다리에 쥐가 내리기 시작한다. 그러나 하단에서 건너다보이는 하구언에 다가섰을 때 장장 75킬로미터를 완주했구나하는 감회가 서린다.

하구언에서 다대포, 감천, 송도, 자갈치를 건너뛰어야 영도대교가 아니던가. 영도는 멀어질 만큼 멀어진 거리에 있다. 하지만 갯냄새는 예나 이제나 같이 느껴진다.

할아버지, 저는 한참을 쉬려고 합니다. 그러고는 자전거를 분해해 버스의 밑창에 싣고 귀향하는 버스여행을 시작하려고 합니다. 거슬러 오르면서 창밖으로 내다보이는 고향의 냄새를 맡고자 합니다. 손자의 여행이 무사히 끝날 때까지 지켜봐주시기 바랍니다.

7

아버지의 아버지, 할아버지!
이제는 무거운 짐 푸시고 영면하시옵소서.
할아버지를 못내 그리는 손자가 올립니다.

2부 종남산이 보이는 나루터

꿩필이 오라버니

현풍을 지나치는 걸음에 들른 곳이 도동서원이었다.

도동서원은 현풍 서남쪽 10킬로미터 지점 낙동강에 인접해있다. 언뜻 보기에 조선전기와 관련된 유적지인 듯했다. 엔간히 역사의식이 없고서는 잘 찾지 않을 것 같은 후미진 곳에 위치해있었다. 그러다 보니 선뜻 찾을 곳이 아닐 것 같기도 했다.

나의 경우가 그랬다. 하릴없이 동서남북으로 차를 끌고 다니다 무슨 유적지라는 팻말이 눈에 띄자 휴식도 취할 겸 차를 세웠을 뿐이다. 일단 차를 세웠으니, 내려서 서원의 유래가 적힌 안내판을 들여다보았다. 연후에 주위를 한 바퀴 돌아보면서 풍광이 꽤나 잘 어울리는구나 생각했다. 풍수쟁이가 아니더라도 이쯤이면 무언가가 있어야 할 자리라는 생각이 들었다. 선조들의 시선이래도 비껴가지 못할 명당자리라고 여겨졌다. 문화해설사가 있다면 그렁저렁한 것들을 물어보고도 싶었다.

도동서원은 지리적으로 소외된 지역에 있어 그동안 관리가 소홀했던 것 같았다. 국도에서 이곳으로 들어오는 길이 두 갈래가 있고 포장은 되어 있지만 차는 내내 덜커덩거렸다. 재포장할 시기를 훨씬 지난 것 같았다. 안내소와 해설사의 집도 마련되어 있긴 했지만 사용하지 않은 지 오래인 것 같았다. 악순환은 원래 고리를 무는 법. 사람들이 찾아주지 않으니까 허술해지고, 허술해질수록 사람들이 기피하는 현상이 생기는 것이었다.

도동서원에는 숨길 수 없는 역사의 흔적이 남아있었다.

500년 묵은 은행나무가 보호수로 지정되어 있었다. 시멘트를 먹여 수형을 바로 잡고 커다란 지주로 가지를 떠받들고 있었다. 수월루는 서원의 출입구였다. 언제부터인가 꽉 잠겨 있는 게 유감이었다. 훈도들이 마음대로 드나들었듯 방문객들에게도 자유스러웠으면 좋겠다.

수월루에서 80미터 거리에 한훤당 묘소가 있었다. 빽빽한 송림을 한참 오르다 보니 묘밭이 시야에 들어왔다. 여러 기의 옛 산소가 제각각 뿔뿔이 흩어져 있었다. 부인의 묘가 한훤당 윗자리에 앉은 게 특이했다. 그 사연은 동네 어르신들도 오리무중이었다. 시집간 셋째 딸이 넷째 오빠 무덤 위에 있는 것 또한 유교사상에 젖어있는 우리에겐 풀 수 없는 숙제가 아닌가 했다. 뿐만 아니라 손자가 한훤당 바로 아래에 자리를 차지하고 있는 것 또한 기이한 현상이었다.

하지만 한 가지 의문을 풀어줄 사건이 있었다. 한훤당은 갑자사화에 말려 귀향을 갔다가 돌아오지 못하고 그 자리에서 사사되었다. 그러니 일족이 남아 있을 리 없었다. 대개 역모자의 가족은 구족을 멸했으므로 떼죽음을 면치 못했으리라. 아들 넷에 딸 다섯을 두었던 한훤당이었지만 아들들의 묘소는 보이지 않았다. 인근지역으로 출가한 셋째 딸이 친가의 어머니 병수발을 극진히 든 탓으로 그 어머니의 간청에 따라 딸의 무덤이 환원당 일가 묘소에 묻힌 것으로 전해져 내려오고 있었다. 그리고 그 후 어떤 연고로 해서 넷째 오빠의 무덤이 발견되어 같은 묘소에 순서 없이 묻힌 것 같았다.

훗날 환원당은 인조반정이 있은 후 우의정으로 추서되었다. 그런 연유로 사액서원이었던 도동서원이 대원군의 서원 폐쇄령에도 살아남은 몇 안 되는 서원으로 보존되어온 것 같았다. 지금도 변치 않는 유학의 으뜸 고장으로서의 향기가 풍기고 있는 것 같았다.

내가 한훤당 묘소를 다녀오는 사이 아내가 자리를 비우고 없었다. 한참을 기다려도 모습이 보이지 않으니 심란했다. 퇴색된 건물이며 잡초에 묻힌 묘소들이 을씨년스럽기도 했지만 사방의 인적이 너무 고요했기 때문이었다.

"어디를 다녀요? 무릎도 성치 않으면서."

"굉필*이 오라버니 만나러 갔다 왔죠. 어딜 갔겠어요."

아내의 대답이 퉁명스러웠다.

---

* 김굉필(1454-1504): 조선전기 성리학자, 형조좌랑 훗날 우의정으로 추서, 갑자사화 때 사사, 조광조와 더불어 조선 5현으로 문묘에 종사.

2인분 사절

　식당에 들어서면 1인분에 얼마라는 가격표가 걸려있다. 그런데 막상 1인분을 시키면 안 된다고 한다. 2인분이 기본이란다. 육고기집의 경우는 2인분도 사절하는 곳이 더러 있다. 3인분이 기본이라는 속셈이 바탕에 깔린 것이리라. 2인분이 기본이고, 3인분이 필수라는 바깥 표지판은 없다. 안으로 들어섰을 때, 이 메뉴는 2인분 이상에게 주문 가능하다는 표시가 가격표 판에 자그마하게 쓰여 있기는 하다. 그러나 한번 들어가면 나오기도 어정쩡하고, 그렇다고 다 먹지도 못할 것을 억지 춘향식으로 주문할 처지도 못된다. 참으로 진퇴양난이다.

　"나이 든 부부에게 3인분은 무리일 것 같아서……"

　사뭇 애원하듯 해보지만 끝내 거절당한다. 2인분은 숯불 값도 안 된다고 통박이다. 고객 유치는 파는 사람들의 권리로 작용한다. 한동안 유행하던 '손님은 왕'이라는 글귀는 찾아볼 수 없다.

　1인분을 먹을 수 있는 곳도 있다.

　자장면 가게, 만둣가게, 국숫집, 국밥집, 싸구려 정식집으로 가면 된다. 고속도로 휴게실이나 대도시에서는 1인분을 시켜 둘이서 나눠 먹어도 괜찮다. 카푸치노는 종종 1인분을 셋이서 나눠 마시기도 한다. 뿐만 아니라 한 그릇을 시켜 나란히 앉아 먹어도 귀엽게 봐준다. 왜 나란히 앉느냐고 따져들지 않는다. 손님이 더 오실 거냐고 묻지도 않는다. 모든 게 손님 위주로 자연스럽게 흐른다. 오래도록 그런 환경 속에서 길들여진 나로서는 그것이 어긋날 때 몹시 난감해진다. 아내는 기어이 팔을 끌며 나가자는 의사표시를 한다. 그렇다고 나가기만 하면 등 뒤로 쏟아질 온갖 잡음을 견딜 수 없을 게 뻔하다. 하는 수 없이 주인의 요구를 따라 2인분도 시키고, 3인분도 시킨다. 주인은 오랫동안 2인분, 3인분을 파는 데 길들여져 있다. 그것은 어쩔 수 없이 손님이 그렇게 만들어준 결과이고 주인은 이미 그러기에 익숙해진 것이다.

요즘 시골 인심이라는 게 옛날 같지 않다. 도를 넘어서 손님을 내모는 지경에 이른다. 장사는 잘 안 되지, 손님은 날이 갈수록 줄지. 울며 겨자 먹기식이니 아무나 맞닥뜨리면 부아가 돋는 모양이다. 짠 갈치 한 손에 얼마냐고 물었다가 초장 마수걸이부터 재수 옴 올랐다고 엄청 욕을 들어먹는 판국이다. 욕을 듣고서도 잘못했다고 사죄를 하고 자리를 떠나야 할 지경이다. 참으로 적반하장이다. 어쩔 수 없이 친절한 금자 씨가 있는 대형마트로 발길을 옮기게 된다. 한 달에 두 번 의무휴업을 하지만 기다렸다 사면 그만이지 그게 뭐 대수더냐 싶다.

동태탕, 낙지볶음은 가장 흔한 1인분 사절이고, 돼지고기나 소고기 구이는 2인분도 정중하게 거절한다. 코스에 따라 주문을 해야 하는 음식점에서는 그네들이 임의로 정해놓은 코스 법칙에 순응해야 한다. 여럿이서 주문을 하다 보면 돈벼락을 맞기 십상이다. 오늘은 내가 쏜다, 라는 객기를 부릴 여유가 없다. 실제로 더치페이에 익숙하지 않는 농촌에서는 여러 사람들의 몫을 한 사람이 현금카드로 긁기가 만만치 않다.

돈의 흐름이 원만하지 않은 시골도시의 장사가 이러다 보니 개업을 해도 1년을 버티지 못한다. 체면치레로 개업 즈음에 얼굴을 비추기는 하지만. 개업과 동시에 폐업하는 가게도 늘어나는 실정이다. 시작했다 폐업하면 그동안의 비용이 엄청날 텐데. 살아갈 길이 막막하게 느껴진다.

나 같은 사람은 공직생활을 마감하고 연금으로 생활을 꾸리다 보니 소위 말하는 중산층은 못되지만 정해진 수입을 바탕으로 곶감 빼먹듯 빼먹고 산다. 그리고 내가 사는 시골도시의 형편으로 미루어보면 그래도 이따금은 외식을 하는 중간층에 들 거라고 생각한다. 그런데 외식을 하려해도 받아들여지지 않으니 섣불리 식당에 들어서지질 않는다. 팔아서 생계를 유지해야 하는 사람의 사정도 그렇지만, 사서 먹어야 하는 사람의 입장도 마찬가지다. 이래저래 농촌은 음식문화가 엇박자로 돌아가는가 싶다.

삼시 세 끼를 손에 물을 적셔가며 상을 차려야 하는 가정주부의 처지로서는 그나마 한 끼라도 외식을 했으면 하는 눈치를 보일 때가 있다. 이래저래 난감할 때가 한두 번이 아닐 수 없다.

내가 사는 소도시에도 옛날에는 인구가 20만을 웃돌았지만 지금 남아있는 인구는 10만도 채 안 된다고들 한다. 공무원들이나 정치꾼들은 10만을 넘는다고 하지만 속이 훤히 내다보이는 꼼수에 지나지 않는다. 누가 그들의 말을 진정으로 받아들이겠는가. 서양에서는 오래전부터 여론조사 대상에서 정치인은 빼놓고 한다 하지 않든가. 하루 벌어 하루를 먹고사는 택시기사님들에게 물어보면 어림도 없는 소리 작작하라고 한다. 어쨌든 젊은이들이 대도시로 빠져나가다 보니 노령인구만 남아있는 현상이다.

나이든 어르신들의 식사량이 그렇고 그런데, 많이 배불리 팔겠다는 상혼은 어차피 버려야 할 수밖에 없을 것 같다. 더욱이 채식 위주로 웰빙 식단을 꾸려나가려는 상황을 이해하는 구도로 나아가야 할 것이다.

어떤 노부부는 2인분도 다 먹지 못해 나머지를 은박지에 싸달라고 했다가 핀잔을 받았단다. 노인정에서는 그런 것들이 화젯거리다.

그러나 그들에게도 약간의 지방질 음식이 필요하다는 사실을 인정해야 한다. 소화시켜내지 못할 능력의 소유자들을 배려하는 마음 씀씀이가 절실한 것이다. 그리고 그들의 인맥이 배부르게 먹어줄 다른 손님을 끌어들일 수 있다는 앞날을 내다볼 수 있어야 할 것이다. 내다볼 여력이 없다면 아예 시작을 하지 말았든지 아니면 입지를 따로 정해 옮겼어야 했을 것이다. 손해 가는 장사를 할 수는 없지 않겠는가?

대도시를 흉내 내는 음식장사는 시골도시에서는 먹히지 않을 게 뻔하다. 시류에 맞춰 퓨전 음식도 개발이 되어야 하겠지만, 맛깔스러운 된장찌개나 김치볶음이 새로 개발되어야 할 시점이 아닌가 한다. 또한 쫓아내는 무례에 앞서 안으로 끌어들이는 인정도 푹 담겨야 할 것이다.

쫓겨나는 그들의 등 뒤에다 소금을 뿌리는 일은 없어야겠다.

나 그리고 나

나, 169센티미터.

저녁나절엔 168센티미터. 굳이 묻는다면 170센티미터라고 말한다.

이 키면, 전차타고 다니던 시절엔 꽤 큰 편이었다. 비록 55년 전 일이긴 하지만, 뒷굽을 굳이 들어 올리지 않아도 눈 아래로 많은 사람들의 푸석한 머리카락과 대머리를 내려다볼 수 있었다.

몸무게?

남자야 그게 그거지. 행여 100킬로그램이 넘으면 비만이 아닐까 생각을 키울 수도 있을 것이다. 요즘 대중탕엔 그 정도야 예사다. 나야 언제나 50킬로그램 중후반에 맴돌다 60대에 이르러 60킬로그램에 도달했다. 표준이라면 표준일 것이다. 왜, 좀 왜소한 사이즈라고 생각하시는가!

모발은,

그냥 두면 검은 머리카락은 없을 것 같다. 파뿌리처럼 하얄 게 뻔하다. 달이 차기 전에 부지런히 물을 들인다. 누군가에게 희게 보일 틈을 주지 않기 위해서다. 내가 들이는 게 아니라 아내가 한사코 들인다. 10년은 젊게 보인다는 게 이유다. 퍽 귀찮은 일이긴 하지만 싫지는 않다. 젊어 보인다는데 싫어할 사람이 어디 있겠는가.

　머리카락은 두어두면 자라고 자라서 어느새 꽁지머리로 갈 것이다. 흡사 도인촌의 훈장 꼬락서니. 아님, 도예촌의 예술가답든지. 그건 순전히 내 생각이다. 아내의 생각은 다르다. 무슨 해괴망측한 낮도깨비더냐, 더위 먹은 비렁뱅이더냐, 영감탱이가 드디어 노망 길에 접어들어서셨나, 이거다. 나와 아내의 생각은 분기점도 없이 두 갈래로 나누어져 있다.

　얼굴 얘기가 빠졌다. 한 마디로 말해서, 자기 귀를 잘랐던 어느 서양 화가의 몰골을 연상하면 딱이다. 면도질을 한다고 해서 나을 것 없다. 그마저 하지 않으면 급속도로 원시로 돌아갈 것이다. 털북숭이 모습이 아니다. 불에 그슬린 토끼 수염처럼 오그라들고 듬성듬성해질 것이다. 나는 수염에 관해선 관대하다. 말라비틀어진 갈색 그대로 내버려둔다. 그게 검은 반점을 가리기도 해 피장파장일거라는 생각이다. 돌출한 이마와 움푹 팬 흐릿한 재색 눈이 갈대 속에 묻혀 있다. 흡사 오래 굶긴 거지꼴이다. 여간 먹여 봤자 본치가 없다.

　우리 집에는 남방셔츠가 없다. 잘난 선생노릇 한다고, 하찮은 교육위원 한다고 낡은 와이셔츠에 색색 넥타이만 장롱에 가득하다. 실오라기 같은 것에서부터 앞치마 넓이에 이르는 타이들이 세월의 흔적을 보여준다. 타이를 매지 않아 편해진 지금엔 와이셔츠 칼라에 땟국이 자르르 흐르도록 노타이 차림을 고집할 뿐이다.

　백수가 된 시간이 흐를수록 그 흔하던 전화 한 통 오지 않는다. 세상살이가 그러한 것이다. 어쩌다 내가 먼저 거는 통화에 답변삼아 한 차례

전화가 오면 그걸로 끝이다. 내가 걸지 않은 전화는 기다려봤자 소용없는 일이다. 쓸데없이 전화질해 비용만 가중시킬 수 없다는 논리도 적용된다. 전화가 오지 않는다는 것은 약속이 없다는 것이나 다름없다. 그럴 지경이면 쓸모없는 휴대전화를 버리면 그만이다. 그러지 못하는 것은 여태껏 내조한 아내에게 외조를 해야 할 처지에 놓였기 때문이다. 외출을 할 때면 아내는 내 휴대전화의 충전여부를 확인하여 내 손에 꼭 쥐어 준다. 족쇄를 채우는 행위다.

백수에게 청첩장이 오겠는가. 기대하지 않은 지 오래다. 그래도 꾸역꾸역 날아드는 것은 고지서다. 꼭 내야 할 의무를 지우는 것이다. 얼마 전에 무슨 법이 통과됐다나, 매달 10일이면 의료보험비가 수월찮게 빠져나간다. 그래도 살아 숨 쉰다는 것을 공적으로 인정해주는 것이라 여긴다.

방구석에만 박혀있을 수 없어 동네길이라도 나설라치면 거리는 온통 젊은이 천국이다. 늙음을 앞세워 다니기가 쑥스럽다. 밤길은 더욱 그렇다. 간혹 아는 늙은이를 노상에서 만나면 서로 눈길을 피해 지나간다. 영화 「빠삐용」의 주인공과 그의 친구 죄수 사이처럼. 먼저 인사를 건넸다 턱없이 모르는 사람에게서 창피를 당하기라도 했듯. 그러니 방안이면 뭐하며 밖이면 뭐하겠느냔 말이다. 오십 보 백 보 그게 그거지.

작은 방에 걸어놓은 몇 점 낡은 사진과 감사패가 지난 세월을 대변한다. 이따금 빛바랜 그것들을 추억하며 먼지도 털어주고 앉은 자리를 바꿔주기도 한다.

어떨 때는 장남에 대한 생각이 난다. 언젠가, 장남에게 요즘은 전화한 통도 없느냐고 옥박지른 적이 있었다. 그러자 한동안 억지 전화 몇 통을 받았다. 하지만 이내 무소식이 되고 만다. 장남의 일상생활 반경 안에 내

자리가 없는 것을 어쩌랴. 설, 추석 연휴에 꼬박꼬박 오는 것만도 얼굴 잊어먹지 않는 것으로 오감타 생각할 수밖에. 제비(祭費)가 생활에 도움이 되지 않을 거라는 것쯤 그들도 안다. 헛발 딛기, 겉치레라는 말이 있음을 내가 모르는 바 아니다. 장남 식솔이 한바탕 북새통을 떨다 썰물 져 나가면 뒤치다꺼리는 몽땅 아내 몫으로 남는다. 그리고 아내의 몸살이 따라 남는다.

어떨 때는 까만 눈으로 빠끔 쳐다보는 손녀를 사진틀에서 꺼내보기도 한다. 어쩌면 낳은 자식보다 더 정이 간다. 자식에겐 차마 베풀지 못했던 정을 자식 것까지 보태 담뿍 싣는다. 하지만 한 다리가 천리다. 자식에게 못해주었던 정이 깊으면 얼마나 깊으랴 싶다. 보지 않으면 멀어지는 정을 무엇으로 끌어 담으랴.

돌아갈 길은 외길이다.

외면하듯 살아온 아내의 길에 접선하는 것이다. 늙은 남편의 길에 취사선택의 여지는 없다. 아내의 손길이 무심했든, 남편을 끌어안든 뿌리치든 기어들어가야 할 곳이다. 인간 70 고래희라 하지 않았던가. 자식이 지게에 얹어 파묻은 늙은 영혼을 손녀가 챙길 이유가 없다. 손녀는 남의 집 식구가 되어 민들레처럼 떠날 교육을 받고 있는 중이다.

정이란 주는 것이지 받는 것이 아니다. 많이 줄수록, 깊어질수록 언젠가 떼어내어야 할 때 힘들어지기 마련이다. 주는 듯 마는 듯, 보면 주는 듯 안 보면 없는 듯해야 한다. 온갖 정성 쏟아 부었다고 해서 도로 받아내려는 심산에서가 아니다.

파묻힌 영혼이 제2의 삶을 추구하려면 제 스스로 무덤을 걷어내야 한다. 처음으로 돌아가 삶을 시작하여야 한다. 주어진 것은 아무 것도 없다.

이승의 모든 인연은 이미 끊겼다. 고작 삼 일간만 버티다 죽음을 맞이해야 할 식량이 전부다. 다행하게도 남아있는 것은 쌓아온 지혜다. 그 지혜로 살아있는 모든 사람들과 싸워야 한다. 그리고 싸워서 이겨야 하는 것이다. 도로 무덤으로 가기까지는.

때로는 아내가 먼저 타계하는 경우도 있다.

금슬이 좋아 죽어도 같이 죽자했던들 그게 무슨 소용이겠는가. 사는 데까지 사는 게 팔자요, 운명 소관인데. 평소 아내의 일거수일투족에 의존했던 사람은 참으로 무슨 재주로 세상을 버텨나갈 수 있을까. 이가 없으면 잇몸으로 산다 할지언정. 깨어진 리듬을 탓한들 뭐하랴, 다시 돌이킬 수 없는 것을.

지금부터 밥 짓고, 설거지하고, 빨래하고, 청소하고, 세금 내고, 물·불 관리하고...... 해본 적 없었던 일들이 태산처럼 앞을 가릴 것이다. 그래도 그것만은 배워야 산다. 제대로 된 의식주 아닐 터인데도 결국 의식주에 함몰하고 말 수밖에 없을 것을. 삶의 무게가 먹고, 자고, 입는 일에 한정된다면 사는 게 사는 것이 아닌 세계 속으로 빨려 들어가고 말 것이다. 그렇다고 어찌 헤어날 수 있겠는가.

다행스럽게도 나는 건강한 아내와 꿈을 안고 살아가고 있다. 이런 소중한 생활을 영위할 수 있음은 축복 그 자체다. 그렇다고 해서 아내의 치마폭에 쌓여 마냥 늙음을 허송한다면 의식주 해결을 위주로 살아가는 것과 진배없고 뭐 있겠는가. 무릇 사람은 곧은 백 살이 되어도 자기가 할 일을 끝끝내 일구어나가야 한다. 그게 사람의 도리요, 책임이요, 당당한 자기표현이 될 것이다. 자기를 표현할 수 있는 사람이야말로 삶의 대미를 굳건히 하는 것일 게다.

지금까지 지켜온 나의 키가 더 줄어들기 전에,

운동을 게을리 해 체중이 더 늘어나기 전에,

털북숭이, 낮도깨비, 비렁뱅이가 해야 할 일은 놓아먹인 글을 다듬는 일이다. 흩어져 헝클어진 실타래의 실마리를 붙잡는 일이다.

엉겁결에 수상집 1집 『무와 숭어』를 펴낸 일이 잘한 짓 같다. 꼬투리를 잡았으니 2집 『자세한 이야기는 다음에』라는 가제의 수상집을 엮어나갈 계기가 마련된 것 같다.

나는 죽음을 맞으러 가는 길손이 아니다. 아름다운 늙음을 찬미하는 프런티어다.

자세한 이야기는 다음에

K 여사는 60대를 넘긴 자칭 귀부인이다.

차림새를 봐도 영락없이 귀부인 태가 난다. 머리끝에서 발끝까지 매무새에 신경을 쓰지 않은 부분이 없다. 전체적인 조화도 그럴싸하다. 얼굴이 받침이 되니까 웬만히 가꾸어도 남들과는 다른 품위가 풍긴다. 특히 170센티미터의 키와 굽 높은 하이힐은 사람들을 압도한다. 화장은 인형극의 마스코트처럼 짙다. 화장에 가린 그녀의 얼굴 때문에 나이를 가늠할 수 없다. 그녀의 카랑카랑한 목소리나 쪽 곧은 걸음걸이도 세련미가 넘쳐 나이가 감춰지고 만다.

그녀의 일과는 늦은 아침부터 시작된다. 그것은 오래된 습관에서 비롯된 것이다. 아침식사를 아예 하지 않다 보니 늦잠을 자기에 안성맞춤이다. 나이차가 많은 연상의 남편 역시 부인처럼 아침을 건너뛴다. 모닝커피 한 잔으로 아침을 대신하는 것이다. 부인은 남편 커피의 간을 잊은 지 오래다. 철저하게 사생활을 존중하는 룰을 그들 스스로 지키기 때문이다.

K 여사는 정오가 가까워져야 외출을 한다. 남편은 개인 약속으로 이미 집을 나서고 없다. 그게 통상적이다.

그녀가 하루 중 처음으로 들르는 곳은 카페 몽마르트다. 거기 지배인이나 종업원들은 그녀를 여왕처럼 모신다. 그녀가 나타나면 그녀의 동료들이 우르르 모여들기 때문이다. 그녀도 역시 이곳이 그녀에게 맞는 만남의 장소라고 생각한다. 폭신한 안락의자에 앉아 생화의 그윽한 향기를 머금는 것이 좋다. 짙은 아메리카노를 스트레이트로 시켜 홀짝거린다. 간혹은 치즈를 곁들여 먹기도 한다. 한 잔의 커피를 마시는 데 소요되는 시간은 대략 두 시간이다. 점심은 스테이크나 피자를 먹는다. 과식은 금물이다. 다시 커피를 리필한다. 오후의 두 시간이 커피 잔에 담긴다. 식사와 커피 값은 누가 쏘지 않는 한 철저하게 개인 부담이다. 그때그때 각자의 핸드백을 터는 게 아니다. 필요 경비는 미리 저축해둔다. 그것이 그들의 법칙이다.

오후 네 시쯤 자리를 털고 일어선다. 뷰티살롱에 가든지 백화점에 쇼핑을 가려는 것이다.

그녀들은 오전 두 시간, 오후 두 시간을 카페에서 가뿐히 보낸다. 무슨 이야기가 오가는지 알 수 없지만, 잠시도 맹맹하게 지나는 일은 결코 없다. 다들 뭔가를 쏟아내지 못해 안달이 나있다. 고만고만한 위인들의 모임이고 보니 죽이 맞는다. 그래도 K 여사가 주도권을 행사한다. 자연, K 여사가 쏘는 횟수가 많다. 오늘 점심도 K 여사 몫이다. 바바리코트를 구입한 기념으로 K 여사가 쏘는 것이다.

쇼핑이나 뷰티살롱의 일이 끝난다. 다음 차례로 M 카페가 기다린다. 오후 시간을 죽이기에는 더없이 좋은 분위기다. 바깥은 아직 환하지만 카페 안은 사뭇 어둡다. 라 쿰파르시타의 빠른 템포가 흐른다. 그녀의 어깨가 선율을 탄다. 스텝에 맞춰 몸도 휘감긴다. 연미복의 젊은 남성 리드가 없어도 분위기는 고조된다. 그녀의 등장에는 언제나 율동이 따른다. 그녀는 플랫폼 아래 자리를 잡는다. 그녀를 추종하는 귀부인들이 한 뭉치가 된다. 그녀들의 아름다운 밤이 시작되는 것이다. 얘기는, 시작은 있어도 끝은 없다. 그래서 그녀들의 헤어짐은 아쉬운 것이다. 간혹 남편과의 저녁 스케줄이 잡히면 그녀들은 서운해진다. 남편과의 대화에는 김이 빠져있기 때문이다. 아님 새삼 애교를 뜨는 것으로 끝난다.

늦은 오후, K 여사는 남편과 고급 레스토랑에 앉아있다. 언제나처럼 다리를 꼰다. K 여사가 나서기 전에 남편이 K 여사의 눈치를 살핀다. K 여사의 시선이 닿은 메뉴에 따라 주문을 한다. 남편은 오늘따라 거하게 쏠 작정인가 보다. 최고 수준의 와인을 곁들인다. 남편 역시 얼마 전 그가 운영하던 일체를 후계자인 장남에게 인계한 터이다. 골프도 치고, 여행도 즐기며 산다. 그의 그룹은 백수 부자들로 짜여있다. 부인과의 하루 중 조우는 디너파티 때다. 참으로 서로가 만나기 어려운 사람들이다.

"오늘은 어땠소?"
남편이 무겁게 운을 뗀다.
"좋았어요. 당신은?"
K 여사가 늘 하던 대로 말을 받는다.
그리고 그들은 말을 잇지 않는다. 해봤자 그렇고 그런 겉치레에 불과하다. K 여사다운 모습이다. 남편에게는 늘 그런 편이다. 별로 기대되는 바가 없기 때문이다. 스테이크는? 와인은? 해봤자 싱겁기는 마찬가지다.
K 여사는 주문한 푸딩을 후식으로 먹는다. 먹는 데보다 음악을 듣는 데 더 관심을 갖는다. 남편이 꾸물거리는 사이에 K 여사는 자리에서 일어

선다. 대기하던 기사가 재빨리 승용차의 문을 따준다. 그들은 차례로 차에 오른다. 평소처럼 분위기가 냉랭한 것을 기사가 눈치 챘다.

"여사님, 지난 번 일은 매듭을 잘 지으셨습니까?"

기사가 의미 없는 말을 지껄인다.

"자세한 얘기는 다음에 하기로 했어요."

"아, 다음에요."

늘 듣는 소리지만, 기사가 조금 감탄하는 척하다 사르르 시동을 끈다. 희미한 실내등이 노부부의 피로한 모습을 감춘다.

주는 대로 받지요

봄, 장날이다.

시골 할머니가 진달래꽃잎을 따다 내놓는다. 숱한 장꾼들 틈바구니 속에서 진달래는 붉다. 술에 담그면 기침과 해수에 좋단다. 오가는 사람들은 전설 같은 얘기를 잊은 지 오래다. 새벽차를 타고 와서 차려놓은 진달래 소쿠리가 한낮이 되어도 그대로다. 오늘 장엔 주인을 못 만날지 모른다. 못 팔아도 그만이다. 물각유주(物各有主)라 하지 않았던가. 그래서인지 할머니는 덤덤하다.

장에 내야 한다는 일념으로 한 잎 한 잎 치마폭에 따서 담은 정성이 시들어가고 있다. 할머니는 시들어가는 꽃잎을 손가락으로 연신 일으켜 세워본다. 그러나 시드는 것을 막을 수는 없다. 속절없이 늙어가는 사람처럼 막을 수는 없는 일이다.

진달래 할머니 바로 앞에 머리카락이 하얗게 센 할아버지가 강아지 전을 편다. 비료 포대기에 담긴 댓 마리 한 배 새끼가 앙증스럽다. 장꾼들이 강아지를 빙 둘러선다. 오랜만에 보는 풍경에 동참하려는 모양이다. 앞, 옆 장사치들이 개를 개전으로 데려가라고 성화다. 할아버지는 무가내다. 요새 개전이 어디 따로 있느냐, 삼국시대 풍월 읊는 소릴랑 하지 말라는

130

식이다. 떠다밀 수도 없는 노릇이다. 진달래 할머니는 강아지가 재롱스러운지 물끄러미 건너다본다.

강아지들이 서로 주둥이를 가리기에 급급하다. 오죽하면 장판에 오른 강아지라고 했겠는가. 녀석들은 잔뜩 주눅이 든 눈을 하고 있다. 다들 배를 바닥에 깔고 있다. 오금이 후들거리는지 일어날 엄두를 내지 못한다. 누군가가 강아지의 목덜미를 집어 들자 강아지의 눈시울이 쪼그라든다. 겁먹은 표정이 역력하다. 다시 비료 포대기 속에 내려놓자 그대로 배를 깐다.

한 할머니가 강아지를 흥정한다. 강아지 할아버지는 옆 과일가게에서 구겨진 비닐봉지를 얻어온다. 팔린 강아지는 그 속에서 편안한 자세를 취한다. 자기의 결정된 운명을 알기나 하듯 봉지 안에서 몸을 또르르 감는다.

봄 장이 흥청댄다.

시골에서 몰려든 봄나물이 바구니에 가득하다. 할머니들이 돈주머니를 열어젖힌다. 큰 돈, 거스름돈이 쉴 새 없이 들락거린다. 제법 주머니가 알을 배듯 볼록한 것들도 있다. 거뭇한 주름이 펴지는 순간이다. 진달래꽃 잎마냥 빨갛게 웃는다.

진달래 할머니는 강아지가 다 팔리자 무료한 눈길을 나무장수 총각에게로 돌린다. 기억 밖이지만, 진달래 할머니는 봄 장엔 나무를 샀었다. 그 나무가 아름드리 유실수가 되기도 했다. 고목인데도 열매는 잘도 단다고 생각한다. 저 나무들도 진달래 할머니의 손길이 닿으면 꽃이 피고 열매가 달릴 터인데. 지금 진달래 할머니는 도무지 장사꾼이 아니다. 팔고 사는 사람들을 쳐다보는 구경꾼일 따름이다. 닻을 내리고 하염없이 바라보는 게 재미다.

초장이 있으면 파장이 있게 마련이다.

진달래 할머니가 장 구경을 하는 사이에 파장으로 접어든다. 장꾼이나 장사치나 초장부터 막장까지 얼큰한 장국밥을 잊지 못한다. 진달래 할머니는 오늘도 국밥 한 그릇 걸칠 형편이 못 되나 보다. 굶기를 밥 먹듯 해온 삶이었기에 긴 봄날을 잘도 견딘다.

"할머니, 점심은 잡수셨어요?"

내가 가까스로 던진 말이다.

"있으면 먹고, 없으면 말고."

말끝에 힘이 없어 보인다.

"차비는 있으시고요?"

"채서 가지."

빌려간다는 말이다.

그렇담 왜 매장 나오시는지? 흔치 않은 진달래 따라, 살 사람 만나기도 쉽지 않은데. 발품이라도 덜 산나물이라도 캐 오시든지. 온 들녘에 널려 있는 게 봄나물이 아니던가. 두릅, 가죽, 오가피 같은 잎사귀 나물도 있을 것이고. 쑥, 냉이, 미나리, 취나물, 시금치, 부추, 머위 같은 밭작물도 흔하디흔할 텐데. 하다못해 남의 물건 받아 팔 수도 있을 거고. 진달래 할머니는 왜 진달래를 고집하시는 건지. 역시나 진달래 할머니는 장사꾼이 아닌 거야. 그저 사람이 그리워서, 사람 사는 게 보고파서 매장을 치시겠지. 돌보아야 할 사람도 없는데, 까짓 팔면 뭐하며 못 팔면 어떠랴. 닷새만의 나들이로 사람구경 실컷 했으면 그만이지.

어수선하던 장터, 거리는 한산해진다. 진달래 할머니도 보따리를 챙길 시간이다. 그때다. 지팡이를 짚은 주름투성이의 중절모 할아버지가 진달래 할머니에게로 다가선다. 남루하지도, 화려하지도 않은 복장이다.

"모두 얼마요?"

진지하게 묻는다. 진달래의 비밀을 알고 있는 표정이다.

"주는 대로 받지요."

지체 없이 튀어나오는 말이다. 그러나 그 말은 준비된 것이다.

"여기 있소. 호주머니를 다 턴 것이오."

서로 가타부타 말이 없다. 할아버지는 보따리를 꾸려들고 저만큼 걸어가고 있다. 지팡이를 따라 왔던 길로 걸어가고 있다.

진달래 할머니도 허리를 쭉 펴더니 이내 자리를 뜬다. 완행버스를 타러 갈 참인가 보다.

주는 대로 잡수세요

주는 대로 먹는다면 아마도 배가 터질 거라 연상되겠네요. 하지만 요즘 사는 세상에 누가 주는 대로 먹을 사람이 있겠습니까. 먹을 만큼 먹었으면 숟가락을 내려놓겠지요. 폭식증에 걸린 사람이나 다이어트를 거부하는 과체중인 사람들이라면 그야 예외로 제쳐두어야 할 사항이겠지만.

표충사 쪽으로 가다 보면 음식점들이 즐비하게 늘어서 있습니다. 도로 좌우측에는 구미가 당길 만한 메뉴들이 식객들을 유혹합니다.

등산을 마친 사람들이 찾기 마련인 염소구이집들이 군데군데 보입니다. 이곳 염소는 제약산 골짜기에 방목하는 것으로 잘 알려져 있습니다. 계곡 따라 쭈뼛쭈뼛한 바위들이 염소들에겐 좋은 놀이터가 되나 봅니다. 대장 염소가 무리를 이끌고 진종일 돌아다니다 해가 질 무렵이면 우리로 돌아오지요. 이따금 주인이 호루라기 신호로 그들의 귀가를 재촉하기도 하지만요. 백여 마리가 넘는 흑염소 떼를 보는 것은 관광객들의 또 다른 즐거움이 아닐까 생각합니다. 주말이면 온 골짜기가 노릿한 염소구이 연기로 쫙 덮입니다.

또 다른 별미가 있습니다. 심산계곡에 걸맞은 산채비빔밥이 그 주인공이지요. 산이 높고 계곡이 깊어 별의별 산채가 쏟아져 나옵니다. 그러나 모든 산채가 현지산이라고 믿는 사람은 드물 것입니다.

식욕이 왕성하고 구미가 당기는 식객들에게 산채비빔밥은 한 끼 식사로서는 거뜬하지요. 그리고 그 맛을 잊을 수 없어 다시 찾게 될 것입니다. 사실 맛이란 음식 자체의 향으로만 결정되는 게 아니지 않겠습니까. 때로는 분위기가 음식의 맛을 판가름하기도 하니까요.

다닥다닥 붙은 도토리묵집 할머니들의 호객행위는 뿌리칠 수 없는 매력을 발산합니다. 이가 시리도록 찬 물에 담긴 묵 한 사발이 갈증을 해소해 주거든요. 그런데 묵을 파는 가게치고 제대로 환경여건을 갖춘 곳은 별로 없는 듯합니다. 묵이라는 게 비싼 값으로 판매되는 상품이 아니어서 고만고만한 판잣집이나 가설매장에서 팔리기 때문이겠지요. 생존경쟁에서 밀려나지 않으려는 억척스러움이 면면이 이어져 내려오는 것 같습니다. 그래서 저 같은 고객을 확보하고 있는지도 모를 일입니다.

묵은 떫은맛이 있어야 제격이지요. 거기다 제약산 미나리향이 곁들여져야 금상첨화겠지요. 때로 갓 구워낸 풀떡 몇 개를 집어삼키면 식사는 끝이 나지요. 속이 그리 편할 수 없습니다. 경주에 가시면 경주역 가까이에 해장국 거리가 있습니다. 다름 아닌 도토리묵집을 일컫는 말이지요. 해장이 뭡니까? 장을 편안하게 해방시키는 것이 아니겠습니까.

지금도 많은 별미집이 우후죽순처럼 들어서지만 그다지 재미를 못 보는 형국 같습니다. 하지만 위에서 언급한 흑염소구이집이나, 산채비빔밥집이나, 도토리묵집은 문전성시를 이룹니다. 사월초파일을 전후한 공휴일은 교통체증으로 차를 끌고 갈 형편이 못 되지요. 온종일 올라가는 차 때문에 내려오는 차는 아예 없다고 보셔야 할 겝니다. 올라간 차들은 아수라장 속에 파묻혀 있을 것입니다. 쓰레기 더미 속에 갇혀 있는 셈이지요.

요즘은, 밀양댐을 통해 양산으로 가는 산복도로가 뚫리고 구천동으로 빠져 얼음골로 가는 포장된 임도를 이용할 수 있어 숨을 고를 수 있을 것 같습니다. 구천동이 어딥니까? 일방 오솔길을 가는 차, 오는 차로 인해 교행이 힘든 곳이지요. 이따금 절벽 아래로 굴러 떨어지는 사고가 발생하는 곳이 아니던가요. 얼음골이라는 명성만큼이나 악명이 나있는 곳입니다.

어쩌다 주말에 이곳을 지나게 됩니다. 붐비는 차들과 공동운명체가 되어 느릿느릿 기어가다 빈자리라도 발견하면 서둘러 주차를 합니다. 눈 깜빡할 사이에 다른 차가 끼어들기 때문이지요. 평일에는 차 구경하기가 어려운데, 공휴일을 맞아 파시를 이루는 정황을 알 수 없어 어리둥절해집니다. 아마도 인터넷 세상이 되고 보니 사람이 사람을 끌고 다니는 것 같습니다. 이런 두메산골이나 무인도에도 뭔가가 있다 하면 가리지 않고 파고드는 탓이겠지요. 그러다 어느 순간 인기가 떨어지면 모든 게 한순간 끝장나버리고 말겠지요. 그리고 완전히 기억 밖으로 밀려나게 되겠지요.

이곳은 천혜의 볼거리가 많은 곳입니다. 그래서 하늘이 내려주신 보배로운 땅이라고 떠벌립니다. 세몰이를 하자는 것이지요. 그리고 근간에 눈을 뜨게 된 웰빙 음식이 각광을 받고 있는 곳이기도 하지요. 그러나 어디까지가 웰빙인지는 도무지 구별할 수 없습니다. 마치 오리쌀이 오리가 키워낸 쌀이라고 착각하듯이. 논에 풀어놓은 오리가 연중 몇 마리나 되는지. 그 오리가 쌀에 미치는 영향은 어떤 것인지. 그 쌀이 인체에 미치는 영향은 또한 어느 정도인지. 도무지 알 수가 없습니다. 남이 가니까 따라가는 것이지요. 인터넷이 가니까 따라가는 것이지요.

비단 오리뿐이겠습니까. 메뚜기가 그렇고, 사마귀가 그렇고, 미꾸라지가 그렇고, 도롱뇽이 그렇고, 사라져가는 모든 것들이 그렇겠지요. 사라져가는 모든 것들은 그리운 것입니다. 그리운 이름들을 붙여 상품화, 제품화하지요. 그것들은 극소수, 극미량만이 시중에 유통됩니다. 대량생산은 양식장으로 가야 만날 수 있습니다. 어쩌면 양식이 더 과학적이어서 더 위생적인 것일 수도 있습니다. 그게 더 가격대가 높은 것도 숱합니다. 양식은 계절을 잃게 하고 미각을 새로 일깨워주기도 합니다. 그래서 소비자들은 그리로 쏠리게 되는가 봅니다.

그래도 고집을 꺾지 못하는 사람들이 있습니다. 옛것이 좋고 우리 것이 좋은 것을 어쩌겠습니까. 한우보다 호주산 육우가 훨씬 맛있고 값도 저렴하다는 것을 알면서도 우기지요. 뉴질랜드의 할아버지가 철판에 굽는 마블링이 없는 소고기가 맛이 더 있는 걸 어떡하겠습니까. 한국인은 어쩌면 지독한 이율배반적인 성격을 띱니다. 세상에, 에스키모에게 냉장고를 팔아먹는 재주를 지녔다니까요. 부도덕성이 도덕성이 되고, 오늘의 적이 내일의 친구가 되는 게 변화를 싫어하는 오늘날의 한국인상인 것 같습니다.

오늘은 표충사 주변을 빙 둘러봅니다. 돈 내고 경내 구경하는 것은 헛돈 쓰는 것 같아 바깥으로만 돕니다. 바깥이 안쪽보다 피톤치드가 더 많은 것 같습니다. 바깥에서, 산소탱크 속에서 마음껏 호흡합니다. 산을 오르고 내려도 숨이 가쁘지 않습니다. 간간이 고층 백화점에서, 침침한 지하철 안에서 숨이 차 헉헉거리던 생각을 해봅니다. 그러니까 주말이면 도심을 빠져 산소탱크 속으로 물밀듯 밀려드는 것이겠지요. 그들에게 산행 후 주어지는 음식은 산해진미가 따로 없습니다. 어서 자기 차례가 돌아오기를 학수고대할 뿐이겠지요.

"아주머니! 여기 정식시켰는데 이건 비빔밥이잖아요?"
"바쁜데, 주는 대로 잡수세요. 성가시게시리."
"그런 법이 어디에......"
아주머니는 때 묻은 앞치마를 털면서 뒤도 돌아보지 않고 주방으로 가버립니다. 주문을 하고 기다린 손님들은 그저 시큰둥하기만 합니다. 이쯤이면 상황은 끝이 난 것입니다. 비빔밥을 받은 손님은 고추장을 듬뿍 쳐서 밥에다 나물을 비비기 시작할 것입니다. 정식이나 비빔밥이나, 그 나물에 그 밥 아니겠습니까?

걷고 또 걷고

산의 정상에 오르는 것은 무리다. 그저 길을 따라 걷는 게 좋다. 그렇게 걷는 게 좋아서 걷고 또 걷는다. 맨몸으로 걷는 게 제일이지만 가끔은 류색을 걸머진다. 점심을 메고 가야 하기 때문이다. 한창 열중하여 걸을 때는 김밥을 꾹꾹 씹으면서 걷는다. 김밥을 씹는 재미도 있지만 걷는 걸 중단할 수는 없기 때문이다.

다음은 내가 오십 대 초반, 4년간 걸은 행적 중 일부분을 담은 것이다.

....

10. 14. 1990.
금산입구......쌍굴......정상
※ 기념사진: 쌍굴로 들어가는 일행

12. 16.
덕동초등학교......샛길......유산마을고개......하마전......광암 해수욕장......진동

12. 30.
수산......곡강 산길......반월(낙동강변길)......학포......노리......절벽 길......임해진......부곡(온천목욕)

....

1. 13. 1991.
밀양......임천......청용......삼랑진 입구(철길따라)......낙동강 갈대숲......임천......멍애실
......가곡동

2. 17. 얼어붙은 진달래꽃 숲을 지나며
청계동......만날재......서편등산로......예곡(풍물놀이)......제일 목장......감천 초등학교......
신목(꿩 축산)......광산사......감천교......삼계 초등학교   (26,000보=18km)

2. 24.
다리 화상으로 쉼.

3. 3.
다리 화상으로 계속 치료.

3. 24.
진동......고현축강......조선소......진전초등학교 낙동분교......대나무골......당항포(학생
수련장)......배둔(맑은 물, 소나무 숲길, 은어 떼)   (42,000보=28km)

7. 17. 도라지꽃 만발
창원군 대정......여항중학교......여항초등학교......둔덕(높은 재와 삼림욕)......오곡
저수지(함안군)......갓더미산......얼음굴......군북(18:09, 기차편: 230원)

8. 4. 비를 맞으며
고성......신정횟집, 청탑횟집......장지(비포장)......삼산 삼오초등학교......중촌(수태초등
학교)......임포(하일중학교)......오방   (40,000보=27km)

8. 3. 이 교장, 최 교장 부부 동행
정진초등학교......위양(산길)......화악산 평밭(빈 논, 억새, 다래 밭, 고동 알)......
벽수담......정진 뒷길   (13,500보=9km)

12. 15.

진동......광암......주동(산길)......다구......도만......마전......유산......덕동......가포
(26,000보=18km)

1. 12. 1992. 임신년
무안......화봉초등학교......영신(재)......조천......무시점(맷돼지 새끼)......조천......흠실
......구기   (20,000보=12km)

2. 9.
갓바위 터미널......갓바위......성덕사, 용주암......동화사   (24,000보=16km)
※ 기념사진: 갓바위를 보고 절하는 엉덩이

5. 3. 냉이, 고사리 채취
구기......조천(보리포구 만개)......무시점(아치골행 오솔길)......등산로 선택(우측)......
다래동(경지구역정리)......(산중턱 돌아)중산......무안   (36,000보=24km)

***'92. 4월 이후
1. 장인 별세가 준 교훈: 노후재산관리 및 음주습관
2. 처의 피부병 지속
3. 장남의 러시아 유학 및 윤 씨 가문과 혼인
4. 교장자격연수지명 / 가문의 단명극복 방안 실천
(동생에게 천주교 신자 되길 적극 권유-대만보세 선물)

1. 31. 1993. 진동 저녁 시장, 저렴한 횟감
가포해수욕장......덕동......유산......하마전......도만(라면 점심)......(산허리길 선택)
광암해수욕장......진동

2. 7. 지리산 천왕봉에 오르다.
차편: 마산 청계동......의령 인터체인지......합천 대의......생비량......원지......덕산
......중산리 주차장

걷기: 중산리 매표소......가랑잎초등학교......칼바위......법계사......천왕봉

(30,000보=20km)

※기념사진: 천왕봉표지판 앞에서 막내와 함께

3. 7. 도만에서 만난 영구차
청계동......화력발전소......KBS 송신소......가포......덕동......유산......하마전......도만
......다구......광암 해수욕장......진동 (30,000보=14km)

3.21.
시락까지 버스로......당황포 학생수련원......배둔......(완행버스)마산 풍물시장

(22,000보=14km)

4. 18. 아내와 백 리를 걷다.
(첫차로 고성까지)......고성 버스주차장......고성여고......남포 유원지(부들)......갈망게
고개......미룡(공룡로)......삼산중학교......임포(횟집단지)......삼산중학교......대군막
......용암포(사랑도선착장)......맥전포(멸치어선단)......삼산중학교......하일중학교......
화력발전소 철탑......남일대 해수욕장......삼천포시장......노산공원에서 밤바다를 내
려다보다. (62,000보=42km=105리)
※ 시골 완행버스운전기사 4차례 만나다 — '삼천포가 코 앞이네요. 힘내세요'
그가 마지막 남긴 말이다.

※기념사진: 공룡발자국이 있는 해변을 바라보며

··

　　그동안 4년간 일요일이면 아내랑, 또는 혼자서 부지런히 걸었다. 걸은
동기나 이유는 수상집 1집과 2집을 통해 자세히 밝힌 바 있다. 참으로 걷기
좋은 길들을 일일이 안내하지 못함을 애석하게 생각한다.
　　어미를 따라가는 새끼 고라니의 여유로움, 매를 한사코 쫓아내는 까치
들의 억척스러움, 어딘가 숨어있을 어미 멧돼지를 울 삼아 깡충거리는 줄
박이 새끼들. 나는 이런 우연스러운 만남을 즐기기 위해 포장도로 대신 비

포장도로를, 직진하기보다 임도를 따라 도는 우회도로를, 곧은길보다 오솔길을, 빙 둘러 걷기를 좋아한다.

그러므로 나에게 정해진 길은 없다. 그때그때마다 오른쪽으로도 꺾어 가고, 왼편으로도 돌아간다. 이따금은 길을 잃어버리기도 한다. 이따금은 해넘이를 맞아 깜깜한 산 속을 헤매기도 한다. 이럴 때 나는 잃어버린 나의 길을 찾으려 촉각을 곤두세운다. 다시 길을 찾았을 때, 다시 불빛을 만났을 때, 나는 다시 묵묵히 걷는다. 뇌리에는 새로 새겨진 기분 좋은 기억이 당분간 잔존하게 될 것이다.

4년 동안 하던 걷기를 그만둔 지도 오래다. 함께 걸었던 아내의 무릎 관절이 덧났기 때문이었다. 혼자 걷기가 미안스럽긴 하지만 이제 혼자서라도 걷기를 시작해야겠다. 여태 일기장에 꼬박꼬박 기록하던 내용을 컴퓨터에 입력한다. 최근 나의 걷기 기록은 하루 20킬로미터 이내에 멈추고 있다. 아니 10킬로미터면 먼 거리다. 그것마저 한꺼번에 걷는 게 아니다. 알약을 먹듯 식후 30분이 경과하면 컨디션에 맞춰 나누어 걷는다. 어쨌든 나의 삶에 걷기는 지속될 것이다.

(* 아내의 무릎관절은 막바지에 이른 것 같았다. 수술을 앞두고 우연히 들른 한방에서 침으로 치료가 가능하다는 말을 들었다. 반신반의했었는데 기적이 일어났다. 지금 아내는 무난히 2킬로미터 정도를 소화해내고 있다. 좀 더 천천히! 라고 나는 충고를 아끼지 않는다.*)

희망버스

여행의 수단으로는 기차나 배 혹은 비행기를 이용할 수 있다.
그중에서도 보편적으로 할 수 있는 여행이라면 버스 편을 먼저 떠올리게 된다. 특히나 하루만의 여행이라면 아무래도 버스가 어울릴 것 같다. 하룻길을 버스로, 기차로, 배로 이동한다는 것은 번거롭고 무리수다. 타고 내리다 보면 일정이 끝나버리는 피곤한 여정이 되고 말 것이다. 특히나 연세 드신 어르신들의 여행이라면 더욱 그럴 수밖에 없다. 정한 시간 내에, 정한 장소에 그것도 한 번이 아닌 몇 차례를 호루라기로 불러 모으려면 여행의 본질은 간 곳 없고 줄서다 시간 다 허비하는 꼴이 되고 말 것이다.

학생들의 수학여행에서도 그렇듯, 몇 차례 하차하다 보면 다음 명승지에서는 꿈적도 하지 않으려 든다. 그만큼 잦은 상하차는 신체적으로 정신적으로 부담을 주는 것 같다. 하물며 어르신들을 그렇게 모신다는 것은 애초부터 여행스케줄이 잘못 짜였다고밖에 볼 수 없다. 이런 무리한 여행일정은 진작 개선되어야 할 사항이다. 뿐만 아니라 양적인 면보다 질적인 쪽으로 바꾸어나가야 할 것이다. 여행을 하기 전에 희망에 부풀었던 꿈이, 여행을 마치면서 뿌듯한 행복감을 느끼게 할 계획이 필요할 것이다.

먼저, 여행은 여행자 스스로의 생각에 따라서 구상되어야 한다. 주위에서 남들이 가자고 하니까 묻혀서 가는 여행은 아무런 의미가 없다. 차례로 줄을 서서 타고 내리고 입장하고 퇴장하고. 또한 여행은 할아버지, 할머니를 위한 경로여행처럼 기관이 주관하는 단체여행은 너무 의식적이고 고루하다. 공동으로 식사하고, 관(官)이 공동구매한 수건을 선물 받고. 거기에는 이끄는 자가 있고, 이끌려가는 자가 있게 마련이다. 그건 진정한 의미로서의 여행이라고 보기 어렵다. 내 호주머니에서 내는 돈은 없다. 모두가 관에서 출자한 돈이다. 그러다 보니 어쩔 수 없이 얽매이게 마련인 것이다. 말 한마디 하기도 조심스럽고, 억지웃음도 흘려야 한다. 그럴 바에야 차라리 혼자 하는 여행이 훨씬 보람을 느끼게 할 것이다.

물론 단체가 움직이는 여행은 개개인의 의사가 다 반영될 수는 없다. 그러나 그렇다고 해서 일방적으로 개인의 의사가 무시된 여행은 여행이 아니다. 이런 문제는 계획단계에서 얼마든지 사전에 조율할 수 있을 것으로 본다. 그러기 위해서는 적어도 개인의 특기, 장기, 운동, 노래 등등이 체크리스트로 정리되어 있어야 할 것이다. 그런 자료들이 충분히 활용되어야 단체의 분위기가 고조된다. 마이크만 잡으면 여행이 끝날 때까지 놓지 않는 사람이 있을 수 있고, 돌아다니면서 싫은 술을 꾸역꾸역 권하는 바람에 신경이 곤두서는 사람도 있을 수 있다. 끝내는 추태를 부리는 사람을 만날 수도 있다. 그런 사람은 여행을 망치게 하는 사람일 것이다. 그렇다고 그 사람을 중도에서 하차시킬 수도 없는 노릇이 아니겠는가?

육칠십년 대 학급의 학생 수가 육십 명이 넘었던 것처럼, 여행버스의 정원을 초과하여 태우는 여행은 상상할 수 없다. 그건 짐짝을 옮기는 행위에 불과하다. 예를 들어 정원이 사십 명인 관광버스여행이라면 여행객 반, 운반물 반 정도가 쾌적한 여행이 되리라 생각한다. 사실 스무 명의 여행객

일지라도 각자의 뜻에 따른 여행을 이끌어나가기가 만만찮을 것이다. 따지고 들면 두 명인들 어찌 마음을 맞추어 나갈 수 있을까? 우리나라 속담에 고추장이 열두 독이라도 시어머니 기미를 못 맞춘다 하지 않았던가. 하지만 여행객 개개인의 개성과 특성, 장기를 파악하고 있는 노련한 가이드가 있다면 스무 명 안팎의 여행객들을 지루하지 않게, 화나지 않게 할 수 있을 것이다. 물론 열 명이면 더 좋을 테고 그보다 더 작은 규모면 금상첨화겠지만. 단체여행의 어울림의 맛과 경비부담의 문제도 고려되어야 할 것이다.

기사와 가이드 그리고 여행객은 삼위일체가 되어야 한다. 여행객이 여행을 망칠 경우도 있지만, 기사나 가이드가 여행을 망치는 경우도 허다하다. 그러므로 여행을 주선하는 측은 여행객, 기사, 가이드를 가려서 뽑을 줄 아는 지혜를 가지고 있어야 한다. 무리한 스케줄을 짜서는 안 되며, 그렇다고 덤핑가격으로 싸구려 여행을 알선해서도 안 된다. 어떤 여행이든 여행은 희망적이어야 한다. 그리고 처음에 품었던 희망이 보람으로 꽃피어져야 한다.

하차하라고 애원을 해도 묵묵부답이면 여행의 목적을 이미 상실한 것이나 다름없다. 뚜렷한 목적이 서 있을 때 여행객은 앞다투어 하차할 것이기 때문이다. 그리고 가이드와 일체가 되어 여행의 목적을 이루어갈 것이다. 우리는 흔히 '가이드 따로', '여행객 따로'의 광경을 마주하게 된다. 꼬락서니가 말이 아니다. 가이드는 공짠가? 왜 모시고 다녀야 하는데? 호흡을 맞추며 같이 놀아야지. 기분 내키면 팁도 주면서 말이다.
운전기사도 마찬가지다. 목적지의 주차장에서 하차한 할머니 여행단이 매표소를 거쳐 산 중턱에 있는 암자까지 훠이훠이 올라간 일이 있었다.

암자에 무슨 영험이라도 있는 듯이. 매표소에서 암자까지의 거리는 2킬로미터이다. 워낙 바위길 오르막이라 죽자사자 올라갔을 것이었다. 그랬는데 그만 진이 빠져 몇 명은 내려올 수 없는 형편이 되어버렸다. 이러지도 저러지도 못하고, 이 궁리 저 궁리 다 견주어도 뾰족한 방도는 없었다. 119를 부르자는 의견이 지배적이었다. 이 때 발 벗고 나선 사람이 기사였다. 매표소 직원을 아무리 꼬드겨도 통하지 않자 공원관리본부에 긴급 연락하여 비상도로 운행허가를 얻어냈다. 비상도로는 임도를 말하는 것이다. 흔히들 작전도로나 소방도로를 의미하는 것이다. 긴급을 요하는 도로이기에 항상 손질이 잘되어 있다. 운전기사는 그 사이 소형 트럭을 준비했다. 굳게 잠긴 작전도로의 출입문이 열리자 기사는 암자 코앞까지 차를 갖다 댔다. 응급을 요하는 할머니뿐만 아니라 모든 할머니가 차 뒤 칸에 실려 내려왔다. 운전기사는 팔 돼지를 운반하는 친절한 아저씨 같았다.

그 날의 여행은 그것이 끝이었다. 거기다 다른 스케줄을 얹는다면 기력이 쇠진한 할머니 여행단을 죽이는 꼴이 된다. 이제 그들에게는 따끈한 할머니 표 곰탕을 대접할 순서가 우선한다. 다음 차례로 수령 높은 팽나무 그늘 아래 널찍한 평상에 앉거나 누워서 피로를 덜면 된다. 피로를 푸는 촉진제는 가이드의 몫이다. 가이드의 일거수일투족이 주름진 할머니의 얼굴을 펴드리고 웃음을 자아내게 하는 것이다.

그러므로 관광버스의 운전기사나 가이드는 수준 높은 교육이 요구된다. 유머러스한 언어구사력, 끝없는 예의, 변함없는 친절, 봉사정신이 몸에 밴 베테랑, 위기에 대처하는 능력 등은 필수적이라 할 수 있다. 그건 선천적인 요소도 있겠지만 꾸준한 학습으로 몸에 배어 있어야 할 것이다.

스웨덴의 한 고등학교 교장 선생님은 겨울방학이면 고속관광버스의 기사로 탈바꿈한다. 그게 겨울 동안 교장 선생님의 직업이 되는 것이다. 스웨덴의 겨울은 눈 천지다. 웬만한 기사로서는 눈구덩이를 헤쳐 나갈 수 없다. 우리는 여기서 40년 운전경력의 교장 선생님이 존경받는 또 다른 면모를 보게 되는 것이다.

그분은 담배를 피우시지 않는다. 그러나 그분의 학생들은 체육시간에 농구 골대에 기대어 공공연히 담배를 피우는 모습을 종종 보게 된다. 숫자는 극소수다. 반면, 내가 근무했던 학교의 고등학생 중 100명의 학생은 몰래 숨어서 피우곤 했다. 교내 화장실에, 대나무 숲에, 교외 구석진 곳에 널려 있는 게 담배꽁초였다. 학생부에서는 후문을 열어야 하느냐 마느냐로 논의를 벌였다. 학생들의 주된 통학 통로가 뒷문이었고 야간 비행학생의 단골 출입구가 뒷문이었기 때문이었다. 논의는 1년을 끌다가 흐지부지해지고 말았다.

나아가, 스웨덴 교장 선생님은 상담자격증 소지자이기도 했다. 인자한 표정, 바쁠 것 없는 태도, 조금은 느린 언어구사, 그 앞에 삿대질을 할 위인은 없을 것 같았다. 더욱이 최신형으로 설계된 고급스러운 관광버스, 어느 것 하나 부족함 없이 여행객을 만족스럽게 하고도 남음이 있는 것 같았다.

끝으로 제시할 사항이 있다.

다름 아닌 여행객 자신의 태도와 여유에 대한 문제다. 그리고 여행에 대한 전문적 식견이다. 살아오면서 익힌 대로의 식견으로는 안 된다. 그래서는 지금까지의 여행수준에서 벗어날 수 없다. 많이들 나아졌고 앞으로 더 나아질 것이라는 기대수준으로는 요원하다.

도로에 주차된 차들의 질서를 보라. 그게 선진국으로 진입하려는 시민들의 양심인가. 4차선을 깔끔하게 포장하여 제공해도 2차선은 이미 주차장이 되고 말았는데 무슨 할 말이 있겠는가? 혹자는 주차공간이 절대 부족한 상황에서 어쩔 수 없지 않겠느냐 항변할 것이다. 내가 사는 곳만 해도 무료, 유료 주차장이 넘쳐난다. 비싸서, 집까지 거리가 멀어서라는 말은 이유가 못 된다. 비싸면 항의하고 시위해서 깎아내려야 하고, 다소의 거리가 있다면 걷는 운동이라 자위하면 될 것을. 손해 보면서 살아가는 방식을 채택하지 않더라도 건강하고 건전한 시민생활은 가능하다고 본다.

거기에는 물론 이해와 양보, 배려가 있어야 할 것이다. 도시민의 기본적인 태도인 이해, 양보, 배려는 아름다운 것이다. 남의 차선으로 진입해야 할 경우에 서로 양보하고 배려하는 마음은 아름다운 것이다. 서로 다투는 행위는 카레이스장에서 하면 된다. 레이스 선수도 일반도로에서는 잘 양보하고 배려한다는 사실을 우리는 주지해야 한다. 하물며 낡은 버스가 질주하는 승용차를 추월하지 못해서 액셀러레이터를 마구 밟으며 곡예운전을 한다고 상상해보자. 승객은 짐짝이 되고, 밖으로 튕겨나가고, 버스는 마침내 전복하여 낭떠러지에 추락하고. 엄청난 사상자를 낸 버스 추락사고라고 신문에 대문짝만하게 대서특필되고. 이건 아니잖아. 한 시간 앞서가려다 한평생 앞서간 꼴이잖아. 이 버스에 제대로 정신이 박힌 승객이 한 명이라도 있었더라면 화를 자초하지는 않았을 터인데. 시민정신은 이럴 때 나타나야 하는 것이다. 용감한 시민이 아니라 아주 평범한 시민이 이를 만류했어야 할 상황이다.

우리는 희망이라는 말을 흔히들 쓴다. 그만큼 희망에 목말랐기 때문일 것이다. 예순을 넘기면 스스로 희망을 옥죄는 사람들로 가득하다. 인생은 육십부터라면서도 좌절하고 포기한다. 그들은 희망버스를 탈 준비를 게을리 한 사람들이다. 묵혀두었던 자신의 자랑거리를 이제부터 갈고 닦아야 할 시점이다. 얽매일 게 무엇이 있겠는가? 얽매임에서, 자기 비하에서, 과감히 떨쳐나가야 한다. 예부터 인생칠십고래희라 하지 않았던가? 고래희(古來稀)가 무엇인가? 산 사람을 순장하는 짓거리가 아닌가. 참으로 떨치고 일어서서 떳떳이 다시 삶을 시작해야 할 때이다. 삶의 지혜가 반짝반짝 빛나는 삶을 영위해나가자.

희망버스가 도착했습니다.

이번 희망버스는 1박 2일 동안 운행합니다. 오늘의 정원은 한식과 스포츠댄스를 좋아하시는 회원 스무 명입니다. 댄스연습은 많이들 해두셨겠지요. 목하 연애 중인 분들께서는 당연히 같이 앉으셔야죠. 이틀간 방문하실 곳은 두 군데입니다. 한 곳은 경관이 뛰어날 뿐 아니라 산책하기도 안성맞춤일 거예요. 다른 한 곳은 댄스 및 스포츠를 배울 수 있고 즐길 수 있는 곳입니다.

오늘의 예산은 국가예산과 자율부담이 반반씩입니다. 여러분들께서 직접 마련한 푸짐한 상품들이 있으니 힘들 내시기 바랍니다. 저는 가이드 미스 강이고요, 호루라기를 갖고 다니지 않아요. 저를 찾거나 부르실 때는 가이강이라고만 해주세요. 여행기간 동안 저에게 만사를 맡기십시오. 마음에 쏙 들도록 해결해드리겠습니다.

오늘의 기사님은 관광버스 삼십 년 경력의 베테랑 박 기사입니다. 박 기사님은 여러분들의 편안한 심부름꾼이 되어 이틀간 예의 있게, 유머러스하게 모실 것입니다.

자! 희망버스가 출발합니다.

수석과 분재와

고산 윤선도는 그의 벗을 수석과 송죽 그리고 달로 삼았다. 선생의 남다른 기개와 선비정신이 엿보이는 대목이다. 시대가 바뀐 오늘날, 선생의 풍류는 한없이 멋져 보이지만 따를 수 없어 유감스럽다.

오래 전, 30년도 더 됐을 그 무렵 나는 수석을 채집해볼 양으로 강으로 바다로 탐석활동을 전개했었다. 하지만 나보다 앞서 채집꾼들이 스쳐간 자리에 남겨놓은 돌멩이는 없었다. 수석을 가진 동호회원끼리 교환을 하고 전시회를 여는 일이 활발하던 때였다. 그리고 화려한 장정의 수석 모음집이 종종 전국 단위로 출간되기도 했다. 그러니까 나의 탐석은 한발 늦은 감이 있었다.

나에게 수석이라고 가진 것이 있다면 두 개의 몽돌뿐이다. 하나는 지리산 어귀에서, 다른 하나는 남해의 섬에서 가져다 놓은 것이었다. 가치 면에서나 볼품 면에서 남의 이목을 받지 못했으니 아직껏 이 방 저 방 굴러다니는 신세다. 그래도 나는 나름 소중함을 느끼기에 이따금 어루만져주곤 한다.

내가 중산리를 거쳐 지리산 상봉인 천왕봉을 오른 것은 어느 겨울이었다. 법계사에서 하산을 하던 도중 개울을 죽 따라가다 몽돌이 쌓인 돌무더기에 이르렀다. 그곳에서 지리산을 대표할 수 있는 돌 한 덩이를 류색에 담았다. 흔한 지리산 몽돌이었지만 정성들여 집까지 모셔온 돌이다. 가지고 온 지리산 돌은 까칠한 곰보돌이지만 단단하기가 무쇠보다 더하다. 나는 그 돌을 곰탱이라 불러준다. 내게 와 닿는 느낌이 그러했다. 그것은 흑회색을 띠고 있어 도무지 물리지 않는다.

반면 남해 몽돌은 바닷물에 할퀴고 설키여 매끈하고 반들거린다. 흑청색 바탕에 동그랗고 노란 1센티미터 둘레의 테를 두르고 있는 게 특징이다. 이 돌은 꽤나 전문가라고 자처하는 사람과 동행을 하여 수집한 것이었다. 그도 나도 같은 재질의 돌덩이 한 개씩을 통통선에 실어왔다. 그는 수집가답게 나보다 몇 배나 무게가 나가는 돌을 골랐고 나는 들기 편한 크기를 선택했었다. 나는 그것을 바다사자라 불러준다.

그런데 이 두 개의 돌은 좌대 위에 앉기를 거부한다. 앉을만한 모양새를 갖춘 것도 아니다. 호두 껍데기를 깰 때 밑받침이 되기도 하고 마른 명태를 두들길 때도 요긴하게 쓰인다. 여름이면 베개 대용으로 시원하게 이용되기도 하고 높은 데 물건을 내리는 데 디딤돌이 되어주기도 한다.

우리 집에는 두 개의 몽돌 외에도 몇 개의 작은 돌들이 있다. 소품이라고 해서 작은 좌대를 만들어 진열대에 세울 만큼은 아니다. 신문지에 돌돌 말아 어딘가에 두었을 것이다. 처음 생각으로는 조금만 더 모이면 좌대 작업을 벌일 참이었다. 그러나 이런저런 핑계로 작업은 아주 오랫동안 멈춰있다. 어쩌면 영원히 집 구석진 곳에 버려진 채 잊힐 것인지도 모를 일이다. 그동안 간수해오던 수석 책자도 여러 번 이사통에 어디론가 증발했다.

같은 시기에 나는 우연히 동백분재를 하나 입수하게 되었다. 추봉도에 살고 있던 학부모가 직접 야생에서 채취해 분재로 키운 것 중 하나였다. 내가 접수한 동백분재는 굵은 통나무로 이제 막 두어 개의 순을 틔운 것이었다. 예뻐 보이기도 했지만 가련해 보이기도 했다. 그 속에 생명의 끈이 있었기 때문이었다.

수석은 그냥 뒹굴도록 놔두어도 그 자리에 있지만 분재는 한량없는 보살핌이 필요하다. 처음, 마산의 셋집에서 기를 때는 원래의 환경과 별다를 바 없어 어려움이 없었다. 신선한 바닷바람이 잎사귀를 하늘거리게 했고 추운 겨울에도 난방장치 없이 잘도 견뎌냈다. 잎도 무성해서 키우는 보람이 있었다. 그러나 잦은 이사와 아파트의 베란다는 판이한 환경이어서 죽일 고비를 여러 차례 넘겼다. 그중 한 번은 상태가 심각해 화원으로 옮겨 석 달 동안의 겨울 외유 끝에 다시 집으로 돌아왔다. 원래 동백은 잡목이어서 원산지에서는 아무리 천대를 해도 질긴 생명력을 과시한다.

커다란 원목의 허리를 댕강 잘라 분재에 옮겨 심는 행위는 그야말로 야만적이다. 오래 버티지 못하고 결국 고사할 것을. 그들끼리 엉켜서 살도록 하는 것이 얼마나 자연스러운 일이겠는가, 반문하지 않을 수 없다.

전철을 밟기는 나도 마찬가지였다. 어느 섬의 소사나무 군락지에서 나는 고사 직전의 멋진 소사나무를 발견했다. 뿌리를 큰 바위 사이로 내리 뻗고 살아온 세월이 몇 겹이나 되는지 밑동이 죄다 썩었다. 다만 한쪽 썩은 가지에서 어린 묘목과 같은 생명이 피어 있었다. 나는 조심스럽게 작업을 한 끝에 제법 큰 덩치의 소사나무를 획득할 수 있었다. 웬만한 크기의 화분에는 심을 수 없어 커다란 플라스틱 함지박에 심었다. 나는 소사나무의 관리에 혼신의 힘을 쏟았다. 전문가의 의견도 수렴하고 서적도 뒤져가면서.

아무래도 처음 일 년이 고비일 것 같아 애지중지 키웠다. 한 가닥의 외로운 순이었지만 파릇한 잎사귀를 몇 잎 달았다. 그렇게 한 해를 보내면서 그것이 보내는 황갈색의 낙엽에 감동하기도 했다.

겨우살이를 끝낸 이듬해 봄, 소사는 기어이 줄기에 잎을 달지 못했다. 잔인한 사월이 가도, 봄의 끝을 알리는 오월이 가도 잎을 영영 피우지 못했다. 안타깝기도 하고 죄를 지은 사람처럼 부끄럽기도 하여 마음이 편치 않았다. 차마 내다버리기도 뭣하고 해서 지켜보기만 했다. 그러던 유월 어느날, 소사나무의 둥치에서 자그마한 개미들이 들락거리기 시작했다. 한 그루의 희생에 개미들이 소굴을 만든 것이었다. 매일 조금씩 파 들어가도 며칠이 지나면 다시 기어 나왔다. 이제는 정녕 소사의 한 살이에 종지부를 찍어야 하나 보다. 나의 어설프고 미련한 행동이 자연에서 고사할 수 있도록 해주지 못한 죄를 저지르고 말았구나 싶어 오래도록 후회스러움을 간직하게 되었다.

난(蘭) 분재 중에는 촉당 가격이 상상을 초월하는 것들도 있다. 하지만 그것들의 운명이 온전하게 보전되지 못하는 예를 흔히 보게 된다. 사람의 관심에는 한계가 있게 마련이다. 한계를 뛰어넘을 수 없는 인간으로서는 그 자신처럼 분재를 파멸의 길로 걷게 할 수밖에 없을 것이다.

요즘, 많이 깨달은 사람들은 어린 모종을 분에 담아 키우고 있다. 이제 막 발아된 어린 분재는 보기에도 예쁘고 정이 간다. 나중에 커다란 나무로 자랄 수는 없겠지만 큰 나무를 함부로 베는 우를 저지르지는 않을 것이다. 또한 많은 애호가들은 석부작이라 해서 돌에다 식물의 뿌리를 접착시키는 작업을 펼치고 있다. 실내의 공기도 청정하게 해주고 어린이의 정서적인 면도 고려해 이중효과를 보는 예도 있다. 어릴 때부터 식물을 키워보는 체험학습은 훗날 어른이 되어서도 생명의 소중함을 일깨우는 동기가 될 것이다.

나는 할 일도 없으면서 수석과 분재 돌보기에 소홀하다. 게으름 피우기에만 열중하다 보니 그렇게 된 것 같다. 수석이야 엔간히 게으름을 피웠다 다시 챙기면 그 자리에 그대로 있겠지만 분재는 사정이 다르다. 우리 집에는 현재 여섯 종, 일곱 그루의 분재가 있다. 동백 두 그루, 소사 한 그루를 제외하면 나머지는 모두 초본이다. 선인장류 두 종, 난류 두 종으로 물주기 관리가 여간 까다로운 게 아니다. 그동안 많은 선인장과 난을 고사시키거나 수장했다. 이제 내가 아닌 아내가 물 조절의 귀재가 되었다. 30년 노하우 덕택으로 동백과 소사는 30년을 줄기차게 생명줄을 지키고 있다. 그러나 초본류는 성장의 한계가 있는지 환경 탓인지 늘 비실거린다. 약제며 비료를 시기에 맞춰 해도 소용없는 일이 되고 만다. 갖다버리고 구입하고 또 갖다버리기를 반복한다. 그래도 지금껏 일곱 그루의 줄기나 이파리를 감상할 수 있어 여간 기분 좋은 일이 아닐 수 없다.

오래 전부터 분재 기르기는 그만두자고 해도 아내는 무가내다. 분재 기르기는 아내의 몫으로 정해졌기에 나로서는 할 말이 없다. 창문을 열어 파란 하늘을 우러러보고 분재의 초록색 정취를 느끼는 것으로 가냘프게 다가오는 이 봄을 맞이하려 한다.

놀고 있네

'놀다'라는 말만큼이나 다양한 뉘앙스를 갖는 단어도 없을 것 같다. '놀다'라는 말의 사전적 해석은 '그러하게 행동하다', '경솔한 태도를 가지다', '즐겁게 지내다', '재주를 부리다', '겨루다' 정도의 의미를 갖는다.

그러니까 '놀다'라는 한 단어에는 긍정적인 측면과 부정적인 측면, 양면을 공히 내포하고 있는 것 같다. 사람 간의 쓰임새에 따라 정적으로도, 동적으로도 표현할 수 있는 미묘한 말이기도 한 것 같다.

그런데 '놀다'라는 말에 '있다'를 합성시키면 사정은 꽤 달라진다. '놀고 있다'란 일반적으로 일에서 해방되어 쉬고 있다는 해석이 지배적일 것이다. 그러나 할 일에서 튕겨져 나와 다음 일을 찾지 못해 마냥 쉬고 있다면 '놀고 있다'란 말 자체에서 엄청 스트레스를 받기 마련이다. 그럴 경우 '놀고 있다'란 말은 입에 담고 싶지 않은 말이 되고 만다. 화자도 상대방에게 그런 말을 유도해서는 안 되는 금기사항이다.

또한 '놀고 있네'라고 말꼬리를 살짝 바꾸면 의미가 가지를 단다.

'근황은 어떠신지요?'라는 물음에 대해 '놀고 있네.'라는 대답이 나올 법하다. 동년배이거나 수하의 사람이 묻는 말에 대한 대답이 그러하리라 생각한다. 그러나 다른 의미로서는 수하의 사람에게 못마땅한 사연으로 인해 빈정대는 표현방식이기도 할 것 같다. 그럴 때는 노는 게 그야말로 순수하게 노는 것으로 받아들여지는 것이 아니다. 하는 일 없이 빈둥거리는 모습이 눈에 거슬려서 내뱉는 다소 악의가 있는 말처럼 들린다. 그냥 '놀고 있다'고 말하는 것이 아니라 입술을 실룩거리며 눈알을 치켜뜨는 모습을 연상할 수 있다. 그럴 때의 '놀고 있네'는 '놀고 자빠졌네'와 유사한 표현으로 들리기 십상이다. 이 경우 '자빠지다'는 일어난 상태가 아니라 누워있음을 알 수 있다. 그러니까 누워서 아무 일도 하지 않고 그 상태로 버틴다는 것이다. 그런 행위가 방구석에 박혀 하루 종일 계속된다면, 아니 며칠을 지속한다면 으레 나올 법한 말이다. 한국 사람들이란 근면한 민족으로 이름이 나있지 않는가. 조금만 쉬기라도 하면 '저러다 장승 되지'라고 핀잔을 할 만큼 남의 일에 간섭하기를 좋아한다. 더욱이나 날일이 아닌 돈내기라면 죽기 살기로 일에 매달리는 민족이 아니던가. 서양 사람처럼 일단 쉬고 일하는 자세가 아니라 일부터 하고 쉬려 드는 자세. 달력의 빨간 글씨, 일요일을 서양 사람들은 한 주의 시작이라고 보는 견해와 달리 우리가 월요일을 그 주일의 시작이라고 보는 것은 그런 문화적 차이 때문인 것 같다. 빨간 글씨는 공휴일에서도 볼 수 있다. 그러나 공휴일이 빨간 글씨든 아니든 상관없이 일하는 회사는 얼마든지 찾아볼 수 있다. 일이라면 법적 노동시간쯤 어기는 것이 오히려 상식적이다. 새벽에 별 보고 일 나갔다가 저녁에 별 보고 돌아오는 농사꾼들이 어디 한둘이던가. 노동시간 운운하느니 그 시간에 밭골 한 줄이라도 더 붙들어야 자식새끼 입에 보리밥 한 톨이라도 먹일 수 있다고 생각할 바에야. 그냥 놀고 있지를 못하는, 그냥 놀 수가 없는 관습에 몸을 가두고 있음이다.

노는 양상도 사람에 따라, 민족에 따라, 시대에 따라 확연히 다르게 나타나는 것 같다.

다 그런 것은 아니겠지만 남자와 여자가 하는 행위가 다르다. 특히 늙은 여자와 늙은 남자는 사교적인 면에서 판이하게 다르다.

늙은 여자는 늙을수록 응집력이 두드러지게 강해지는 것 같다. 혼자서는 못사는 존재들이다. 노래면 노래, 춤이면 춤 온종일 신명나게 놀아도 그 끝이 보이지 않는다. 하다못해 10원짜리 화투판을 벌여도 물리질 않는다. 당장에는 서슬이 퍼렇게 싸우다가도 파장이 되면 언제 그랬느냐는 듯 돈을 딴 사람이 모조리 돌려주고는 자리를 뜬다. 어떤 이는 화투짝과 담요를 싸다니는 사람도 있다. 앉았다 하면 어디서든 전을 펴는 사람들이다. 주위에 있는 사람들도 부채질을 해준다. 때로는 전을 굽고, 때로는 국수를 삶아 흥을 돋운다.

늙은 남자는 사실 별로 쓸모가 없게 되는 것 같다. 부인에게도 소외당하고 늙은 남자들끼리도 어울리지 못한다. 늙은 사자처럼 주위를 맥없이 어슬렁거릴 뿐이다. 도대체, 도무지 인정받을 데가 없다. 용도가 지나 버려진 허섭스레기처럼 언제나 한 쪽으로 밀쳐져 버린다. 그가 살아온 한살이가 무가치하게 되는 순간 그는 점차 의욕과 용기를 상실하게 된다. 용기 없는 수컷이 패기 넘치는 수컷에게 자리를 내어주는 것과 같은 현상이라고나 할까. 한번 상실한 용기는 다시 만회할 수 없다. 생이 다할 때까지 스스로의 세계에 갇혀 스스로의 무덤을 파게 될 것이다.

그러나 진정으로 용기 있는 늙은 남자도 있다. 그들은 늙음에 대한 의식을 갖고 있지 않다. 그들은 죽음을 잊은 사람들이다. 그들은 언제나 하는 것처럼 그대로 그들의 삶을 지켜간다. 불가능한 것을 가능하게 하려는 것이 아니다. 또 그렇게도 할 수도 없다. 하던 대로 하는 것이다. 말하자면, 놀던 대로 노는 것이다.

연날리기, 윷놀이, 제기차기, 투호, 비석치기 같은 전래놀이들이 언제부터 발단이 되었는지 알 수는 없으나 지금은 일부 명맥만 유지하고 있다. 이런 놀이들은 쉽게 사라지지는 않겠지만 이미 퇴색한 놀이가 되어버렸다. 복원되기보다 잊혀가는 속도가 더 빨라지고 있다. 놀이문화 역시 한 곳에 머무는 것이 아니기 때문이다. 시대에 따라 변하기 때문이리라.

우리 집에서도 얼마 전까지 울릉도 향나무로 다듬은 윷으로 윷놀이 판을 벌이기도 했다. 시끌벅적하게 온 집안이 들썩거리던 분위기는 이제 가라앉았다. 윷놀이를 벌일 식구의 정족수가 한꺼번에 모이는 일이 없어졌다. 차례를 지내면 이내 뿔뿔이 제 갈 길로 떠나기에 바쁘다. 지금은 소중하게 다루던 윷가락이 어디에 꼭꼭 숨어있는지조차 알 수 없다. 티브이나 켜고 드러누워 바둑이나 장기를 감상하며 위안을 삼아야 하겠다.

술을 끊었네, 담배를 끊었네, 승용차도 자식에게 양도했네, 등등의 언행은 이제 밥만 끊으면 만사형통이라는 말로 들린다. 어느 여론조사에선가 '바라는 수명'이 얼마냐고 물었을 때, 평균이 83.5세라고 보도된 적이 있다. 이런 여론조사는 뭐에 쓰려는지 이해가 가지 않는다. 점점 오래 산다는 의미인가, 아니면 오래 살아 민폐를 끼친다는 의미인가? 90세까지 살았으면 하는 사람도 25%나 된다나. 아무튼, 오래 전부터 존경의 대상에서 벗어나 존엄한 인간의 생과 사를 스스로 비하시키는 것 같아 씁쓰레하기만 하다. 가만히 놀다 죽게 내버려두면 어디가 덧나기라도 하는 모양이다. 저승 가는 노자를 줄 형편도 아니라면 가만히 놀다가 가만히 가도록 내버려두었으면 좋겠다.

방 넷, 시계 다섯

18:22, 18:26, 18:27, 18:32, 9:43

동시에 본 다섯 시계의 눈금이다.

한 달 전쯤 배터리도 갈아 끼우고 시간도 같이 맞춰두었다. 그랬는데 바쁜 녀석은 빨리 달리고 느린 녀석은 기고 있다. 그런데 한 녀석은 언제부턴가는 모르겠지만 아마도 상당히 오랜 날들을 엎드려 자고 있다.

이런 시계로 차 시간에 대어 갈라치면 어디다 기준을 두어야 할지 도무지 모를 일이다. 그나마 다행스러운 것은 한 녀석만 제외하면 10분 차(差)로 달리고 있어 조금만 서두르면 다 통할 수 있다는 것이다. 그런데 자는 녀석은 늑장을 부리다 끝내는 멈춰서버렸다. 분해를 해 내장을 들어내고 손질을 해 조립하기를 수차례, 내 기술로는 살려낼 재간이 없다. 마무리를 하면서 기름칠만 듬뿍 해놓았으니 외관은 멀쩡해 보인다.

나의 집은 아파트로 큰 방과 작은 방 두 개, 그리고 거실이 하나 있다. 그러니까 네 개의 시계는 각각의 방과 거실에 하나씩 걸려있다. 나머지 하나는 거실과 겸용으로 쓰고 있는 부엌에 매달려있다. 부엌 한쪽 벽에 걸린 그림액자의 유리에 물을 뿌려 붙여놓은 것이다. 어느 때는 자다가 뭔가가 떨어지는 소리에 놀라 부엌으로 가보면 물기가 부족한 접착부분이 스스로의 무게를 못 이겨 발라당 뒤집혀 식탁 아래에 뒹굴고 있다. 그런 일은 한두 번이 아니어서 별로 놀라는 일은 없다. 처음엔 웬 도둑이 들었나 싶어 엄청 놀라기도 했지만. 이제는 그 녀석의 속임수에 놀랄 내가 아니다.

생각해보니, 다섯 개의 시계 중에는 놀랍게도 내 호주머니를 털어 산 것이 하나도 없다.

첫째는, 우리 가족이 7년 전 이리로 이사를 하게 되었을 때 걸려있었던 것이다. 전 주인이 새 시계를 사들였기 때문에 아마도 남겨두고 간 것이 분명했다. 나는 그것을 전리품이라도 되는 듯 고맙게 접수했다.

둘째는, 막내가 회사에 있던 것을 옮겨 제 방에 걸어두었던 것이다. 시간은 그나마 맞춰주었으나 여럿이 쓰던 것이어서 손을 많이 타 허섭스레기가 다 됐다. 나를 닮아 막내도 고물에 질리지 않는 것 같았다. 이제 막내는 결혼을 해 인근으로 이사를 했고 빈 방을 그 때 그 시계가 똑딱거리며 지키고 있다. 막내 내외에게는 신접살이에 누군가가 벽시계를 사다 걸어주었으리라.

셋째와 넷째는, 나의 집 집들이하는 날 찾아온 손님들이 품앗이로 가지고 와 걸어둔 것이다.

다섯째는, 어느 회사 기념식에 마지못해 참석했다가 후렴으로 나누어 주는 것을 아내가 받아들고 온 것이다.

다섯 개의 시계들은 생김새는 제각각이지만 크기는 엇비슷하다.

소위 잘 나가는 메이커가 버젓이 붙은 명품이라면 엄청 큰 사이즈의 시계도 있을 것이다. 아니면 손목시계처럼 소형이면서도 값비싼 것도 있을 것이다. 그러나 시대가 시대인 만큼 대형보다 소형으로 바뀌는 상황에서 우리 집 시계는 그 가치를 더한다. 각종 전자회사가 하루가 다르게 제품을 양산하는 체계 속에서 도무지 같은 스타일의 시계를 찾을 수 없다. 우리 집의 시계들이 그렇다. 고만고만한 사이즈여서 같거나 비슷한 스타일이 있을 법도 한데 이것들은 하나같이 생판 다르게 생겨먹었다. 바탕이며, 테두리며, 색깔, 시침 분침의 모양새도 사뭇 다르다. 어떻게 그렇게 달리 디자인 할 수 있는지 그저 놀랍기만 하다. 그렇게 해야만 때를 거르지 않고 밥을 먹을 수 있겠다는 생각에, 세상살이가 참으로 바쁘게 돌아가고 있다는 느낌을 받는다.

우리 집의 시계는 모두가 값싼 제품임에는 틀림없겠지만 그렇다고 값싼 비지떡은 아니라고 생각한다.

요즘 사람들, 웬만큼 쓴 물건이라면 갖다버려도 괜찮을 것이라는 생각에 동의하는 것 같다. 이따금 쓰레기를 버리러 가다 보면 말짱한 것들이 수북 쌓여있다. 남의 눈만 아니라면 슬쩍 걷어 와서 그냥 쓰고 싶은 게 한두 가지가 아니다. 용도가 지나지 않은 것들을 저토록 갖다버리는 이유가 뭘까? 아무리 생각해봐도 그건 아닌 것 같다는 생각이 앞선다. 고쳐 쓰지는 못할망정 아껴 쓰는 습관은 길러야 할 것 같다는 생각이 든다. 나로서는 조금 인내하는 마음을 가져야 할 필요성을 말하고 싶은 것이다. 그렇게 버려야 할 처지라면 우리 집 시계 다섯 개는 벌써 처분을 했어야 할 것들 1호다. 싼 시계, 7년이나 묵은 시계, 심지어는 몇 년째 잠만 자고 있는 시계를 버리지 못하는 것은 그것들이 나에게 심어준 끈끈한 정 때문이리라. 7년간 네 개의 방 안에서 쉼 없이 나와 호흡을 함께한 것들을 어이해서 소홀히 여길 수 있겠는가? 그것들은 앞을 다투어 나에게 귀중한 시간을 전달해준 매개체가 아니던가. 어떤 보물보다 더 소중한 것들을 나는 언제나 곁에

두고 보려고 한다.

거실을 포함해 방이 네 갠데, 시계가 다섯 개라면 짝이 맞지 않다. 그러나 언제나 덤이라는 게 있다 보면 그리 과한 것 같지는 않다고 스스로 생각한다. 더욱이 한 개는 늘 쉬고 있으니 아무런 문제가 될 게 없다.

하기야 한 집에 한 개의 시계도 없던 시절을 회상하면 좀은 과하다 싶기도 하다. 또 달리 생각해보면, 거실에 커다란 괘종이 걸려있는 저택에 비하면 이건 조족지혈이다. 다만 어디서나 볼 수 있다는 편리함은 단연 우리 집이 최고일 것이다. 그동안 방 한 칸 아니면 늘려서 두 칸을 써오던 터에 전세나마 세 칸 방을 쓸 수 있다는 건 장족의 발전이다. 물론 전세가 집값과 맞먹는 개념으로 하는 말은 분명 아니다. 게다가 다섯 개의 의젓한 시계들을 울 삼아 사는 재미라니.

고등학교 1학년 때였다. 한국전쟁이 끝나고 고등학생까지 군사훈련을 시키던 시절이었다. 그 무렵 아버지께서는 노란 금테가 낀 시계를 차고 다니셨다. 호기심이 발동한 나는 몰래 금테시계를 끼고 나와 친구들에게 자랑을 했다. 금빛 윤이 나는 시계를 친구들은 부러워했다. 돌아가며 시계를 끼다 마지막 무렵 한 친구가 시계를 그만 바닷물에 빠뜨리고 말았다. 수심이 5 내지 6미터가 되는 곳이었다. 그리고 사방에는 란치선과 하시키선이 빽빽하게 들어서 있었다. 친구들은 너나 할 것 없이 배와 배 사이 가느다랗게 열린 구멍을 통해 잠수를 하기 시작했다. 추석 무렵이어서 바닷물이 차긴 했지만 그런 것은 염려사항이 아니었다. 어찌해서라도 고급스러운 시계를 찾아내는 일이 급선무였다. 나도 함께 잠수를 했다. 그러나 수심도 깊었고 꽉 엉겨 붙은 배 그림자로 인해 바다 바닥은 지척을 분간하기 어려웠다.

게다가 바닥은 펄과 정강이, 고등어 치어들의 무덤이어서 잠수할수록 부유물이 떠올라 앞을 가릴 수밖에 없었다. 궁리 끝에 우리는 각자 가지고 있는 수경을 갖고 와서 다시 찾기로 했다. 가을 해가 산마루에 걸리기 시작할 무렵 우리는 본격적으로 수색작업에 돌입했다. 그러나 처음 시계를 빠뜨린 장소에서 배들이 이리저리 밀려 수색범위는 엄청 넓어졌다. 바닥은 칠흑같은 어둠이 깔렸다. 우리는 어느 누구 하나 작업을 그만두자고 하는 사람이 없었다. 참으로 사생결단을 내려는 심정으로 작업에 임하고 있었다. 30분이 지났을 때였다.

"찾았다!"

한 친구가 금시계를 물위로 치켜 올렸다. 우리는 모두 환호성을 질렀고 안도의 숨을 내쉬었다.

나는 그날 저녁 금시계를 제자리에 살짝 갖다놓았다. 다음날 아버지는 시계를 끼고 출근을 하셨다. 그랬는데 그 후로 나는 아버지가 금시계를 끼시는 것을 본 적이 없었다. 차마 물어볼 수도 없었다. 애초에 내가 아버지의 허락을 받고 낀 시계였다면 사정은 달랐을 것이었다. 며칠이 지난 뒤 아버지는 금시계가 아닌 은 색깔이 든 시계를 차고 계셨다.

"시계가 바뀌었네예."

나는 죄송스러운 마음을 감추고 더듬더듬 말했다.

"응, 고장이 나서."

아버지는 아무런 일이 없었던 것처럼 말했다.

"고치면 될 것 아닙니까?"

나는 의문을 달았다.

"한번 물에 빠진 건 고쳐봤자 그렇다고 해서 새로 바꿨다."

나는 뒤통수를 맞은 사람처럼 멍청해졌다.

나는 더 이상 숨길 것이 없다고 생각하고 자초지종을 고했다.

"실은 며칠 전에 제가 차고 나갔다가 바닷물에 빠뜨렸어예. 그래서 친구들 하고 잠수를 해서 건진 거라예."

"큰일 날 짓 했구먼. 거기가 어디라고. 다시는 함부로 물속에 뛰어들지 말거라. 그까짓 금도금한 시계 때문에 다 키운 자식 큰일 낼 뻔 했네."

아버지는 시계보다 자식을 걱정하셨다. 사실 우리도 겁을 먹지 않은 것이 아니었다. 바닥을 뒤적거리다 숨이 차 물위로 오를 때 배 밑바닥에 붙어버리지나 않을까 내심 겁이 났었다. 워낙 배들이 촘촘하게 붙어있는데다 사방이 어두워서 올라올 구멍을 찾기가 만만찮은 게 사실이었다.

그런 사연이 있어서인지 나는 평소에 시계를 잘 차지 않는 버릇이 생겼다. 정장을 한 신사가 깔끔한 시계를 차고 있는 것을 보면 멋져 보이기도 했고 부럽기도 했다. 하지만 나는 대학 시절 잠깐 시계를 찼을 뿐 그 외는 시계를 차본 적이 없었다. 요즘에야 휴대전화나 차체에 시계장치가 되어 있어 별도로 시계를 필요로 하지 않게 되었지만. 오히려 연예인들이나 젊은이들이 장식용으로 시계를 소지하는 경향이 짙은 것 같다.

나는 네 개의 방에 다섯 개의 시계로 방을 가득 메우고 있어 기분이 뿌듯하다. 제각각 달리는 속도가 달라도 개의치 않을 것이다. 어떻게 기계가 한결같이 움직이겠는가. 빠른 녀석이 있으면 기는 녀석도 있게 마련인 것을. 설령 운행을 중단하는 시계가 늘어난다 해도 나는 그들을 팽개치지 않을 것이다. 그리고 아직은 어느 구석엔가 외눈 렌즈로 시계를 수리하는 사람도 있을 것이라 생각한다. 몇 집 건너에 있는 만물상회에서도 이런 것쯤 뚝딱 고칠 것이 틀림없다. 나처럼 고루하게 옛것에 매달려 사는 사람이 있는 한 나의 행복지수는 상승할 것이다.

나는 타이핑하기를 끝마치고 온 방을 휑하니 둘러본다. 다섯 개의 시곗바늘이 얼른얼른 지나간다.

20:09, 20:13, 20:14, 20:19, 9:43

이달 말경에는 건전지도 새로 갈아 끼우고, 이때를 즈음하여 시간도 서로 맞게 조절해놔야겠다.

얼씨구 좋다

'얼씨구 좋다!'

'지화자 좋다!'

흥이 봄버들에 물오르듯 하다.

선유도 야유회를 가려다 배를 놓치게 되자 때마침 벌어진 각설이 엿판에 휩쓸린 모습이다.

그들의 당초 계획은 군산에서 첫배를 타고 선유도를 구경한 뒤 다시 막배로 군산으로 돌아오는 여정이었다. 그러나 이번 여행은 첫 단추부터 잘못 꿰어 1박을 하지 않는 한 돌아오는 것은 불가능해졌다. 1박을 하려면 사전에 예약을 했어야 했다. 성수기의 선유도는 근대판 여름 파시를 이루는 곳이기 때문이다.

그들은 계획을 세우는 데도 그리 힘들이지 않았고, 계획대로 되지 않았어도 실망하지 않았다. 어울려 연중 수차례에 걸쳐 하는 여행이다 보니 마냥 제때에 출발하기조차 그리 쉬운 일이 아니었다.

어느 팀에선가 송광사를 여행의 마지막 코스로 정했으나 중간에 담요판을 펴고 고스톱을 치는 바람에 산통이 깨졌던 적이 있었단다. 그때까지 돈을 딴 사람은 자리를 털고 송광사 대웅전에라도 갈 여유가 있었겠지만 잃은 사람들이 한사코 판을 계속하자고 하는 바람에 턱없는 장소에서 밤을 맞이했다는 것이었다.

그들 왈,

"여태 송광사 안 가본 사람 있나? 본 걸 또 보면 무슨 재미. 설령 못 보았다면 살아가면서 볼 날도 있겠지."

처세술이 이쯤이면 바쁠 것도 없고 따질 것도 없다.

더하여,

"그깟 것, 월급에 차질 안 나면 굳이 따지려 들지 마!"

이게 정답이라면 정답이었다.

그들은 직장에서도 물러난 노병들이다. 다들 40년이 넘게 코 때 묻은 학생들을 다루어온 맹장들이다. 교감으로 승진을 한 후로는 학생지도보다는 학부모 계도교육에 앞장선 지역유지들이다. 산전수전 거치면서 터득한 그들의 놀이문화 역시 다양했고 전문성을 띠기도 했다. 그들끼리는, 무겁게 느껴지는 교장 선생님이니 이런 따위의 허세를 던져버린 지 오래다. 그랬기에 엿장수 놀이판에 철만난 강아지처럼 뛰어드는 게 아니겠는가? 엿장수 신명에 끼어 놀아나는 게 아니라 그들의 신명으로 엿장수를 얽어매려 하지 않겠는가.

그들 중 몇 명은 악기 연주에 탁월하다. 학교시절, 교내 오케스트라의 일원으로, 지휘자로 오랜 기간 연마해온 실력자들이다. 관악기, 타악기를 비롯한 몇 가지 악기를 다룰 줄 아는 사람들이다. 웬만한 길거리 악사쯤은 내로라하는 풍각쟁이들이다. 다른 몇 명은 입씨름이 청산유수다. 그런 게 거저 얻어진 것이 아니다. 많은 떠버리들을 제치고 각고의 노력 끝에 남

앞에 마이크를 들이댈 수 있을 만큼의 실력을 쌓은 사람들이다. 특히 분장 면에서는 타의 추종을 불허한다. 학교시절, 교내 연극반을 맡아 수없이 발표를 해본 유경험자들이다. 그들 중 대부분은 연극학교의 멤버로서 활동했거나 활동 중이기도 하다.

이런 각종 자격을 구비한 그들이 화려한 무대에 서기를 거부하고, 하기야 시효가 다소 지나긴 했지만, 엿장수들과 한 패거리가 되어 신명을 돋우는 것은 그들의 흥과 끼를 어디서나 발산할 수 있다는 그들의 마음가짐에 있는 것이다. 작은 콩알 하나라도 나눠 먹는 공동체의식이 체질화된 것이다. 그러므로 그들의 처음 목표나 계획이 무산되었다고 해서 실망하거나 낙담하는 일은 없었다. 대신, 그럼으로 인해 그들이 뛰어들 공간은 얼마든지 있고 스스럼없이 뛰어들 자세는 언제나 준비되어 있는 것이다. 뛰어들기만 하면 거기서부터 음악이 되고 춤이 되고 한바탕 판이 벌어지는 것이다. 그 후부터는 그들의 경험에 따른 창작활동이 수시로 펼쳐지는 것이다. 그들은 무대의 주인공이 되다가 이내 흥을 돋우는 관객이 된다. 그들이 가는 곳에는 어디에서든 관객이 끊이지 않는다. 호객행위로 구경꾼을 끌어모으기도 하고 심지어는 주객이 전도되어 진짜 장사꾼을 뒤로 물리고 그들이 앞장서기도 한다. 그렇다고 수익금의 일부를 할애 받을 심산은 도무지 없다. 놀이터를 제공해준, 구경꾼들 앞에서 신명나게 놀 수 있도록 배려해준 그들에게 정중하게 감사의 인사를 드릴 뿐이다.

수년 전 그들이 공직으로부터 물러났을 때, 굿판을 짜 맞추기로 논의한 적도 있었다. 하지만 그때마다 크고 작은 좋은 일, 궂은 일이 번갈아들자 논의에서 제외하기로 작정해버린 것이었다. 그러나 개인적으로 가진 재주나 기술을 잠재워둘 수는 없었던 것이다. 그들은 삼삼오오 같은 재주와 끼를 가진 사람끼리 연주회를 가졌고 연극회를 열었다. 그것이 바로 오늘날의 즉석 흥 잔치로 바뀐 것이다. 구성요소의 크고 작음이 문제가 되지 않았고, 전공의 같고 다름을 넘어서서 2인 이상이면 자연스레 난장을 펴는 것이었다. 요즘처럼 예술의 장르가 무한정으로 넓어진 마당에 '타락한 양반'이나 '거지가 된 교장'은 추태가 아니라 예술의 경지로 승화시켜 나가는 것이다. 예술의 표현에 거추장스러운 것은 없다. 평소에 갈고 닦은 것들을 마음껏 발표하면 되는 것이다.

그들이 난장판을 위해 출자한 것은 아무 것도 없다.

음악을 예로 들어보자. 누구는 그 옛날 지휘를 한 경험이 있고, 누구는 교사 합창단의 관현악기 연주자이고, 누구는 무한정 레퍼토리를 저장하고 있고, 이러지도 저러지도 못하는 몇 양반은 탈선한 관객행사라도 하면 되는 것이다. 그렇다고 그들이 신명나게 돌아가는 음악의 기본 3요소를 빠뜨릴 영웅이 아니란 걸 나는 잘 알고 있다. 오히려 그들 무리가 전을 펴지 못할까봐 그것이 염려되는 부분이라고 말할 수 있다.

바깥어른들이 이 지경이고 보니 내조하는 끼 넘치는 사모님의 양태는 어떻게 돌아갈까 적이 궁금하지 않을 수 없다. 그들도 아침밥 한 그릇을 해치우면 그 후부터는 집 떠난 망아지가 되고 만다. 저녁나절이 돼야 어슬렁거리며 집으로 돌아온다. 와봤자 빈집이 설렁하기는 마찬가지다. 바깥어른이 아직 귀가하지 않은 집은 컴컴하고 으스스하다. 오랜 세월 살아온 집이건만 남의 집인 양 정이 가지 않는다. 바깥에서 한바탕 놀이에 열중한 날은 더더욱 그렇다. 그러기에 그들의 귀향도 자꾸만 늦어진다. 늦다고 닦달을 할 사람조차 없다. 세월이 흐를수록 반쪽이 떨어져나간 사람, 살아있어도 거동이 불편한 사람으로 인해 대화는 점점 단절된다. 단절될수록 그들만의 모임에서는 점잖지 않게 까불거리며 시부렁거린다. 그렇게 해서라도 스트레스를 해소해야 하루가 가는 것이다. 그렇다고 해서 원정을 하고 굿판을 벌이는 바깥양반하고는 다르다. 그래도 그들은 내조의 정신으로 무장되어 있다. 하루 세 끼 밥상을 차릴 만큼 배려심도 가지고 있다. 도시의 빗나간 아낙처럼 식사 제공에 인색한 그들이 아니다. 그들이야말로 바깥어른의 퇴임 후 연금으로 살아가는 처지임을 누구보다 잘 알고 있다. 그리고 바깥어른이 다른 누구보다 교육이라는 공직생활을 거쳤기에 부인에 대한 배려는 있다고 보는 것이다. 그것은 그들만의 모임에서 좁혀진 중론이며 받아들이는 추세다. 그들은 중론을 거역할 수 없다. 거역하는 순간 왕따가 됨을 그들 각자는 잘 알고 있다. 그들은 그것을 그들의 법칙으로 활용하고 있다.

교장 선생님과 사모님이 한패거리로 굿판을 펼치면 어떨까? 사모님이 찬성한다 하더라도 교장 선생님은 반대일 것이다. 신명이 나지 않아 굿판이 깨질 것이란 게 이유일 게다. 그러니까 사모님들도 아예 함께 어울릴 엄두를 내지 않을 게 뻔하다.

우연히 길을 걷다가도 엿장수 패거리라도 만나면,

"와 이래 춤이 나올라카노!"

"와 이래 노래가 나올라카노!"

하면서 다짜고짜 엉겨 붙는 게 그들의 생리가 되어버린 것이다. 마치 낮술이라도 거나하게 들이킨 사람처럼. 그러니까 술기운으로 뛰어드는 게 아니라 맨 정신으로 술 취한 사람처럼 끼를 풀어놓는 것이다. 한참을 어울리는 모습을 보면 그들은 분명 취해 있다. 하지만 굿판이 깨지면 언제 그랬느냐는 듯이 멀쩡해진다. 참으로 요상한 일이 아닐 수 없다. 그러나 그것은 현실이다.

다음 기회에 그들은 선유도에 갈 계획을 다시 세울지 모른다. 가보지 않은 섬의 신비에 싸여 전보다 더 짜임새 있는 계획이 마련될 것이다. 지난 번에 가지 않았다는 게 밑거름으로 작용할 테니까. 그러나 그들이 꼭 선유도에 간다는 보장은 없다. 배 시간을 못 맞춰 그럴 수도 있다. 아니면 비린 내 나는 항구의 뱃머리에서 굿판이 벌어지고 신명이 고조되면 배 시간에 연연할 그들이 아니기에 장담할 수 없다는 것이다. 어디 그런 적이 한두 번이었던가. 그들은 오히려 그런 다반사에 익숙해 있는지 모른다. 그들은 그들의 신명에, 그들의 끼 발산에 우선권을 두고 있는지 모를 일이다.

　　'얼씨구나 좋다! 지화자 좋다!'
　　그들의 흥은 언제 어디서고 존재한다.

이런 교육 어때요

현행법상 초중학교는 의무교육에 해당한다. 의무교육이란 이행하지 않는 부모에게 책임을 물어 법의 제재를 받게 한다는 엄격하고도 구속적인 말이다.

세상은 나날이 변하여 그야말로 상전벽해(桑田碧海)가 되는 양상을 띠는 일이 허다히 벌어지고 있다. 교육에서도 마찬가지다. 얼마 전만 하더라도 한 반의 구성인원이 육칠십 명에 이르던 콩나물 교실이 이제는 스무 명 남짓한 소인수 학급으로 사정이 바뀌어 편성 운영되고 있다. 한때 명문 초중학교로 명성을 떨치던 학교들이 신흥개발지역의 학교에 밀려 줄줄이 영세학교로 전락하고 심지어는 존폐위기에 봉착하는 경우도 줄을 잇는다. 시골 학교야 더할 나위 없이 오그라들다 교적비만 남기고 폐허의 온상으로 전락하고 만다. 간혹 체험학교로 활용되거나 학교자체가 매각되어 교육이 아닌 다른 목적으로 탈바꿈한 학교도 부지기수다.

시골학교의 사정은 꽤 오래 전부터 학생 수 부족으로 통폐합이나 분교로 격하되고 있다. 그러나 통폐합에 있어서는 정부주도로 되는 일은 아니다. 형식적으로는 오십 명 미만의 학교는 통폐합 대상 학교로 엄연히 분

류해두고 있지만 지역민과 학부모의 동의가 따르지 않으면 통폐합은 불가능하다는 것이다. 그러다 보니 어느 중학교에서는 교사의 수가 학생의 수보다 더 많은 학교가 존재한다. 지역 교육청에서는 이런 조건을 갖춘 학교의 통폐합을 자진 이행할 수 있도록 지도를 펴지만 그 또한 쉬운 일은 아닌 것 같다. 심지어는 홍보 차원으로 학교를 방문한 행정직원을 삽과 몽둥이로 내친 사례도 있다. 물론 그런 학교는 십 년이 지난 지금까지도 같은 상태를 답보하고 있다. 여기에는 학부모와 교사 간에 얽힌 이해관계가 있을 수도 있다. 학교가 폐교되면 교사들은 연고지를 떠나 타지로 옮기게 되고 심지어는 통근이 되지 않는 곳으로 전출명령을 받을 수 있다는 위기감이 상존한다. 또한 승진할 자리가 송두리째 없어진다는 걱정도 만만찮다. 통폐합을 따르려는 학교도 같은 구역 내에 있는 상급학교로 진학하지 않고 거리가 먼 시내학교로 진학을 희망하고 있어 이 또한 해결점은 요원하다. 그런 소규모 학교는 대개 같은 구역 내에 있는 초등학교로부터 분리되어 세워진 학교들이어서 다시 그곳으로 회귀하는 학생은 왕따가 되기 십상이라고 선배들이나 부모들은 주장한다. 참으로 일리가 있는 말이다. 학부모나 선배들은 분리하기 전 다녔던 학교의 악몽을 잊을 수 없기 때문이다. 사사로이 주민등록증 한 통 떼다 제출하면 대한민국 어느 학교든 갈 수 있는 현실에서 행정당국의 안이하고 답답한 현실감 부족을 탓한다. 분명 위장전입은 위법한 일이지만 누가 나서서 시시비비를 따지겠느냐는 것이다. 학부모의 엄포가 도사려 있는 상황에서 누가 감히 감 나라 배 나라 할 것인가 말이다. 부모의 삶은 자녀의 교육과 직결되어 있다. 아무리 어려운 지경에 처했어도 자녀교육 문제라면 만사를 차순위로 미룰 준비가 되어있는 사람들이다.

자, 어느 섬의 초등학교로 가보자. 섬에는 남과 북에 각각 한 개의 폐쇄 직전 영세 초등학교가 있다. 뭍으로 나가자면 북쪽에 있는 도선장을 이용하는 수밖에 달리 방도가 없다. 교육청에서는 일차적으로 남쪽의 학교를 폐교시켜 북쪽에 병합하려는 계획을 세워두고 있다. 그러나 그 학교 출신 졸업생이나 학부모의 생각은 다르다. 북쪽으로의 통합은 이빨도 들어가지 않는다. 작은 섬 남북 간의 민심만 흉흉해졌다. 사오 년째 밀고 당기는 사이 남쪽의 학교 학생 수는 열 명도 남지 않았다. 그래도 쌍방의 삿대질은 드세질 뿐 수그러들 기색이 없었다. 하다못해 교육청이 행정력을 동원해 일방적으로 남쪽 학교를 폐교했다. 그 후 학부모들은 교육청 마당까지 밀고 들어와 연좌시위를 벌였다. 때로는 교육청 직원들과 몸싸움이 벌어지고, 때로는 경찰인력이 바리케이드를 치는 사태로까지 번졌다. 외세가 개입하자 각종 플래카드가 나붙었고 시위는 격렬해졌다. 일 년여를 싸우고 싸우다 지친 학부모들이 자녀들을 북쪽이 아닌 육지로 전학을 시켜버렸다. 텅 빈 학교! 교실은 먼지 구더기가 되고 건물은 쓰러지기 직전이다. 손을 타지 않은 모든 것들이 질서에서 한 걸음 물러나 있다. 거둬내야 할 잡초는 울타리를 타고 오른다. 운동장 한가운데에도 잡초는 무성하다. 한쪽 구석에서만 해산물을 말리느라 버짐 자리만큼 빤하다. 남북 간엔 아재비도 있고 조카도 있다. 남북 간엔 손 아픈 사돈도 살고 있다. 냉랭한 기운은 빠지지 않고 시무룩하기 그지없다. 북쪽 사람은 북쪽만 바라보고, 남쪽 사람은 남쪽만 바라보고. 서로 등지고 바다만 바라보면 무슨 재미!

또 다른 벽지학교.

윤 교장의 일과는 산골짜기에서 학교까지 학생을 실어 나르는 일로 시작된다. 골짜기 학생 네 명을 제하면 전교생이 열한 명이다. 통폐합이

안 된 학교는 스쿨버스 혜택도 없는데 굳이 왜 그러는지 모를 일이다. 수업이 파한 저녁나절 또 한 차례 그들을 문전까지 실어 나르면 윤 교장의 일과는 끝난다. 하지만 윤 교장이 떠나던 해 학교는 문을 닫았다. 다만 윤 교장은 그가 생각하는 교장의 본분을 다한 것뿐이다. 어쩌다 한번, 그 학교 운동장 끝머리에 심어놓은 키 큰 느티나무 아래 벤치에 앉고 보면 지난 일들이 주마등처럼 흐른다. 대화를 위하여 학교와 주민 간에 토론회도 많이 열렸다. 그러나 토론은 토론일 뿐 결론을 도출해낸다는 것은 처음부터 무용지물이었다. 지금쯤 윤 교장은 어디에서 교장노릇을 하고 있을까? 아니 벌써 퇴직할 나이도 되었겠네.

허 교장의 사정을 한번 들어보자.

전교생 열일곱. 그가 전근을 갈 때까지는 무가내로 버텨낼 수 있을지 모른다. 교장 초임으로서의 그의 임무는 막중하다. 학부모와 똘똘 뭉쳐 학교 주변에 그물망을 친다. 아성 밖으로 그 누구도 나가게 할 수는 없다.

그런 허 교장에게 하나의 은밀한 사연이 들이닥친다. 사월 말이다. 춘궁기에 학교 뒷동네에 일가족이 짐을 풀었다는 소문이다. 부부 밑으로 딸린 자식이 네 명이나 된단다. 부부나 자식들은 무위도식! 서울서 충청도를 거쳐 호남평야를 가로질러 경상도 이곳 오지 마을에 이르렀다는 풍문이다. 부부의 용태로 보아 자식들은 위로 열대여섯 살에서 아래로는 일고여덟 살까지로 짐작이 간다.

교무부장의 설명을 청취하고 이번에는 학교장이 직접 나선다. 현실은 설명과 다름이 없다. 야반도주를 했으니 어디가 어딘 줄도 모르는 그들에게 교장이 들이닥친다. 그들은 자포자기한 상태다. 마지막이 될 수도 있는 집시생활에 몸도 마음도 상처로 얼룩졌다. 그들은 단시간의 상담을 거쳐 모든 것을 교장에게 일임하기로 한다.

우선 주민등록이 말소된 부분을 바로잡는다. 큰애는 만 열다섯이지만 학교는 근처에도 못 가보았다. 그러니 밑의 동생들이 어찌 공부를 할 수 있었겠는가? 교장은 백방으로 뛰어다니며 네 남매에 대한 취학부터 시키려 한다. 교장의 끈질긴 노력으로 큰애를 4학년에 나머지는 1, 2학년 수업에 임할 수 있게 한다. 점심은 무료 학교급식으로 갈음한다. 애들 어머니가 학교급식 보조자로 근무하면서 쥐꼬리만 한 수당과 남은 음식을 수거해 식구의 허기를 달랜다. 얼마 지나지 않아 면장에게서 일용직 자리가 있으니 당장이라도 출근을 해달라는 요청이 있다. 그들에게는 아버지가 대학을 졸업한 사실이 중요한 것이 아니다. 목구멍에 거미줄을 치고서야 삶을 지탱할 수 없는 환경의 변화가 절실히 필요한 것이다.

허 교장은 아이들의 생기 넘치는 모습을 바라보는 것이 즐거움이다. 그리고 그들 부모의 얼굴에서 피어나는 미소가 기분 좋은 것이다. 이제 스물한 명으로 늘어난 학생들의 또랑또랑한 자태가 그지없이 아름다운 것이다.

허 교장의 학교는 집단따돌림이나 학교폭력 같은 것은 아예 상상할 수 없는 곳이다. 그들은 모두 친구이자 한솥밥을 먹는 식구일 뿐이다.

이 교장의 학교에는 김 선생님이 계신다. 그분은 대도시에서 교편을 잡은 지 10년 만에 도간교류를 신청해 여기 산골학교로 자청해 왔다. 딴엔 정신지체 장애를 가진 언니의 병간호가 이유라곤 하지만 어려운 결정을 내린 것만큼은 분명하다. 김 선생님은 어렸을 적부터 글쓰기에 남다른 재능을 보였다. 대회에 참가해 많은 상을 받기도 했단다. 종내는 중앙지에 작품을 공모해 추천작가가 된다. 김 선생은 아동문학 분야를 섭렵하고 있다.

공휴일이나 방학이면 전체 8명의 학급 아이들을 집으로 초대한다. 김 선생은 5, 6학년 복식학급담임을 맡고 있다. 온갖 화초며 열매를 다는 식물에 거름 질을 하고 수확도 해 학교와 가정이 한데 어우러졌다. 매일이 체험학습장이 된다. 갓 태어난 강아지를 안고 토담 너머로 머리를 내민 어린이들의 모습이 너무나 자연스럽고 동화 같아 주간신문에 대문짝만큼 크게 실린다. 그리고 아이들의 이야기가 책으로 엮인다.

이런 학교, 이런 교육, 여러분 어떠신지요.

종남산이 보이는 나루터

　　종남산은 내가 살고 있는 곳 어디서나 바라볼 수 있다. 그러니까 내가 사는 곳은 종남산의 정북쪽이고 종남산은 정남쪽에 있다. 남쪽에 놓인 그 산은 남쪽에서는 가장 높기 때문에 고개만 세우면 내 눈 속으로 달려와 안긴다. 종남산 너머에 덕대산이 간발의 차이로 낮아 종남산에 가려 보이지 않는다. 종남산 정상과 양쪽으로 내리뻗은 등성이가 빗장을 치고 있기 때문이다.

　　종남산은 그리 높은 산이 아니다. 해발 700미터도 채 되지 않을 거라 짐작이 간다. 그럼에도 불구하고 종남산이 차지하는 면적은 두루 100리는 될 것 같다.

　　정상으로 오르는 길은 여러 갈래로 나누어져 있다. 팔부능선까지 차로 오를 수 있는 입구만도 자그마치 세 군데나 된다. 시내에서 바라보이는 대로 고불거리는 오름을 타는 것이 가장 흔히 다니는 길이다. 반대편, 석탑을 많이 쌓아둔 동네에서 출발해도 처음 길과 간이휴게소에서 만나게 된다. 그 오름은 숲이 더 우거지고 선선한 바람이 가슴을 스치는 강도가 조금 세달까. 하지만 따지고 들면 그저 엇비슷하다 할 것이다. 이 두 길을 직각으로 만날 수 있는 다른 한 길은 산세가 가파르다. 그렇다고 찻길이 없는 것은 아니다. 한번 비바람이 몰아치면 필히 보수공사를 거쳐야만 차량통행이

가능할 만큼 노폭이 좁고 심하게 구불거리고 경사각이 높다. 그러면서도 이 길의 통행이 잦은 것은 정상까지의 거리가 최단거리이기 때문이다. 다른 한 가지 이유를 더한다면 국도에서의 접근성이 쉽기 때문일 것이다. 빼놓을 수 없는 마지막 이유는 오름 중간에 차려놓은 먹을거리 장사 때문일 것이다. 종남산에서 만날 수 있는 자연산 묵회가 일품이라는 것쯤 이 길을 통해 산을 올라본 경력자라면 알고도 남음이 있을 것이다. 거기에 곁들여 가정에서 주조해서 내놓는 막걸리나 동동주를 빼놓을 수 없다. 산행을 하는 사람이라면 오를 때, 가두리에 가두지 않고 놓아 기른 토종닭으로 요리한 백숙이나 계장을 미리 주문해두었다가 하산하면서 즐기는 맛은 가히 일품이랄 수 있다. 유유히 흐르는 낙동강물과 반짝이는 백사장, 강물에 길게 그림자를 늘어뜨린 버드나무들. 그것들을 지는 해가 함초롬히 보듬고 있는 풍경은 뭇사람을 시인으로 거듭 태어나게 하기에 충분하다 할 것이다.

차도가 아닌 지름길로 정상에 오르는 길도 몇 갈래가 있다. 진짜 등산가라면 이 길 중 어느 하나를 선택할지도 모른다. 이따금 미끄러지기도 하고 가시덤불에 찔리기도 하면서. 아무래도 등산가라면 야트막한 종남산 일주만으로는 만족하지 못할지도 모른다. 그들은 일차로 덕대산에 올라 능선을 타고 종남산에 오를 것이다. 그러고는 또 다른 능선을 선택해 화악산을 거쳐 청도 쪽으로 방향을 잡을 것이다. 10시간 정도 산을 타야만 직성이 풀리는 맹렬 등산가라면 화악산에서 방향을 오른쪽으로 틀어 영남의 알프스라 불리는 가지산이나 신불산 쪽으로 나아갈 수도 있을 것이다.

작년 늦은 봄, 나는 내가 마지막으로 올랐던 종남산을 기억에서 지울 수 없다. 사실 종남산의 봄 풍경은 우리나라 전역을 대표할 수 있는 풍광이라 해도 손색이 없을 것이다. 물론 미국의 나이아가라 폭포나 아마존의 비경, 알프스의 만년설 같은 웅장함과는 거리가 있다. 하지만 우리나라의 고유한 미는 그런 웅장함보다는 아기자기하고 알록달록해서 잔잔하게 오감을 즐겁게 하는 면이 없잖아 있는 것 같다. 설악의 단풍이 그러하고 산사의 고즈넉한 풍경소리가 그러하다. 석굴암 부처님의 얼굴에 떨어지는 한 줄기 빛이 그러하고, 또한 찬란한 동해의 일출이 그러하다. 하늘이 있고 산이 있고 산을 감싸는 구름이 있고 바다가 있으면 그만이다. 거기다 계절이 바뀌면서 따라 바뀌는 채색이 있으면 괜찮은 것이다. 소리가 더해진다고 상상해보라. 눈을 감고 있어도 보이는 것이 있고 귀를 막고 있어도 오묘하게 들리는 것이 있을 것이다. 우리의 정서는 이런 데서 싹이 트고 채색이 되어 내면 깊숙하게 자리해온 것들이라고 느낀다면, 종남산의 봄은 그 중에 꼭 한 자리를 차지할 것이다.

종남산의 봄은 진달래가 피는 사월부터 시작된다. 겨우내 얼어 질퍽거리기만 하는 삼월까지는 밋밋한 길을 걸어서 올라가는 것처럼 주변엔 볼거리가 없다. 소나무 아래로 고불고불 나있는 길은 작년 가을 누런색으로 옷을 갈아입은 잡초들이 황량함을 더할 뿐이다. 하지만 사월에 접어들면 온 산의 기운이 산 밑으로부터 떠받들어져 정상 부근엔 초록의 바다가 펼쳐진다. 초록의 물결 위, 공중에 떠있는 듯한 피같이 붉은 진달래가 만개한다. 진달래는 소나무가 더 이상 자라지 않는 8부 능선 전체를 덮는다. 진달래꽃은 파란 하늘과 어울리고 진초록의 키 작은 잡초들과도 잘 어울린다. 물기가 잔뜩 오른 소나무 잎사귀와도 어울린다. 때로 사진촬영을 직업적으로 하는 전문들의 입맛에도 맞아떨어진다. 흐드러지게 핀 진달래꽃을 배경으로 하여 내려다보이는 삼각주, 가지산과 화악산 골짜기를 타고 흐르던 물이 암새들에서 합류하면서 만들어내는 사방 10평방킬로미터의 둥근 섬은 완연한 한 폭의 그림이 된다. 이곳 관공서나 이름 있는 음식점의 넓은 벽면에 이 그림이 걸려있지 않은 곳이 없을 정도다. 만약에 걸려있지 않다면 오히려 이상스럽게 느껴질 것이다. 백두산 천지의 그림이 집집마다 붙어있는 것처럼.

산의 정상에는 봉화대가 있다. 그동안 비바람에 훼손되어 방치되었다가 새로이 단장하여 우뚝 서 있다. 비록 옛 모습은 아니지만 정취만큼은 물씬 풍긴다. 탑돌이 하듯 돌 성곽을 한 바퀴 둘러보면 나지막한 봉우리들이 연봉을 이루어 동과 서로 달리고 있다. 그러나 북쪽을 바라보면 진달래 무덤 사이로 햇빛이 쨍하게 내린 삼각주가 장관을 이룬다. 한강의 여의도가 무지 큰 삼각주라지만 윤곽을 보여주지는 않는다. 긴지 짧은지, 통통한지 날씬한지, 모든 게 모든 걸 묻어버리고 감춘다. 여백의 미도 찾기 힘들다. 도시화된 섬은 거대한 톱니바퀴가 맞물려 씽씽 돌아간다. 끽소리에 현기증이 나고 매연에 어지럽다. 하지만 내가 피력하려는 삼각주를 보라. 청정한 물길이 섬 전체를 감돈다. 고층 아파트들이 줄을 지어 햇빛을 받아 반짝인다. 사람 수도 적다. 도시의 움직임도 굼뜨다. 강물에는 해마다 점점 많은 철새들이 날아든다. 철새들이 지레 알고 찾아오는 것이다. 새의 종류도 다양해진다. 어느 낚시꾼은 낚은 잉어를 그물 망태에 담가두었다가 수달 녀석에게 다 뜯겼다고 했다. 사라져가는 동물 목록에 오른 수달이 언제부터 이곳에 서식지를 마련했는지 참으로 궁금하다. 작년부터는 위용이 웅장한 백조들이 보금자리를 틀기 시작했다. 처음에는 한 마리가 보였다 사라지기를 반복했다. 그러다 겨울이 다 가기 전에 무리를 찾아 떠나버리고 말았다. 수만 리 머나먼 길을 혼자 갈 수는 없는 노릇 아니겠는가. 올해는 네 마리가 강줄기를 따라 오르내리고 있다. 작년에 왔었던 백조 한 마리가 가족이나 이웃을 설득하여 데리고 왔을 것이다. 강이 풍요로워진 것 같다. 그러나 걱정도 앞선다. 영하로 곤두박질치는 낮은 기온 때문에 자주 강물 전체가 얼어붙기도 하니까. 얼마 전에도 그런 적이 있었다. 백조는 어느 따뜻한 곳으로 가버렸는지 빙판이 된 강은 텅 비워졌다. 하지만 얼음이 풀리자 다시 제자리로 찾아들었다. 돌아온 것은 청둥오리나 주둥이가 새하얀 물닭들도 마찬가지였다. 나는 조바심을 치며 매일 아침 환경지킴이가 아닌 백조지킴이가 되어버렸다.

'오늘 아침에도 백조를 볼 수 있을까?'

나는 올 봄, 진달래가 피기를 기다려 종남산에 올랐다. 예사로 보아왔던 진달래 사이로 섬을 중심축으로 하여 동서로 두 개씩 다리가 놓여 있음을 알았다. 지금은 몇 개의 콘크리트 다리들이 편리하도록 놓여 있지만 몇 십 년 전만 거슬러 올라가면 제방과 제방을 연결 짓는 배다리라는 게 있었을 뿐이다. 배 모양으로 이어진 가설교를 사람과 달구지가 오갔다는 얘기다. 퍽 낭만적이었을 테고 서두를 이유가 없었을 것이다. 서두른다고 될 일이 아니잖은가. 그래봤자 마음만 급해질 뿐 되는 일이라곤 없었을 테고.

배다리에서 둑을 타고 남쪽으로 2킬로미터쯤 걸을라치면 한 가닥의 실개천이 길을 막는다. 건너뛰면 될 것을, 우회하면 다시 2킬로미터를 돌아야 한다. 그 지점은 시와 면이 갈리는 경계선이다. 종남산은 실개천 너머의 행정구역에 속한다. 넘기 전 이쪽 귀퉁이에 작은 쉼터가 있다. 거기는 가히 명당이랄 수 있다. 새롭게 등장한 명당임이 틀림없다. 강은 삼각주와 건너편 제방을 둘로 갈라놓는다. 그 일대가 철새들의 요람인 것이다. 백조나 오리 같은 겨울 철새뿐만 아니라 왜가리나 강갈매기 같은 여름새들도 둥지를 트는 곳이다. 요즘은 철을 망각한 새들도 많은 것 같다. 겨울새 여름새가 한데 어울려 지내는 모습이 자주 관찰된다. 특히 여름새가 겨울을 나는데는 힘든 일이 많아 보인다. 외관부터가 보는 이의 동정을 사기에 충분하다. 아무래도 겨울새 여름새의 밸런스는 봄이 무르익어가야 수월해질 것 같다.

종남산에서는 새 같은 미물은 눈에 띄지 않는다. 망원경이 없으면 보이지 않을 만큼 먼 거리에 있기 때문이다. 내가 올해에도 기어이 봄을 타 종남산에 오르는 이유는 간단하다. 오르는 일이 나에겐 점점 버거워지므로 한 해라도 놓칠 수 없는 풍경을 조망하려는 것이다.

근래 들어 나는 자주 쉼터에 머문다. 한참을 머물며 종남산을 올려다본다. 쉼터에서 바라보이는 사위가 어느 곳 하나 빠지는 데가 없다. 크게 내다보면 사방이 산으로 둘러싸인 분지지만, 매 방위마다 독특한 풍경을 내세운다. 하지만 종남산을 올려다보는 것보다 나은 풍경은 없는 듯하다. 내년 봄, 다시 오를 수 있을지 없을지 알 수 없는 처지다 보니 더욱 그렇다.

육안으로 보는 종남산 정상은 희끄무레하다. 구름이라도 걸린 날이나 안개비가 골짜기를 덮어 누를 때는 가시거리가 없는 것이나 마찬가지다. 그래도 다음 장날에는 중고 망원경이라도 하나 주문해야겠다.

이곳에는 배다리가 있었다는 기록이 없다. 없었을 것이라는 게 설득력이 있어 보인다. 그 당시, 그곳은 섬이든 육지든 개발이 되지 않은 황무지로 남아 있었을 것이니까. 그러나 지금은 사정이 다르다. 섬은 섬대로 육지는 육지대로 고층 건물이 우뚝우뚝 섰으므로 콘크리트 다리가 들어서도 괜찮을 법 하지만 아쉬운 대로 나룻선이나 배다리라도 놓였으면 싶다. 요즘은 향토마다 올레길이니 둘레길이니 해서 옛 정서를 많이들 심고 있다. 운치도 있고 건강에도 좋고, 참 잘하는 일인 것 같다. 예전에는 엄두도 못 낼 곳으로 자전거길이 뚫리고. 친환경을 고려해가며 사람 사는 재미를 느낄 수 있게 하기는 여기 이 쉼터도 마찬가지다.

종남산 정상에서 내려다보는 사계도 뚜렷하지만, 산의 고도와 경사는 해마다 나에게 더욱 위협을 줄 것이 분명하다. 그러니 애써 오르지 않아도 쉼터에서 바라보는 종남산 사계의 풍경은 나에게 무한 위로가 될 것이다. 섬과 이곳을 연결 짓는 새 교량이 들어설 때까지는. 편안하게 오래도록 조망할 수 있도록 긴 의자나 한 개쯤 놓이면 금상첨화일 텐데.

3부 존슨의 편지

예약제

1

서울서 중학교에 다니는 손녀를 만난다는 기쁨으로 새벽기차에 오른다. 얼마 만에 가보는 서울인가? 장남이 아파트를 샀다고 해서 다녀온 후 간만에 가는 서울이다. 한 3년은 될 성싶다.

손녀가 초등학교 저학년 때 연립주택 반지하에 살면서 감기를 달고 살았던 기억이 새롭다. 아토피 때문에 밤낮없이 긁어대던 모습이 엊그제 일 같이 생생하다. 훌쩍 커버린 손녀에겐 잊혔을 일들이다. 골칫거리를 달고 살아보았자 무슨 소용이겠는가? 현명하게 기억 밖으로 훌훌 털어내고 사는 이치를 깨달았으리라.

내가 손녀를 가깝게 느끼는 것은 외동손녀라는 의미도 크지만 오래도록 조부모 그늘에 있었기 때문일 것이다. 학교에 다녔을 때도 여름·겨울 방학에는 어김없이 함께 지냈기에 남다른 정이 생긴 것 같다. 방학을 마치고 부모 곁으로 가는 날은 몰인정하게 뒤돌아보지도 않곤 했지만.

손녀는 네 살 무렵부터 그림 그리기를 좋아했다. 미술학원에 다니진 않아도 걸핏하면 연필로 찢어진 종이에 뭔가를 긁적였다. 간혹은 엄마를 그리기도 했지만 대부분 아무런 의미도 없어 보이는 선과 동그라미들을 그려댔다. 미술에 문외한인 나는 선과 동그라미가 무언가 어떤 의미를 담아 놓은 것 같이 보였다. 그래서 나는 손녀가 그려놓은 (그림이라기보다는) 선과 동그라미를 스크랩북에 꽂아 놓았다. 손녀가 더 성장했을 때 스스로 그림에 대한 해석을 내릴 수 있기를 기대하면서.

한동안 못 봤던 손녀 생각이 간절해서 무작정 새벽기차를 탄 것이었다. 아내에게는 기차여행을 다녀오겠다고만 해두었다. 당일치기 나들이에 사족을 달 이유가 없어서였다. 아들 내외에게도 아무 말 없이 가는 길이었다.

서울역에 내리자마자 성북구로 향하는 지하철을 탔다. 지하철에서 내려 지상으로 올라오자 학교로 가는 마을버스를 갈아탈 수 있었다. 버스는 학교 정문 앞에 닿았다. 정문으로 들어서는 감회 때문에 가슴이 두근거리기까지 했다. 40년간 학교생활을 하면서 들락거렸던 교문이 이렇게 낯설게 다가설 줄이야.

2

수업시간이어서인지, 여자중학교이어서인지 운동장은 텅 비어 있었다. 키 작은 사철나무 울타리가 운동장 둘레를 감싸고 있고 뽀얀 먼지가 나무벤치에 내려앉아 있었다. 듬성듬성 키 큰 나무들의 잎사귀는 반지르르하게 윤기를 머금었다. 생동감이 넘치는 운동장을 돌아보면서 벤치에도 앉아보았다. 정면으로 보이는 본관건물 앞에는 학교 상징인 교목, 교화가 있고 그 위 중앙에는 학교 배지가 걸려있었다.

정리정돈이 잘 되어 있는 학교라는 인상이 들었다. 마침 학교 매점이 보여 커피라도 한 잔 마셔야겠다는 생각으로 들어섰다. 친절하고 토박이 서울말을 쓰는 매점 여사장은 우리학교에서는 커피를 팔지 않는다고 했다. 커피뿐만 아니라 모든 탄산음료도 팔지 않는다고 했다. 일회용 라면도 취급하지 않는다고 했다. 학교운영위원회에서 그렇게 결정했다는 것이었다.

내가 아는 학교매점은 커피를 주재료로 하는 과자나 음료수를 판매하는 곳이었다. 그래서인지 학교규모에 비해 매점은 너무 작고 초라해보였다. 나는 봉지우유를 사서 마시기로 했다.

얼마 후, 매점 사장은 3교시 수업이 끝날 시간이니 서둘러 교무실로 가보라고 했다. 고맙다는 말을 남기고 옆 동의 교무실로 향했다. 마침 수업을 마치고 돌아오는 선생님들로 교무실 입구는 붐볐다. 한 선생님에게 손녀의 반 담임선생님을 찾는다니까 병가 중이라고 했다. 그 선생님은 나를 교감 선생님에게 소개해주었다. 서로 인사를 나눈 뒤 내가 학교를 방문한 사유를 말씀드렸더니 사전예약을 해두었냐고 물어왔다. 할아버지가 손녀를 만나려 왔는데 무슨 예약이 필요하냐고 반문했더니, 교무실의 기능직 아가씨를 불러 이 할아버지 교장실로 안내하라고 일렀다. 말귀를 못 알아듣는 늙은이에게 자신의 귀중한 시간을 뺏길 수 없다는 행위라는 생각이 들었다.

서울사람 미꾸라지처럼 잘도 빠져나간다더니만 예서 그걸 실감하게 되는구먼.

행정실에 보내진 나는 새로운 절차를 밟아야 했다. 학교 방문목적에서 방문자의 인적사항, 피방문자의 인적사항과 관계, 예약 여부에 순순히 답해주었다. 여기서 잘못되면 끝장이겠구나 하는 강박관념 때문이었을 것이다. 행정실 말석에 앉아있던 기능직 아가씨가 방문객 일지에 내 말을 되씹으며 꼬박꼬박 적어 내려갔다.

"교장 선생님은 교내 순시 중이라서 지금은 만나실 수 없습니다."

"얼마나 기다리면 뵐 수 있을까요?"

"그건 잘 모르겠는데요."

"그러면 마냥 기다려볼까요?"

"그건 할아버지가 알아서 하세요."

나는 먼 길을 달려온 사람이 아닌가? 교내 순시라면 금방 돌아오실 것이다. 그깟 시간 기다리기로 하면 어쩌려고. 예약도 하지 않은 주제에 만나기만 해준다면 그만인 것을.

"기다려볼게요."

시간이 자꾸 흐르고 있었다.

여직원들은 옆에 앉아있는 내가 부담스럽지 않은지 맡은 일에만 열을 올리고 있었다. 마침내 점심시간이 되자 직원들이 모두 빠져나갔다. 나의 용건을 샅샅이 묻던 여직원이 잊은 듯 뒤로 돌아보며 한 마디 던졌다.

"오후에 다시 오시죠."

"그냥 기다리겠습니다. 곧 오시겠지요. 교내 순시 중이시라니까."

여직원이 나를 빤히 쳐다보다 자리를 떴다.

점심시간이 지나자 직원들은 제자리에 앉았다.

아직껏 교장 선생님은 교내 순시에서 돌아오지 않고 있었다. 뱃속이 쪼르륵 소리를 내기 시작했다. 간단한 요기라도 하고 기다려야겠다. 행정실 문을 열고 나서려는 순간 귀티 나게 보이는 교장 선생님이 얼굴에 개기름을 바르고 들어섰다.

"안녕하십니까? 교장 선생님!"

"아— 나 교장 아닌데요. 행정실장이요. 그런데 어쩐 일로."

"그러세요. 교장 선생님 좀 만나 뵐까 해서요."

"같이 식사를 했으니까 곧 오실 거예요."

실장은 칫솔을 물고 화장실로 가는 모양이었다. 돌아와서는 수건으로 입언저리를 닦더니 발을 꼬고 돌아앉았다.

"저— 실장님! 기다린 지 두 시간이 지났네요."

"그러니까 곧 오신다고 정보를 주었잖아요!"

그의 말에 약간 짜증이 보태졌다. 짜증스러운 건 내 쪽이었다. 교무실에서는 교장실로 안내하라고, 기능직 아가씨는 교장 선생님이 순시 중이시고, 행정실장은 나에게 정보를 제공했다고 말들 했다.

"아가씨!"

내 말에 약간 가시가 돋아났다.

"저 아가씨 아닌데요."

"그럼 아줌만가!"

"할아버지! 눈 삐셨어요? 아! 기분 나빠!"

아가씨의 눈초리가 올라갔다.

"기분이 나쁜 건 나지!"

아무래도 실랑이질을 벌여야겠다고 꼬투리를 찾던 터였다.

"아가씨! 거짓말은 어디서 배웠어요? 교장 선생님은 교내 순시 중이시라면서요."

"저가 언제 거짓말을 했어요?"

"거짓말이 아니라면 점심을 굶어가면서 두 시간이나 기다렸겠어요."

"그러니까 오후에 다시 오시라고 그랬잖아요!"

그녀도 약간 독기가 스쳤다.

"그렇다면, 교장 선생님은 아직도 교내 순시 중이신가요?"

"……"

"교내가 그리도 큰가요? 한 바퀴 도는 데 10분이면 족할 텐데."

"……"

뒤통수로 듣고 있던 행정실장이 나섰다.

"영감님! 공무를 보는 주사에게 그러시면 안 되지요."

실장이 위엄을 띠며 말했다.

옳거니, 이제야 제대로 전쟁을 벌일 임자를 만났구면! 내가 무슨 여자 주산지 기능직인지에게 따져들 것이 무엇이겠는가? 위가 흐리면 아래가 흐리게 되는 것을.

"실장님이 그렇게 교육시켰나 보군요."

나의 화살이 실장에게로 날아갔다.

"이 어르신이 보자보자 하니 심하시구면!"

"내가 심한 게 아니라, 이 학교가 심하게 곪았네요!"

"나이 드신 분이 봉변당하지 않으려거든 어서 나가주세요!"

실장이 문 쪽으로 손가락질을 했다. 그런 짓거리는 다급한 미국사람이 잘하는 행위였다.

"언제는 기다려라 하고선 인제는 나가라고요? 이게 무슨 이율배반입니까?"

"……"

"……"

한동안 소강상태가 이어졌다.

행정직원들은 제자리에서 업무를 계속했고 나는 행정실의 등이 없는 의자에 앉아있었다.

3

5교시 마침을 알리는 버저소리가 울리자 교장 선생님이 들어왔다.

예의 기능직 아가씨가 나에게 눈짓으로 교장 선생님임을 알려주었다. 나는 교장실로 들어갔다. 내 뒤로 문이 덜컹 닫혔다. 교장 아무개라는 자개용 무늬를 한 명패가 사무용 책상에 무겁게 얹혀있었다. 순간 나는 명패의 사용을 금지하는 공문을 재직 중 본 기억이 났다. 언제 다시 책상 위에 올려놓기로 했는지는 기억나지 않았다. 아무튼 명패 따위야 없어도 업무에 아무런 지장을 초래하는 일은 없을 것이었다.

교장 선생님이 명함을 내놓고 커피를 시켰다. 뜨거운 커피는 목구멍을 지나 위 속으로 쪼르르 흘러들어갔다.

지금부터는 교장 선생님 시간이었다.

교장 선생님의 쫀쫀하고 논리 정연한 훈화가 시작되었다. 듣자니 자기자랑 일색의 얘깃거리였다. 나에겐 흘러간 이야기였고 되도록 빨리 지우고 싶은 이야기였다. 본교의 연혁에서부터 자랑거리들을 이 잡듯 펼치는 데 30분을 소요했다. 다음 차례로 인성교육에선 자신의 우월감에 흠씬 빠져있는 것 같았다.

"예약제 방문은 시교육청이 시행하기 이전에 제가 구안하여 본교에 적용한 사례지요. 그 후 학생 비리와 관련한 사안들이 현저하게 줄어들었지요. 이건 그 결과로 받은 우수학교 표창이고요."

"?"

그의 열변에 대한 나의 의문이었다.

"이웃학교에서도 도입하여 상당한 성과를 거두자 시교육청이 나서 서울 전역이 이 시스템을 활용하게 됐죠."

"이용자의 불편사항은 고려하지 않은 처사네요."

나는 빗대어 꼬집었다.

"시행 초기에는 다소 그렇긴 했지만 이제는 완전히 정착되어가고 있지요."

그는 자신 있게 말하고 있었다.

"그럼 예약을 하지 못한 사람들은 어쩌죠?"

나는 짜증스러웠다.

"거쳐야 할 절차를 따라야 하겠지요."

"그럼 저는 지금 그 절차를 밟고 있는 중입니까?"

"그럼요."

"절차를 따르려면 시간이 많이 걸리겠네요."

"별로."

그는 조금 머뭇거리다 답했다.

"저는 교장 선생님을 만나고 있는 현재까지 세 시간을 본교에 머물고 있는 중입니다. 그 사이, 교무실에서 세 사람, 행정실에서 두 사람, 교장 선생님까지 여섯 분을 만났습니다."

나는 인내의 한계에 부딪혀 쓴 소리를 냈다.

"세 시간을요!"

교장 선생님은 엄지와 검지 사이에 턱을 고였다.

"서로 미루고 미루다 보니 교장 선생님에게까지 오게 되었네요. 그뿐이겠습니까? 직원들의 불친절과 정화되지 않은 언어사용은 많은 사람들의 핀잔을 듣기 십상이더군요. 교장 선생님 훈시를 들은 지도 30분이 지났습니다. 제가 교장 선생님의 훈화를 들을 이유가 무엇입니까? 제가 할 일은 손녀를 만나는 것이니 지금이라도 서둘러 예약을 해야 하지 않겠습니까?

그럼 언제쯤 손녀를 만날 수 있을까요? 오늘 만나려 하면 손녀의 아버지나 어머니의 확인을 얻어야 한다면서요. 교장 선생님, 그러시다면 차라리 포기하겠습니다. 저는 오후 기차표를 예약해두었거든요. 예약제를 핑계로 학부모님과 점점 소원해지는 관계를 만들지는 마십시오. 손녀에게 어떤 불이익이 돌아갈지 몰라 그만 돌아가겠습니다."

후련하게 말을 뱉었지만 손녀를 생각하면 개운치 않았다.

"영감님! 고정하시지요!"

그가 황급히 말했다.

"저도 중학교 교장을 해본 사람입니다! 하찮은 교육장도 해봤어요. 교육위원도 해봤고요. 늙은이를 갖고 노는 게 아닙니다. 제발 휘두르지 마세요."

만감이 교차해 던진 말이었다.

(* 위의 내용은 몇 개 학교의 사례를 몽타주한 내용임을 밝힙니다.)

지금은 정비 중

엄지발가락에 통증을 느낀 것은 오래 전이다. 발톱이 무단히 살갗 속으로 파고든다 싶더니 통증을 수반하게 된 것 같다. 행여 발가락이 구두 속에 오래도록 갇혀있어 쏠림현상 때문이었을까? 그즈음 구두란 게 무슨 바람을 탔던지 끝이 뾰족한 게 유행이었으니까. 아무튼 그 덕택으로 지금까지도 통증을 달고 다닌다.

병원에라도 한번은 가봄직한 일이었다. 직장생활 핑계만 대고 어물쩍 지난 세월이 십년이다. 그 사이, 증세가 심하다 싶으면 약을 사다 발랐다. 그러다 통증이 조금 가라앉으면 잊어버리곤 했다. 목욕 후에 발톱이 불어 있으면 끝을 가위로 도려내고 파내기도 했다. 그렇게라도 해서 일시적으로 통증에서 해방되기를 소망했다. 그리고 그 순간만큼은 그래도 효험을 보긴 했다. 아무튼 발가락 통증은 오래도록 달고 다니던 고질이었다.

직장생활을 마감하게 되자 고질병을 달고 다닐 명분이 없어졌다. 그까짓 통증쯤이야 간단한 수술로 해결할 수 있는 것이었다. 부분 마취를 해서 발톱이 파고든 부분만 제거하면 될 것이었다. 하지만 아무리 작은 수술이라도 두려움은 있게 마련이었다.

나는 오래 전 척추 부위에 혹 같은 게 생겨나 외과병원엘 간 적이 있었다. 대수롭지 않게 생각했는데 의사가 수술을 권유하는 바람에 얼떨결에 수술대에 올랐었다. 살점을 떼어내는 수술이 시작되었다. 부분마취여서 의식은 생생했다. 철거덕거리는 가위소리와 집게로 끌어당겼다 갑자기 놓아버리는 듯한 느낌이 반복되었다. 무서운 것 같지는 않았다. 쇼크를 방지하는 주사를 놓았을 터였다. 아무튼 시간이 많이 흐른다는 생각이 들었다. 수술은 성공리에 잘 되었다고 했고 조직검사 결과도 이상 소견이 발견되지 않았다고 했다.

그동안 미뤄두었던 것들을 생각하면, 발가락 문제는 우선순위에서 밀려났다. 그보다 앞서 정비해야 할 곳들이 한두 가지가 아니었다. 생각할수록 봇물 터지듯 여기저기서 불거졌다.

당장, 가려운 무좀 치료를 부득이 1순위에 두어야 할 것 같았다. 무좀 치료는 기간이 너무 길고, 투약 성분이 간에 미치는 영향이 크다는 우려 때문에 망설여왔다. 다행하게도 요즘은 의술의 급격한 발달로 단기간 내 신체부위에 별다른 영향을 끼치지 않고 치료가 가능해졌단다. 한 달에 한 번씩 석 달만 한 알씩의 알약을 복용하면 된다니 이럴 수도 있나 싶다. 오래 기다리길 잘했다 싶었다. 그렇게 석 달에 걸쳐 약을 복용했는데도 증세는 잘 수습이 되지 않는 것 같았다. 그러나 한 달 두 달이 더 지나서야 약효가 서서히 나타나기 시작하더니 여섯 달이 지날 무렵에는 이제는 무좀에서 해방되었구나 하는 안도감이 들었다.

무좀 치료가 종료되자 억눌렸던 이가 욱신거리기 시작했다. 심할 때는 윗니가 아픈 건지 아랫니가 아픈 건지 구별조차 할 수 없었다. 어쩌면 이 자체가 아픈지 잇몸이 아픈지도 알 수 없었다. 머릿속이 지끈거릴 때는 이인지 머릿속인지도 분간할 수 없었다. 치과에서 며칠 치료하면 거뜬하리라 생각했었다. 그런데 그게 아니었다. 발치하고, 신경 죽이고, 치아 본뜨고, 심고, 교정하고 몇 주일동안 좀을 볶았다. 덕택에 음식을 씹는 치아 본연의 임무는 할 수 있게 되었다. 허기야 제 이만 할 수야 없었다. 의식을 않고 적응하는 일이 남아있긴 했지만. 다행한 것은 70대의 나이엔 평균적으로 14개의 본이를 가진다는 기록에 비하면 나의 이는 아직 20개 정도를 보유하고 있다는 것이다.

다음 차례로 정비를 해야 할 부위가 기다리고 있었다. 수십 년을 달고 다녔던 치질이었다. 사실 치질 문제로 병원엘 간 적이 한두 번이 아니었다. 수치질이어서 걸핏하면 돌출하는 바람에 걸음을 제대로 걸을 수조차 없었다. 그때마다 임시방편으로 땜질을 했다. 근본적인 치료가 아니어서 수시로 곤욕을 치렀다. 막상 수술을 하려해도, 내 동생이 고통스러워하던 상황을 상상하면 발걸음이 놓이질 않았다. 나는 몇 년 전 심한 항문외상으로 상당한 출혈을 보여 병원엘 갔었다. 그때 나는 담당의사의 말을 듣고 수치심까지 느꼈다.

"이걸 아직까지 달고 다니십니까?"

미개인 취급을 하는 핀잔의 소리였다. 당장에라도 근절해야겠다고 작심을 했었는데 그새 무심한 세월만 흘려보냈다. 그러나 이젠 정비를 해야 할 시점에 도달했다. 더 이상 미룰 명분이 없어졌다. 죽기 아니면, 까무러치기였다.

인터넷에서 항문전문병원을 검색했다. 전국적으로 항문전문병원이 많기도 했다. 병원이 많은 걸보니 항문 환자도 많은가 보았다. A 병원에 눈길이 갔다. 원장 선생님이 5천 회의 대수술 기록을 가지신 분이라고 적혀있었다. 왠지 관심이 쏠렸다.

병원에 도착하자마자 가슴이 콩닥거렸다. 접수를 마치고 수술을 기다렸다. 수술대로 향하는 사람, 수술을 마치고 나오는 사람들이 시선을 교차

했다.

정해진 시간이 되자 호명이 되고 지하 수술실로 향했다. 숨이 컥컥 막혔다. 여러 명의 수술대기 환자가 긴장한 듯 몸을 움츠리고 있었다. 부분마취를 위하여 척추에 주사를 꽂았다. 10분이 경과하자 원장이 인사를 하고 집도를 시작하는 것 같았다. 수술시간이 짧다고 해서 숫자를 세기 시작했다. 5분이 경과할 무렵 원장은 수술종료를 알려주었다. 이렇게 빠른 수술을 그 많은 세월동안 달고 다녔다니 참으로 부끄러운 미개인임이 틀림없다는 생각이 들었다.

몸 정비를 하느라 빠끔한 날이 없었다. 하루도 병원엘 빠지지 못하고, 지겹도록 알맹이 약 챙겨 먹느라 쫓기는 판국이었다. 의사가 시키는 대로 다 하자면 차라리 입원을 하는 편이 낫겠다 싶었다. 병실에서 두문불출하고 환자들이랑 새 삶을 여는 것이 훨씬 편하겠다 싶었다. 그렇잖아도 치질 때문에 며칠을 입원했겠다, 그대로 밀어붙일까 보았다. 처음엔 입원을 했다고 지기 몇몇이 들락거리겠지만 긴 병수발에 효자 없다고 며칠 뒤면 아무도 얼씬하지 않을 거였다. 그쯤이면 오히려 편하겠다. 모든 간섭에서, 모든 허울에서 벗어날 수 있을 것 같기도 할 테니까.

내일이면 6주간 복용하던 치질약도 바닥이 난다. 따라서 좌욕도 끝이다. 하루에 서너 번씩 하는 좌욕에 간호를 해주는 아내도 지겨웠을 것이다. 거즈, 약솜, 패드, 삼각팬티 다루기에 이력이 났겠지만.

며칠 전부터는 오줌을 누기가 힘들어졌다. 그전부터도 시원한 상태는 아니었지만 견뎌왔던 터였다. 이참에 이것마저 정비를 해야겠다. 그동안 정비할 거리를 찾아 의사와 상의하며 마무리를 지었다.

나이가 들면서 정비거리는 점점 늘어나리라. 그리고 완치할 수 없는 거리도 나타나리라. 서양 속담에 '고칠 수 없는 것은 참을 수밖에 없다'고 했다. 견디며 버티는 수밖에.

잊고 있었던 거리가 있었다. 발톱이 살갗을 파고들어 고통을 수반한다는 사실이었다. 그런데 그 고통이 사라졌다. 아무런 조치를 강구하지 않았음에도 평상을 되찾은 것이었다. 그럴 수도 있는 일일까? 의문이 앞섰지만 그건 사실이었다. 간염에 걸렸다가도 자기도 모르게 나아버리는 그런 것이었다. 결핵에 감염되었다가도 자연 치유되는 그런 것이었다.

이제는 오랫동안 아껴두었던 기차여행이라도 떠나야겠다. 용기를 내어 좀 더 먼 기차여행을 해야겠다. 1박 2일쯤이라도 괜찮을 것 같다.

그런데, 떠나기도 전에 열이 온몸으로 퍼진다. 몸살 증세다. 감기가 오기 전초전이다. 진맥을 하던 한의사가 내 체질은 감기에 잘 걸리진 않지만 일단 감기를 얻으면 심하게 앓게 되니 미리 입원을 해서 치료를 하란다. 만병의 시초가 감기가 아니던가. 특히 나이가 있는 나와 같은 경우는 귀담아 들어야 할 금언이다. 열이 퍼지면 혈압상승을 동반하게 되고 가슴 두근거림 현상이 뒤따른다. 일 년을 두고 벌써 몇 차례 반복되는 현상이다. 정비를 하려면 근원적인 정비가 있어야 할 것 같다. 아무래도 이참에 순환기 종합검진이라도 받아두어야 할 것 같다. 구릿한 뒤끝을 두고서야 어찌 정비라 할 수 있겠는가. 막내에게 전화를 낸다. 순환기계통 전문의를 알아봐 달라는 부탁과 가능하면 예약날짜까지 받아달라는 내용이다.

정비도 중요하지만 이러다 보니 한주먹씩 약을 복용해야 할 지경에 이른다. 의사는 자기분야의 전문의이지 환자의 모든 면을 보살필 수 없는 것이 한계인 것 같다. 이러다간 정말 약에 취해 병을 더 얻을 것 같다. 약과 약의 상극관계도 모르면서, 약 자체의 내성이나 습관성도 모르면서 마구 밥 먹듯 한다는 것은 파국으로 치닫는 행위다. 가급적이면 생약치료로 대체하는 방법을 상담해야 할 것 같다.

다음 주 월요일은 위장내시경과 대장내시경을 예약한 상태다. 대강의 결과야 제자리에서 알 수 있겠지만 조직검사의 결과는 일주일을 기다려야 할 것이다. 스트레스를 푸는 게 아니라 쌓는 일이다. 용종이 없는 노인네가 어디 있겠는가. 기계도 오래 쓰면 닳고 망가지거늘. 암으로 발전할 가능성 운운하면 일 년 후까지 재검사 예약을 해야 할 것이다. 늙기도 서러운데 병원을 지고 다녀야 할 처지라니. 하기야 오죽 아프면 죽기까지 하겠는가.

정비를 작심했으면 정비를 하면 되는 것이다. 그러나 정비의 끝은 어디까지일까. 스스로 반문하게 된다.

자격증시대

1

아내는 67세에 방송통신고등학교에 입학했다.

학력에 대한 징크스를 참으로 늦게 풀어내려는 것이었다. 요즘은 만학의 시대라 하지만, 끝까지 수학을 해낼 수 있겠느냐가 나와 주변의 관심사였다. 다행하게도 학교수업은 2주일에 한 번 일요일에 하는 출석수업뿐이었다. 나머지 공부는 가정에서 스스로 하는 것이었다. 수업이 있는 날이면 그때마다 나와 막내가 교대로 밀양에서 마산으로 만학도를 실어 날랐다. 더욱 더 다행스러운 것은 50여 년 전 중학교를 졸업한 밑천으로도 곧잘 학과를 소화한다는 점이었다. 영어, 수학, 일어 같은 수업을 흥미 있게 해나가는 모습이 신기하기까지 했다. 영어교사였던 내가 영어 개인레슨을 도맡았고, 막내가 수학 전담교사 노릇을 했다. 그런데 일어는 순전히 독학을 했으면서도 문자해득을 일찌감치 끝내고 문장공부에 돌입해 있었다. 그리고 결과도 만만찮게 좋은 점수를 따냈다.

아내는 자연히 일요일이 기다려지는 모양이었다. 방송통신고등학교의 특성상 지긋한 연배의 동급생들의 향학열이 아내의 오기에 기름칠을 하고 있는 것 같았다.

한 해가 끝났고, 학급이 재편성되었고, 담임도 바뀌었다. 그런데도 적응을 잘 해나갔다. 탄력이 붙은 공부에 대한 재미는 자학자습의 본보기 바로 그것이었다. 적령기의 학생처럼 '제발 공부 좀 해라'가 아닌 '제발 공부 좀 그만하세요'였다.

3학년 과정을 전부 이수한 아내는 우리 가정의 히로인이었다. 친구들 사이에서도 학생 사모님이라 불리었고 부러움을 샀다. 젊은 학생들과의 대화 속에서 3년이라는 시간을 보내면서 형성된 인간관계는 눈에 띄게 변화한 모습이었다. 남에 대한 배려, 남편에 대한 사랑이 노골적으로 표현되기도 했다. 배움이라는 것이 변화를 추구하는 것이지만 이토록 긍정적으로 변하리라고는 상상하지 못한 일이었다. 역시나 배움에는 끝이 없고 세 살 먹은 손자에게서도 배운다는 말이 진리로 다가섰다.

무엇보다 3년간 건강을 지켜낸 것이 갸륵하다. 과정 사이에 치러야 하는 중간고사며 학기말고사는 심한 스트레스를 주었을 것이었다. 그때마다 고비를 잘 감내해냈고 새로움을 향해 나아가는 저력은 아내만의 지울 수 없는 장기인 것 같았다.

한 번의 지각이나 조퇴 없이 영광의 졸업장을 안은 아내에게 힘찬 박수를 보낸다. 참으로 떳떳하게 수학한 모범을 보인 아내에게 벅찬 갈채를 보낸다.

2

3년의 전 과정을 마치면서 아내와 나는 대학진학에 대한 고민에 빠졌다. 그러나 여태껏 해온 사회봉사를 제대로 해보자는 측면에서 어려움 없이 합의가 이루어졌다. 다만 어려움이 있었다면 희망하는 대학에 진학할 수 있겠느냐였다. 아내가 희망하는 학교는 무시험이기는 했지만 높은 고등학교성적을 요구하고 있었기 때문이었다. 그러나 아내는 자신이 원하는 학교에 거뜬히 입학할 수 있었다. 한 학기 후 편성하는 사회복지학과에도 무난히 입성했다. 아내의 향학열이 그렇게 하게 했다.

대학생활은 고등학교와는 달리 매주 월요일부터 목요일까지 수업이 꽉 짜였다. 자연히 통학이 문제점으로 부각됐다. 처음 학기 때는 동읍까지 내가 운전병이 되어주었고 동읍에서는 스쿨버스를 이용했다. 버스는 교통 체증으로 인해 이삼십 분씩 당겨졌다 늘어졌다 했다. 버스를 기다리는 시간 동안 지겨워 힘들었겠지만 내색은 하지 않았다. 어떨 때는 그게 마음에 걸려 학교까지 동행하기도 했다. 말은 없어도 그때 아내는 지극히 편안함을 느끼는 것 같았다. 둘째 학기부터 승용차로 통학하는 타과의 학생 차에 편승했다. 퍽이나 통학이 용이해지자 학교에 대한 재미는 비례해서 늘어나는 것 같았다. 더불어 친숙해진 아줌마 학생들과도 활발한 교류를 펼쳐나가는 것 같았다. 아줌마 부대는 다들 배움에 대한 열망이 넘쳤다. 장학금 수혜자는 몽땅 아줌마 차지였다. 또한 장학금을 타는 아줌마는 거하게 한턱씩 쏘았다. 교수를 늘 초대했고 학과장은 단골이 되다시피 했다.

2년간의 시간도 물 흐르듯 흘러갔다. 그동안 교실에서, 봉사대에서, 유아학습장에서 함께했던 교우들과도 헤어질 시간이 되었다. 못내 아쉬운 것은 적령기의 학생 못지않았다. 이제는 뿔뿔이 흩어져 각자의 소임에 충실하지만, 이따금 서로 연락을 취하고 있나 보다. 4년제 대학에 진학해 학업을 이어가는 이가 있는가 하면, 그들이 획득한 자격증에 맞춰 취업을 한 이도 있다. 아직 어리둥절해하는 이는 이것저것 망설이나 보다.

3

아내는 자그마한 가게를 세내 재가복지원을 꾸릴 생각을 하고 있었다. 준비과정으로 시에서 경영하는 복지회관의 관계자를 면담했다. 요양원의 원장, 복지원의 실무자들과도 접촉했다. 다들 긍정적인 반응을 보여줘 열심히 쏘다녔다.

하지만 그때 아내의 무릎 관절은 돌이킬 수 없을 만큼 악화되어 있었다. 무리에 무리를 해 수술 이외의 방법은 없는 것으로 진단이 나왔다. 그랬는데 한 한의사가 수술 없이 침으로 다스려주겠다고 나섰다. 반신반의했지만 환자가 기댈 곳은 의사밖에 없었다. 6개월이 지나자 무릎은 호전되기 시작했고 어설프게나마 걸음을 뗄 수 있게 되었다. 기적이 일어난 것이었다. 차츰 걷기에 적응하면서 펼치려 했던 일을 시작할 찰나였다. 이번에는 아토피가 엄습했다. 아토피는 양약으로는 근절시킬 수 없다는 속설이 나있는 진한 가려움을 수반한 피부병이다. 옛날에는 태열이라고 불리던 것이었다. 아내는 어렸을 적 태열을 앓았었다고 했다. 지금 그 태열이 온몸을 가려움증으로 힘들게 하고 있다. 침으로도 해결할 수 없는 고질병이란다. 간에 열이 많아 생기는 병이라고 한의사가 일러준다. 근본적으로 열을 빼내고 체질을 바꾸어야 치료가 종료되는 것이란다. 비싼 탕약을 몇 달째 복용하지만 나을 기미는 보이지 않는다. 심하게 간지럽거나, 간지러워서 피부가 부어오르면 주사도 곁들인다. 그리고 의사가 권하는 알약도 복용한다. 붉은 통에 담긴 하얀 연고도 바른다. 삼림욕이, 해수가 좋다는 말에 이곳저곳 찾아다니기도 한다.

아내는 이런 고통을 잠을 설쳐가며 참아내고 있는 중이다. 5년이라는 시간 동안 투자했던 노력의 결실을 일구어낼 때까지는 인내해낼 것이다.

그런 아내에게 용기와 격려의 박수를 보낸다. 언젠가는 진정한 봉사자로서, 언젠가는 참된 보육교사로서의 역할을 다할 수 있기를 기대해본다.

'보육교사 자격증'과 '사회복지사 자격증', '회원증'이 액자에 담겨 나란히 걸려 있다. 또렷한 눈망울의 사진과 보건복지부 장관 직인이 유난히 붉게 찍혀 있다. 지금은 그것들을 들여다보는 것으로 만족해야 할 시간인 것 같다.

그분이 하산하신다면

"안녕하십니까? 간만에 뵙습니다."

"그러네요. 퇴임한 지도 십년이 훨씬 지났나 봅니다."

"세월이 화살 같다더니."

"그새 작고한 분들도 여럿 되시지요?"

"그럴 거예요, 아마."

"풍이 왔었는데도 용케 교장까지 한 박 교장이 최근에 유명을 달리한 모양입니다."

그 박 교장이라면 언제나 '짧게, 뭉툭하게'를 입에 달고 사시던 분이었다. 작달막한 키에 눈이 유난히 반짝거렸다.

평소 술이라면,

'이봐, 여기 한 박스!'

'오늘 술 한번 잘 팔리네, 또 한 박스!'

그에게 병이라는 개념은 없어 보였다.

"많이도 자시고 가셨으니 원은 없었겠네요."

"허기야 그렇기도 하겠네요."

"그뿐인가요. 그 놈의 뱀이라는 뱀은 다 잡아 자셨을 거예요. 도서지방에 근무했을 때는 학생들에게 뱀을 잡아오라고 선금을 주기까지 했던

데요."

"그 무렵엔 저와 한 학교에 근무를 하고 있었지요. 그런 소문을 듣긴 했지만 실제로 그런 일이 있었는지는 모르는 일입니다. 다만, 어느 날인가 학생이 등굣길에 먹구렁이를 잡다 박 선생님에게 바쳤는데 후한 상금을 주었다는 이야기는 있었어요. 소문이 나지 않았을 텐데, 큰 양은솥에다 구렁이를 넣고 달이던 중 옆 사택 선생님들이 먼저 진국을 다 마시고 찬물을 부어놓은 것이 들통이 나면서 사건이 터졌던 게지요."

"시빗거리가 되었겠는데요."

"학교가 발칵 뒤집혔지요. 먹구렁이 한 마리 값이 웬만한 송아지 값이었다니 그럴 수밖에요."

"송아지 값이요?"

"누가 알겠어요. 박 선생의 주장이 그랬다는 게지요."

"대신 마신 사람들은 무슨 효험이라도 보았다던가요?"

"누가 말이나 하나요. 당사자 간에는 말이 필요 없었겠죠. 옆에서들 이러니저러니 바람만 잡았어요. 박 선생만 벌겋게 달아올라 있었고요."

"그 박 선생 말입니다만 여색을 무척이나 밝히셨다면서요? 그게 뱃놈 기질 때문이었을까요, 아니면 뱀탕의 약효 때문이었을까요?"

박 교장은 수산대학을 졸업하고 교직에 뛰어든 사람이었다.

"궁금하기도 하시겠소. 부인 없이 섬 생활을 하는 젊은 남자가 여자 마다할 사람이 어디 있겠소. 아니 그러하오?"

"글쎄올시다."

"술 마시지 않는 날이면 동네 다방에 죽치고 앉았었던 건 사실일 거예요."

"그 보시라니까요."

"섬에서 마땅히 갈 곳이 어디 있었겠어요. 그런다고 그 아가씨들이 밤마다 연립으로 지은 사택으로 기어 올라왔을까요?"

"그게 알쏭달쏭하다니까요."

"원래 소문이라는 것은 날개를 달지요."

"그야 그렇지요."

"섬에서는 별스런 이야기가 있게 마련이죠. 언젠가, 태풍경보가 내려 그날은 주말부부 노릇도 못하게 됐다고요. 의논 끝에 교직원 염소 파티를 열기로 했지요. 전 직원이 염소 두 마리를 잡아 회식을 하기로 한 날, 일기예보가 태풍경보에서 주의보로 바뀌는 통에 대부분이 사선(私船)을 타고 나가버렸네요. 남은 여섯 명이 염소 두 마리를 어떻게 먹을 수 있었겠어요. 장정 열여섯 명이 달려들어도 어림없는 짓이지요. 그런데 그런 어이없는 일이 섬에서는 빈번하게 일어난다니까요. 아마도 그 염소, 열흘 동안은 노린내가 폭 배도록 먹고 또 먹었을 거예요. 그 사람들 상륙하면, 섬 쪽으로는 아예 쳐다보지도 않을 겁니다."

"그렇겠군요. 섬의 염소 덩치가 육지 것보다 엄청 크잖아요. 힘도 세서 정력에는 와따지 않습니까. 특히나 선생님들이 자신다니까 학부모들은 그중에서도 가장 큰 걸로 진상했을 것이고요."

"선생님은 섬 생활을 해보신 적이 없으신가요?"

"없습니다. 산골에서만 근무했으니 그런 일화는 없지요. 땡 소리 나면 집에 가기 바빴고요. 그런데 선생님께서는 그 박 선생에 대해서 아주 자상하게 아시는 군요."

나는 박 선생과 두 차례 같은 학교에서 근무한 적이 있었다. 그리고 내가 그를 세 번째 만난 것은 지역교육청 장학사로 근무하고 있었을 때였다. 그 무렵 그는 교감으로 벽지학교에 근무하고 있었다. 그곳에서 갑자기

중풍을 만나 고전하고 있다는 소문은 듣고 있었다. 어느 날 느닷없이 그가 나에게 전화를 걸어왔다. 10년 만에 듣는 목소리였다. 기세당당하던 목소리가 아니었다. 왠지 풀이 죽어 있는 목소리였다. 교감으로 승진은 했지만 학부모들의 냉랭한 눈초리는 그에게 무한한 스트레스를 주고 있는 것 같았다. 그의 전화 내용은 내가 장학사로 근무하는 지역에서 근무를 희망한다는 것이었다. 그게 내가 그와 세 번째 만나는 계기가 되었다.

"그랬군요. 세 번째의 조우여서 감회가 남달랐겠군요."

"그랬지요. 박 선생님은 차츰 생기를 찾았어요. 교감이라는 직책을 떠나, 정말 교직에 최선을 다했지요. 고교입시에서는 전례 없는 성적을 거두었고요. 3학년이랬자 열 명도 채 안 되는 초소규모 학교에서 관내 고등학교입시에 톱을 냈으니까요. 이듬해는 여자고등학교에서도 톱을 내기까지 했지요. 그의 일생일대 전성기였지요. 관내학교로 전출되던 날 학부모님들은 아쉬움의 눈물을 흘렸어요."

"인생지사 새옹지마라 했던가요. 참으로 격세지감을 느꼈겠군요."

"대반전이었지요. 다음 해 교장으로 승진해 타 지역으로 가셨죠. 그분과 저와의 인연은 거기까지였어요. 교장승진 이후 그분은 민원에 말려 엄청 고전했나 봐요. 도교육청에 연판장이 수차례 올라가고 수습이 유보되는 상황에서 가까스로 퇴임을 하셨나 봐요."

"퇴임하자마자 이내 돌아가셨다면서요."

"그럴 수밖에 없었을 거예요. 사모님은 사업이 부도가 나자 행적을 감추었고, 지긋지긋했던 교직의 마무리가 그분의 지병을 악화시켰을 거예요. 돌아가신 후 연락을 받지 못해 문상도 못했어요. 참으로 안타까운 일이었습니다. 그 친구 영웅은 못되어도 호걸은 됨직한 인물이었는데."

"고인의 명복을 빌 수밖에요."

"뱀 얘기가 언급되었으니까 말이지만 그게 참 요상한 것이라니까요. 선생님께서는 사주(蛇酒)를 드셔본 적이 있으신지요?"

"접때 테니스를 하다 옆구리를 삐걱한 적이 있었지요. 약을 지어 먹어도 차도가 없더라고요. 시일이 경과하면서 통증은 점점 심해졌고 급기야는 혼자서 일어나지도 못할 지경이 되었지요. 그때 동료 선생님이 사주를 권하더라고요. 물에 빠진 놈이 무슨 짓을 못했겠어요. 우선 한됫병에 얌전히 누운 뱀을 건져냈지요. 다음 차례로, 눈 질끈 감고 큰 글라스로 노르스름한 액체를 쭉 들이켰죠. 진한 노린내 같은 뒷맛 때문에 냄새를 가시게 하기 위하여 마늘을 된장에 찍어 씹었지요. 노린내인지 마늘 맛인지 구분이 가지 않는 야릇한 맛이 입안에 가득 고여 있었어요. 지금까지 저는 생마늘을 먹지 못해요. 다음날 또 한 잔을 마셨어요. 그랬는데 언제 그랬느냐는 듯 통증이 말끔히 사라져버린 거예요. 한번은 아내가 부엌일을 하다 다리관절에 탈이 생겼었는데 낫질 않고 속을 썩이고 있었지요. 제가 한사코 권하는 바람에 아내도 독한 사주를 마시게 되었습니다. 사실은 마신 게 아니라 코를 쥐고 삼킨 것이겠지요. 그런데 신기하게도 말끔히 나았다니까요. 아내나 저나 사주를 마신 건 그게 처음이자 마지막이었어요."

"영약이 따로 없었네요. 저는 비위가 약해 마신 적은 없지만 그래도 항상 준비는 해두었거든요. 소백산맥 자락에 놓인 연수원의 연구사 시절, 동료들이 각자의 침실 머리맡에 까치독사와 두꺼비로 술을 담가두었거든요. 평소 알고 지내던 연수생들이나 선배들이 오면 꼭 그것을 찾는 사람이 있더라고요. 다른 연구사가 담근 술을 빌려 쓰다 직접 담그기로 결심을 했지요. 한번 담그기 시작하니까 청솔가지 마른 솔가지가 없더라고요."

"그럼 사주엔 도가 텄겠네요."

"그리된 셈이죠. 그런데 거기 사람들은 사주보다 탕을 즐겨 먹더라고요. 기능직 아저씨들은 비가 그치면 몸을 말리러 나온 독사와 두꺼비를 잡으러 나서곤 하더군요. 온 산을 뒤적여 한 자루씩 잡아다 나무통에 가두어 두고 귀한 손님이 오시는 날엔 으레 탕을 끓이곤 했답니다. 원물은 대개 기능직 아저씨들이 먼저 시식을 하고 재탕한 것을 대접했다고들 합디다. 믿거나 말거나 말이지요. 어쨌든 원물이나 재탕을 먹은 사람들은 피부색이 불그스레했던 것은 사실이었어요. 제가 아는 원장님이나 기능직 아저씨들의 엉덩이는 스모선수들의 엉덩이처럼 뒤뚱거렸어요."

"왜 그런 현상이 나타나지요?"

"누가 연구를 해봤어야지요."

"연구는 연구사님들이 하는 것 아닌가요?"

"다시 그 시절로 돌아갈 수 있다면 모를 일이지요. 지금은 그 우글우글하던 뱀과 두꺼비가 씨가 말랐을 거예요. 그리고 그 시절, 같이 근무했던 동료들은 모두 하산하여 교장 선생님도 되고, 더 높은 지위에 오른 사람도 있겠지요. 그 당시 우리가 가장 존경하는 사람은 다름 아닌 하산하는 사람들이었지요. 그동안 고생했다며, 승진을 축하한다며 한없는 부러움을 표시했거든요. 그리고 빼놓지 않고 하는 귓속말이 있었지요. '하산하면 어느 년을 죽이시렵니까?'라고."

작물현황

사람들이 나더러 얼굴이 탔대요.
몰라볼 정도로 까맣게, 빤지르르하게 탔대요.

퇴임 후 5년간 농사를 지은 경력이 쌓였다.
농사래야 체험농장 수준이지만 그새 나름 노하우는 생겼다. 아내가
즐겨 찾는 상추는 연중 빠지지 않는 단골 재배 메뉴가 되었다. 여러 차례
오이도 심었고, 가지도 심었지만 바이러스에다 탄저까지 달라붙어 마르고,
무르고, 떠서 수확할 게 없었다. 작년엔 감자를 심었지만 추수기에 씨종자
만큼의 감자를 캤을 따름이었다. 그나마 부지런히 거름 질을 한 결과물이
었다. 남들 다 짓는 농사가 나에게는 왜 그리 어려운지 알 길이 없었다.

올해는 텃밭 주인이 서울에 가면서 나더러 지을 만큼 지어보라고 넓은
땅을 내주었다. 나는 이때다 싶어 고추 농사에 올인하기로 마음을 정했다.
우선, 땅속의 벌레를 퇴치해야 한다기에 하얀 가루약을 사서 뿌렸다.
이 텃밭은 이전에 한 번도 농약이나 구충제를 살포한 적이 없었다. 삽으로
땅을 뒤적였을 때 지렁이, 개미, 노린재, 예쁜 지네 새끼까지 공동거주를
하고 있었다. 죄스러운 생각도 들었지만 그렇다고 작물을 그만둘 수도 없

었다. 가급적 농약을 정량보다 낮춰 주기로 했다.

일주일이 지난 후, 거무스레하고 역한 냄새를 풍기는 농약방에서 파는 밑거름을 부었다. 일반농가에서 쓰는 자작한 퇴비와는 근본적으로 달랐다. 유기농이라고 써 붙인 값비싼 포대기 거름과도 비교가 안 되는 것이었다. 도대체 무슨 재료를 넣고 조작했기에 이토록 차이가 나는 걸까?

나는 폐질환으로 돌아가신 두 교감 선생님을 기억하고 있다. 그분들은 한결같이 건강미가 넘쳤었다. 화근이라면 국화재배 전문가였다는 사실이다. 늦가을부터 시작되는 국화재배는 한 트럭의 거름을 온실에 가두는 일부터 시작한다. 그 거름이 발효되면서 밀폐된 비닐하우스 공간에 내뿜는 독소가 그들의 폐 속에 누적되고 있었던 것이다. 재배기술에 맞춰서 천태만상의 꽃을 키워내는 그들이었지만 독소의 누적을 감지하지 못했던 과오를 저지른 것이었다. 생때같던 두 거목이 일시에 떨어진 비운을 나는 도무지 잊을 수 없었다.

짧지만 세 골을 맵시 있게 다루었다. 고추 거름으로 일품이라는 환제와 유제를 알맞게 부었으니 비닐을 덮으면 모든 준비 작업은 완료였다. 장날을 기해 백 포기 묶음 고추모종 포트를 구입했다. 눈으로 보기에도 모종은 실해 보였다. 초기 약품처리도 했단다. 비가 온 오후에 비닐에 구멍을 뚫어 옮겨 심었다. 며칠 뒤 준비해두었던 알루미늄 지주 대를 시옷[ㅅ]자 모양으로 세웠다. 지주 대마다 모종의 허리를 묶었다. 처음 하는 작업이었지만 신이 나서 고단한 것도 잊었다.

주위 사람들이 그랬다. 고추를 심고 첫살이를 시작하면 필히 농약을 살포해야 한단다. 이삼 년 전부터 몇 포기씩 고추를 심어 왔지만 거름만 조금 했을 뿐 농약은 치지 않았다. 그래도 다소간 풋고추는 따먹을 수 있었다.

그런데 이 모종은 품종부터 다른 것이란다. 홍초를 따서 말렸다가 김장 때 고춧가루로 쓰는 것이란다. 그러니까 고추를 따는 시기도 일반 고추보다 훨씬 늦단다. 장마까지 무사히 넘기려면 살충제, 진드기 약, 탄저병약은 기본이란다. 그런데 나처럼 재미삼아 기르는 사람을 위한 소량의 농약은 어디서도 취급하지 않는다니 울며 겨자 먹기로 대농을 하는 사람들의 흉내를 내지 않을 수 없었다. 결국엔 자그마한 임시 창고에 쓰다 남은 농약봉지가 줄줄이 엮어 걸렸다. 어느 시절에 다시 끄집어내 쓸 것인지 예상할 수 없는 시간만 흐르게 되겠지만.

진드기가 극성을 부리자 뒤늦게 비리약이 따라간다. 벌레가 기승을 부리자 충약을 친다. 농약은 뭐니뭐니해도 예방이 근본인데 온전히 한 박자 늑장을 부렸으니 잎이 오글거릴 수밖에 없다.

한 말에 한 뚜껑이나 한 숟가락을 타서 살포한다니, 농기구를 갖출 수 없어 페트병을 쓸 수밖에 없는 나로서는 해당하는 양을 가늠하기가 만만치 않다. 장날 장터에서 산 간이분무기도 수평으로 압력을 가해야 하기에 작업을 하기에는 채 10분도 견뎌내기 어려웠다. 농사에 따른 하나하나의 일들이 여간 힘든 게 아니었다. 양손에 농약이 묻고 페트병 주둥이에도 약칠갑이다. 이러다 오염이나 되지 않을지 염려가 된다.

염천, 코 막고 입 막고 보릿대모자 눌러쓰고…… 노출된 신체부위는 죄다 가린다. 탈레반이 따로 없다. 숨이 턱밑까지 찬다. 펌프질해 안개를 고루 뿜어내기가 죽을 맛이다. 그랬는데도 시기를 놓친 연유로 잎은 계속 타들어가고 잎과 열매는 또르르 말린다. 그러다 열매는 꼭지가 빠지고 만다. 이러고서야 무슨 홍초를 생산해낼 수 있을지 궁금하다. 시작부터 생각지도 않은 바이러스가 붙었다나. 생판 처음 듣는 고추병이다. 농약방에서

약 꾸러미를 주면서 시원찮은 말을 듣는다.

"이것 쳐보고 안 들으면 몽땅 뽑아버리고 새로 심으세요."

바이러스엔 크게 대책이 없다는 말인가 보다.

나아진 것은 없었지만 그렇다고 해서 바이러스로 인해 폭삭 내려앉은 것도 아니었다. 어중청한 말처럼 어중간하게 버틴다. 고추가 달리긴 하면서도 연이어 오글거린다. 진퇴양난이다. 그런데도 농약 파는 여사장의 여운을 남기는 말 한 마디는 퍽 인상적이고 고무적이다.

"뭐니 해도 처음 짓는 농사가 최고라니까요!"

식물이 자라는 것이 주인의 발자국 소리를 듣고 자란다는 말이렷다. 그만큼 애착을 가지고 하는 농사가 잘 되게 마련이라는 뜻이 담긴 것이리라. 나는 잎이, 고추가 오글거리든 말든 내가 할 수 있는 노력은 다 퍼붓는다. 농약도 살포하고, 유기농비료도 지속적으로 뿌린다. 그게 맞는 건지 아닌지는 모른다. 결과가 증명해 보일 것이다.

바이러스 때문에 오그라졌던 잎과 열매가 오그라들었다 퍼졌다 하면서 크고 있다. 고춧대 중 큰 것의 키는 내 허리께에 이른다. 개중에는 거꾸로 자라는지 땅으로 기는 녀석도 있다. 빼 던져버리기가 뭣하고 해서 두고 보려니까 안쓰럽기까지 하다.

장마를 거치면서 고추의 꼭지가 무수히 물러 빠진다. 밭골 바닥에 떨어진 녀석들은 이내 허옇게 변색된다. 매일 반 됫박씩 주워 거름무더기에 버린다. 그래도 악착스럽게 매달린 녀석은 약이 오르고 있는 것 같다. 한편으로는 새로운 꽃이 피고 새로운 고추가 달린다. 피고 지는 일이 경쟁하듯 연속된다. 나의 페트병 농약 살포도 뒤질세라 계속된다.

7월 장마가 끝나자 더위가 기승을 부린다. 긴 장마의 저온에 익숙해졌던 잎사귀들이 축 처지기도 하고 타들어가기도 한다. 무더위의 강한 햇살은 푸른 고추들을 빨갛게 익히기 시작한다. 파란 잎과는 대비되는 색의 조화다. 고추나무 윗부분의 열매는 푸르고 아랫부분은 빨갛게 무늬를 바꾼다. 자연의 조화가 이토록 화려하다.

8월 어느 날, 빨갛게 익은 고추를 따기 시작한다. 잘 생겼어도, 못났어도 내가 재배한 작품이어서 고마운 마음이 든다. 이틀 간격으로 한 됫박씩 거둬들인 게 두 상자에 가득 찼다. 그리고 고추밭은 파물로 접어든다. 오그라든 못난이까지 추슬러 세 상자는 되나 보다.

꾸어다 한다던 장마가 스쳐 지나간 지도 오래다. 고추 수확을 끝내자 초가을 장마가 시작된다. 가을비가 구질구질 내린다는 것은 흔치 않은 일인데 근 보름을 질금질금 뿌려대니 어느 겨를에 고추를 말릴 수 있겠는가. 볕을 쬐지 못한 홍초는 짓무르기 시작하더니 속이 까맣게 썩어들어간다. 한 꼬투리라도 건질 양으로 때 아닌 군불을 24시간 지핀다. 심을 때부터 한 박자씩 늦은 것이 말리는 일조차 한 박자 늦다. 속이 까맣게 타들어가는 홍초에 불을 지르는 격이 되고 만다. 속이 타면서 곰팡이가 생긴 것들이 붉은색에서 노란색으로 변질된다. 희나리가 된 것이다. 쭉정이 쌀과 같은 것이다.

잠깐만이라도 구름 사이로 햇빛이 비쳤으면 하는 것이 초보 농사꾼의 염원이다. 밤낮 기상청에서 발표하는 일기예보에 귀를 기울이지만 맑은 날은 없다. 날이 갈수록 버리는 고추가 늘어만 간다. 농사꾼의 애간장이 그렇게 무너져내리나 싶다. 친환경농산물을 바랐던 꿈이 농약살포로 무너져내린 것만도 가슴 아픈 일이었는데.

나는 최후 수단으로 가위로 고추를 종횡으로 잘라 놓는다. 진득한 물기가 곰팡이로 옮겨갈 무렵의 홍초들이다. 한 상자 반의 홍초가 남겨졌을까 그날 저녁 서쪽 하늘이 개면서 그토록 고대하던 햇살이 내렸다. 서늘한 햇볕에도 나머지 홍초는 거짓말처럼 말랐다. 선명한 붉은색이 그지없이 곱다. 이게 진정한 태양초의 본보기였구나 싶다.

이후,

누군가가 나에게 내년에도 고추농사를 지을 의향이 있느냐고 묻는다면 나는 그분을 위해 내가 준비했던 모든 간이기구와 노하우를 전수해주려 한다. 그리고 가급적이면 노지 고추재배는 만류할 참이다.

4인의 온천객

중복이다.

7월말, 무더위의 한가운데. 웬만한 목욕탕은 내부수리라는 팻말을 걸고 휴업 중이다. 피할 건 피해 가는 게 상책이라는 심산이다.

그런데 내가 자주 다니는 온천은 그렇지가 않다. 단지 몇 분의 손님을 위해서도 철저하게 편의를 제공한다. 대도시에서 멀리 떨어진 산골에 위치해 있다 보니 평소에도 손님이 드문 편이다. 따라서 시설도 보잘 것 없다. 그러나 수질만큼은 좋은 탓인지 수소문을 해서라도 찾아오는 사람들은 끊이지 않는 편이다.

나 역시 가까운 온천장을 마다하고 굳이 이곳을 찾는 것은 목욕에 곁들여 음용수를 길어 나를 수 있기 때문이다. 한 사람마다 일정량을 제한하긴 하지만 우리 부부에겐 충분한 양이다. 또 한 가지 이유는 아내의 아토피 증상에 그나마 도움이 되기 때문이다. 그런 연유로 나는 계절에 관계없이 이곳 온천을 찾게 되는 것이다.

오늘의 손님은 갑, 을, 병, 정이다.

갑은 큰 대[大]로 누워 있다. 자는 모양이다. 몸에 걸친 것이라고는 실오라기 하나 찾을 수 없다. X알이 혼자서 그네를 타고 있다. 탕에서 벌거벗고 활개를 치고 다니는 민족이 또 어디 있었더라? 기억나는 곳이 없다. 일천한 해외여행 경력으로 말하긴 뭣하지만 이처럼 알몸을 본 적이 없다. 일본의 남녀혼탕 얘기를 들은 바 있다. 하지만 홋카이도에서 도쿄, 규슈, 오사카, 나고야, 쓰시마 섬에 이르기까지 나는 어디서도 혼탕을 찾을 길이 없었다.

뒤룩뒤룩 살찐 시체 한 구가 탕 바닥에 방치되어 있어도 아무도 거들떠보지 않는다. 아마도 그의 계획은 초벌로 몸 씻기를 할 참이었던 것 같다. 그의 옆, 샤워기는 계속 물을 뿜어내고 있고 그는 빗소리를 자장가로 여기며 깊은 잠에 빠져 있다.

을은 뭐하나? 벗길 때가 그리도 많은가 보다. 내가 탕 안으로 들어섰을 때부터 나올 때까지 계속 밀고 있다. 내가 머문 시간이 30분이니 그 이상일 것이다. 그는 때를 벗기는 일에 전력투구한다. 구슬땀이 비 오듯 쏟아지지만 아랑곳하지 않는다. 여탕의 부인이 목욕하는 시간을 맞추려면 졸도하기에 충분한 시간이 흐를 것이다. 지금은 맥반석인가 뭔가를 부둥켜안고 발바닥 껍질을 벗기려나 보다.

병이라는 사람이 있다.

내가 탕 안으로 들어섰을 때 그는 찜질방으로 들어서고 있었다. 내가 목욕을 끝내고 탈의실로 나오려고 했을 때 그가 냉탕으로 다이빙하는 소리를 들을 수 있었다. 냉탕엔 땀이 밴 맨몸을 먼저 씻고 서서히 입수하는 것이 온천을 즐기는 방법이라고 일러두었지만 땀이 눈을 가려 뵐질 않는 모양이다. 체중 150킬로그램이 첨벙하는 소리와 욕조 밖으로 쏟아져 나오는 물량이 폭포수 같다. 몇 킬로그램이나 감량효과가 있었을까? 그는 체중계에 올라서더니 만족할 수준이 아닌지 다시 찜질방으로 들어가버린다. 헤비급 권투선수는 아닌 듯하고, 그렇다고 레슬링 국가대표 선수도 아닌 듯하다. 요즘 유행하는 다이어트 대회 참관자일 수는 있을 것이다.

정은 누군가?

정은 휴게실 안락의자에 푹 박혀 있다. 언제부터인가는 짐작이 가지 않지만 티브이의 야구프로를 줄곧 시청하고 있다. 연장 11회 말 양 팀은 3대3 동점이다. 지금은 그가 지지하지 않는 편의 공격 차례다. 진행이 그쯤이면 목욕은 언제할지 알 수 없는 노릇이다. 그때였다. 안내데스크에서 그에게 전화가 왔음을 알려준다. 부인이 목욕을 끝냈으니 빨리 나오라는 전갈이나. 그렇담 정은 도대체 몇 회부터 야구만 시청하고 있었는지 심삭이 갈 만하다. 그는 X알을 가렸던 타월을 휙 팽개치고 재빨리 탕 안으로 사라진다. 나는 그가 보던 야구장면의 바통을 이어받아 시청한다. 야구는 연장 전까지 끝나봐야 알 수 있는 게임이다. 그 사이 나는 물기도 닦고, 머리도 말리고, 로션을 바르면서 눈길은 티브이에 맞춘다. 연장 마지막 회, 그가 지지하는 팀의 공격이다. 노 아웃 만루의 찬스! 그는 아마도 물속에서 첨벙거리고 있을 것이다.

내가 옷을 입고 밖으로 나서려는 찰나 그가 온몸에 물기를 묻힌 채, 휴게실로 뛰어나왔다. 그에게 있어서 목욕은 10분이면 충분하다. 온통 관심사는 야구의 결과에 쏠렸다. 중계는 끝나 있었다. 화장품인가 뭔가를 선전하는 화면이 떠있다. 그가 나를 바라보았다. 나도 그를 바라보았다. 나는 그에게 양손바닥을 펴고 어깨를 으쓱해보였다. 그는 황급히 출입문을 걸어차고 나가버렸다. 어두운 밤하늘을 바라보면서 그는 무슨 생각에 빠져 있었을까?

"차나 조심해서 운전해요!"

아내가 내게 쏘는 말이다.

나는 옆자리에 앉아 있는 아내에게 실없이 미소를 보낸다.

그리고 생각한다. 온천욕을 즐기려면, 혈압상승을 예방하기 위해 미지근한 물부터, 유유자적하게, 탕에서는 과도한 운동을 피하고, 목욕 후에는 충분한 휴식을 취하는 게 좋겠지. 그밖에 또 뭐가 있더라. 온천수는 자원이므로 아껴서야 하겠지. 사람들 갑, 을, 병, 정은 온천을 즐기는 방법을 완전 터득했나보다. 나는 그저 웃기만 한다.

칼과 도마

1

'내 손이 내 딸이다.'

'남편의 식성이 까다로우면 부인의 음식 솜씨는 발전한다.'

위의 두 글귀는 음식에 관한 나의 좌우명이다.

2

평소 혈압이 높은 친구가 한 명 있다.

그는 곰탕을 먹을 때도 약간의 소금마저 넣지 않는다. 그가 생각하는 그의 혈압조절은 염분조절에 있는 것 같다. 김치, 간장, 된장이 바탕인 한국음식은 염분 저장고라고 생각한다. 구운 김에 발린 정제소금, 각종 소금구이, 바닷물에 말린 해산물, 장아찌, 냉장고 속에 가득한 밑반찬에는 습관처럼 손이 가지 않는다.

부인은 반대로 저혈압인 관계로 짜고, 맵고, 신 음식을 즐겨 먹는다. 그러다 보니 그와는 맞지 않는 부분이 한두 가지가 아니다. 염분을 많이 섭취한다고 해서 저혈압이 정상혈압으로 갈 것이라는 부인의 생각을 통렬

하게 비판도 하지만 그때뿐이다. 식습관이라는 게 그리 쉽게 변하지 않는 모양이다. 그와 그의 부인은 나이를 더할수록 혈압과 반찬의 격차가 점점 더 벌어지는 것 같다. 그는 의사의 권유에 따라 약도 복용하고 운동도 열심히 한다. 그러나 열심히 하던 운동도 이제는 나이에 밀려 강도가 낮아진다. 특히 겨울철이면 실내운동으로 돌아와야 하니 단조롭기 그지없다. 운동량도 줄어들 뿐 아니라 에너지를 발산할 운동의 질도 떨어진다.

여태, 호구지책을 부인의 손에 의지해온 그로서는 소금 없는 곰탕, 다진 양념 없는 갈비탕 정도는 그의 의사대로 하지만 짭조름하고 얼큰한 매운탕까지는 사양할 수 없다. 꾀를 내어 국물의 양을 미량으로 먹고는 있지만.

골고루 음식을 섭취한다는 것은 포기한 지 오래다. 시장에서 사온 찬이나 집에서 만든 찬의 대부분이 그에게는 짜기 때문이다. 처음에, 부인은 그의 요청을 어느 정도 받아들였지만 시간이 지나면 원점으로 되돌아오고 말았다. 이런 일들은 늘 반복되지만 이제는 투덜거릴 여건도 되지 않는다. 공직생활을 하는 남편의 체면치레도 이제는 물 건너간 일이다. 이제 부인은 되돌릴 수 없을 만큼 멀리 가있다. 그가 생각하기에도 수긍이 가는 일이다. 지금까지 자기 앞가림하기에만 급급했던 그로서는 오히려 부인에 대한 안쓰러움과 미안함이 교차할 뿐이다.

3

그런 느낌이 든 그는 그 나름대로 가정에서 일어나는 잔일들을 돕기로 작심한다. 뒷짐을 지고 누워서 티브이 시청에만 매달리던 그로서는 꽤 힘든 일이 아닐 수 없다. 할 일들이 어디 한두 가지며 정해진 시간이 따로 마련되어 있겠는가. 허리가 끊어질 만큼의 통증이 수반되지만 일양은 줄기는커녕 늘어난다. 잠들기 전에는 누워 있을 시간조차 없다. 바깥으로 튕기어 나가기라도 했으면 싶다. 하지만 그게 지금껏 내조를 해온 부인을 돕는 일인 반면 자신의 부족한 운동을 보충해주는 수단이라고 생각할 때, 오히려 견디는 게 더 나을 것 같은 생각이 들기도 한다. 무슨 일이든 처음부터 능숙하게 할 수는 없는 노릇이 아닌가. 하다 보면 차츰 익숙해질 것이고 신명도 날 것 같은 예감도 든다.

이부자리 펴고 걷고, 방 쓸고 닦고, 환기창 개폐하고, 세탁기의 물빨래 널고 걷고 개고 수납장에 가지런히 줄 세우고, 냉장고의 찬거리 내오고 집어넣고, 설거지하고, 마트나 재래시장을 설쳐 이것저것 장보기 하고, 파 마늘 고추 다듬고 빻고 찧고 간수하고. 하루가 아닌 일 년이 아닌 사십 년을 그렇게 살아온 아내의 인내심이 어떠했을까 실감이 난다. 어떤 목표를 향해 간다기보다 무가내로 희생을 감수하는 행위가 아니었겠는가. 늦게나마 깨닫게 되는 자신에게 부끄럽다는 생각이 든다.

4

그는 진정으로 아내를 도와야겠다는 일념으로 일을 해나간다.

사십 년을 한결같이 내조한 데 비하면 지금 그가 하는 일은 아내의 일에 십분의 일도 백분의 일도 안 될 것이라 생각한다. 냉장고가, 세탁기가, 에어컨이 어디에 있는지조차 모른다. 그 옛날, 없는 것뿐인 암흑 속에서 아내는 가련하게도 허우적거렸을 것이다. 그는 자신이 염치없고 비굴하기까지 느껴지기 시작한다. 그렇게 생각하니 그는 지금에서라도 잔일에 대한 보람을 느끼게 된다.

그러나 시간은 흐르게 마련이다. 그나마 전문직에 종사한 그로서는 단순하고 반복적인 일에 차츰 싫증을 느끼기 시작한다. 부인과 일의 분담에 대한 한계가 없어 자신이 도우려 하는 만큼 일은 불어나기만 한다. 밑도 끝도 없는 일의 연속이다. 그리고 자신이 하고 싶어 하는 쪽으로 일의 방향이 가지 않는다. 자꾸만 부인의 관여와 간섭이 전제조건으로 작용한다. 갈수록 그의 의향이 쪼그라드는 느낌이 된다. 이건 아닌 것 같다. 특히 음식의 조리 부분에서 삐거덕거리는 소리가 크다. 나름 노하우를 터득하여 오랜 세월 손끝으로 만들어 식구의 건강을 지켜온 아내의 주장이 강하다. 결국 짜지고, 매워지고, 진해진다. 궁극적으로 이 문제만큼은 풀어내야 할 과제라는 생각이 머리를 떠나지 않는다.

5

티브이 〈인간극장〉 프로그램에서 음식에 대한 화면이 뜬다.

우리나라의 세계적 셰프인 그는 명성에 비해 퍽 소박하다. 한가한 날이면 전국을 순회하며 향토음식 자료수집에 나선다. 그리고 그 자리에서 요리를 해 향토민과 나누어 먹기도 한다. 텃밭에서, 길섶에서, 산속에서 그는 수많은 음식자료를 만난다. 시골 장날 할머니들이 공급하는 신선한 채소를 꾸러미로 사서 요리재료로 쓰기도 한다. 고유한 특산품은 주문배달을 해 쓴다. 우리나라에 주재하는 외국 공관직원들의 입맛을 한국에 맞추어내려는 그의 야심찬 노력이 돋보인다.

그의 알브이카에는 항상 칼과 도마가 실려 있다. 요리란 신선도가 높을 때를 맞추어야 하기 때문이다. 육류, 어패류, 채소류까지 그것들이 지닌 원래의 맛을 살려야 하기 때문이다. 그의 방식에 따라 굽고, 지지고, 주무르고, 간을 맞춰 내놓는 한 상의 밥과 찬은 소박하면서 정갈하고 소담스럽다. 간섭받지 않는 자기만의 세계 속에서, 어쩌면 스스로에 의해서 간섭받는 세계 속에서, 그는 자유롭고 향기로운 것이다.

때로는 멋쟁이 아내가 동승한다. 아내는 셰프가 아니다. 아내가 추구하는 세계는 다르다. 공통점이 있는 것도 아니다. 그렇다고 없는 것도 아니다. 있는 듯 없는 듯, 있어서 좋을 때가 있는 것 같기도 하고, 없어서 나을 때가 있을 것 같기도 하다. 먹고 마시며, 음미하는 쪽은 아내인 것 같다. 아내는 많은 사람들의 취향을 공통분모로 대표하는 것 같다. 그것은 그가 진정한 셰프임을 공표하는 행위이기도 하다.

6

그는 벼르던 칼과 도마를 드디어 산다.

셰프도 아닌 주제에 여러 개의 칼은 필요하지 않다. 수가 많다는 것은 편리하기보다 관리하기가 거추장스럽다. 다목적 칼이 등장하고부터 칼 한 자루만 꿰차면 안 되는 요리가 없다. 회도 뜨고, 냉동된 고기도 힘들이지 않고 썰고, 갈비뼈를 무작정 잘라도 칼날이 무뎌지지 않아 갈 필요가 없다.

도마는 칼에 앞서 다용도로 쓸 수 있게 개발되어 있다. 크지도 않고, 나무처럼 물기를 머금는 일도 없고, 물로 씻지 않아도 된다. 그는 칼과 도마를 차 뒤 트렁크에 싣고 다니기 시작한다. 그리고 기본적이고 간편한 취사도구를 작은 알루미늄 통에 넣어 운반한다. 모든 음식재료는 현지에서 조달하는 방식을 택한다. 된장, 간장, 소금은 싣고 다니지 않는다. 그게 그의 특색이다. 사실 그러기 위해 따로 차린 도구들이다.

자주 아내와 동승하여 여행을 하지만 그의 영역을 침범당하는 사례는 없다. 가정에서 하는 찬과는 판이하게 다른 메뉴가 오르기 때문이다. 염분 조절과 조리기법 개발로 풀어낸 그만의 성공비법이다. 그러기 위해 그가 요리학원에 투자한 시간과 노력은 대단한 것이다. 목을 매고 있던 굴레에서 벗어나 새로운 것으로의 변신은 특단의 각오가 없이는 이루어질 수 없는 것이다.

'남편의 식성이 까다로우면 아내의 음식솜씨가 발전한다'라는 구태에서 깨어난 것이다.

이것이야말로 '내 손이 내 딸이다'라는 명제를 실천한 쾌거다.

운전병

일상대화를 하다 보면 운전에 대한 내용이 가장 많은 것 같다. 얼마 전만 하더라도 남자의 전유물 같았던 운전이 이제는 여자들에게도 일상화 되었다. 말하자면 여자들의 에이프런 운전이나 몸빼 운전이 상용으로 등장한 시대에 살게 된 것이다. 이제는 운전이라는 용어가 남녀노소 구별 없이 늘 화제의 중심에 있는 것 같다. 성인남녀가 운전을 못한다고 하면 오히려 큰 흉이 되는 세상에 살고 있는 셈이다.

운전을 배우게 되는 동기는 각자 다를 것이다.

나의 경우는 이렇다.

40줄에, 대학원에 입학을 하자 바로 그 날짜로 회식자리가 마련되었다. 학교에서 조금 떨어진 장소여서 차를 타고 가야 할 형편이었다. 그때 같은 클래스메이트였던 여자분이 자기 차에 동승하기를 청해왔다. 나중에서야 안 사실이었지만 그녀는 모 사립대학 이사장님의 며느리였다. 내가 차에 오르자 그녀는 자, 달리겠습니다, 라고 외치고는 하이힐을 벗어던지고 맨발로 운전을 하기 시작했다. 날씬한 다리로 얼마나 페달을 힘차게 밟는지 차는 곧 질주를 했다. 웬만한 차는 모두 추월을 해 앞서나갔다. 나는 그러는 그녀의 매력에 정신줄을 놓고 있었다. 두렵다기보다, 다소 두렵긴 했지만, 신이 나기조차 했다. 나도 그녀처럼 멋진 드라이브를 즐길 수 있으려나 하는 마음이 운전을 배우게 된 동력이 되었다.

사람들은 제각각 다른 운전경험을 갖고 있을 것이다.

나의 경우도 운전에 관한 한 우여곡절이 많다.

1976년, 처음 운전을 시작한 것은 처남의 승용차였다. 브레이크를 풀지 않고도 액셀러레이터를 밟으면 굴러가는 고물차였다. 그래도 이따금 처남이 찾아오면 매번 끌고 다녔다. 차란 게 액셀러레이터만 밟으면 달리게 마련이었으니까. 면허증도 없이 옆 좌석엔 아내를 태우고 뒷좌석엔 처제와 동네 아줌마까지 태워 장거리 코스도 서슴없이 나섰다. 그리고 경찰의 불시검문에 대비해 상납할 5천 원권 한 장을 꼬깃꼬깃 호주머니에 준비하고 있었다. 처남의 뜬금없는 말을 믿고서.

자동차 면허시험을 치른 것은 그 후 몇 년이 지나서였다.

필기시험은 시험으로 점철된 생활을 해온 나에게는 별문제가 아니었다. 그러나 실기시험은 하루 이틀에 되는 게 아니었다. 그것은 경험을 요하는 것이었다. 어쩌 요령으로 면허증을 취득한 사람이 신차 구입과 동시에 사고를 저질러 서둘러 폐차장에 가는 것을 보면 그랬다.

나는 코스 시험에 1차로 합격했지만 장거리 시험에서는 보기 좋게 떨어졌다. 그 무렵에는 정해진 코스가 없었다. 1톤짜리 소형트럭에 수험생들을 가득 담아 싣고 담당순경이 수험자 옆에 바짝 붙어 앉아 직접 수작업으로 점수를 매겼다.

'좌회전하세요.'

'3단 변속하세요.'

시험대에 오른 초보자가 연이어 좌회전 하면서 3단기어로 변속하라니 기우뚱거리는 차체를 주체하지 못하고, 급한 김에 브레이크를 밟았으니 시동이 꺼질 수밖에. 초보자가 믿는 게 있다면 그건 브레이크일 수밖에 없지 않겠는가. 말이 나왔으니 말이지만, 그 당시 면허시험장 차란 게 벌떡 일어설 정도로 브레이크 페달을 밟아야 겨우 차가 멈출 지경이었으니 고물단지가 아니라 애물단지였다. 기어변속 또한 한 번에는 먹혀들지 않는다는 것쯤 다들 익히 아는 사실이었다.

"공부 좀 더 하고 오세요."

라고 하더니 붉은 스탬프로 불합격 도장을 찍어 나에게로 카드를 넘겨주었다. 나는 죄지은 사람처럼 부끄럽기 한량없었다. 장거리코스 중간, 황량한 벌판에 쓸쓸히 홀로 내린 모습이 처량하기까지 했다. 많은 불합격 판정을 받은 수험생들이 시험관에게 욕설을 끌어 붓고는 벌판 저편으로 도망가는 뒷모습이 보이기도 했다.

"이게 무슨 시험이고. 순경 지 꼴리는 대로지."

돼지새끼처럼 트럭 뒤 칸에 타고 있던 수험생들은 달아나는 그에게 우레와 같은 박수와 함성을 보내주기도 했다.

두 번째 면허시험에 합격했을 때 나에게는 이보다 더 큰 기쁨은 없었다. (그땐 모든 시험이 전자시스템으로 점수화된 시점이었다.) 면허 없이 운전한 경력이 꽤 쌓인 터라 그날로 나의 운전행각은 끊임없이 이어졌다. 그래도 면허증을 달고 처음 하는 운전은 만만치가 않았다. 쉽사리 피로에 빠지기도 하고, 뒤 차 옆 차 기사들이 욕설을 퍼붓는 데는 기가 질리기도 했다. 그랬지만 초보운전이라고 표지판을 달고 싶지는 않았다. 아내 말대로 그만 운전을 포기하고 대중교통을 이용하는 편이 훨씬 경제적일 것도 같았다. 몇 달이 경과하면서 도시운전에도 익숙해지자 진작 배우지 못했던 게 오히려 아쉬웠다. 차의 속도도 차츰 고속으로 바뀌어갔고 웬만하면 앞차를 추월하기도 했다. 그러다 세월이 흐르면서 차츰 속도도 줄어들기 시작했다. 빨리 달리기보다 안전하게 경제속도로 달리는 편으로 기울어져 갔다. 이따금 새파란 여성 운전자까지도 나의 정상운전을 느린 운전으로 판단해 고개를 돌려 목소리를 높이는 것을 보면 가소롭다.

"실례지만 귀댁은 몇 살이나 되시나요?"

나는 속으로 반문한다.

"나는 당신이 태어나기 전부터 지금까지 39년간 무사고로 운전하고 있습니다만."

나는 스스로를 위안한다. 그리고 당신도 언젠가는 속도를 줄일 날이 올 거라고 충고해주고 싶다.

뒤돌아보면 운전에 대한 일화는 수없이 많다.

처음 운전대를 잡았을 때만 해도 교통이 혼잡한 상황은 아니었다. 지금과 비교하면 흐름이 순조로워 신호등 한두 번이면 어느 도로로도 능히 운행할 수 있었다. 토, 일요일에도 맘만 내키면 어디라도 제 시간에 다녀올 수 있었다. 기름 값에도 별로 구애를 받지 않았다. 여행벽이 심한 나로서는 거의 전국이 나의 무대였다. 하루의 주행시간이 길게는 17시간 정도도 되었다. 경남의 동쪽 끝에서 충남의 대천해수욕장을 하루 만에 왕복 주파했을 정도였으니까. 출발 전까지만 해도 1박 2일로 예정했으나 아내의 잠자리 투정으로 그대로 귀갓길에 올랐던 것이었다.

어떨 때는 지도를 펴놓고 가보지 않은 지역의 명소나 토속음식점을 찾아 나서기도 했다. 강화도의 꽃게탕, 춘천의 스케이트장, 전주의 비빔밥,

군산의 자연산 우럭회, 인제 원통의 옥수수 등등 지도에 빨간 줄이 연결되지 않은 곳이 없었다. 교통이 혼잡한 서울 한복판엔 한밤을 이용해 통과하기도 했다. 대구니 경주, 부산, 울산은 근거리여서 수십 차례씩 들락거린 곳이다. 자다가 깨면 고속도로를 달려 휴게소에서 우동 한 그릇을 챙기기도 했다. 밤샘 장사를 펼치는 남포동 야시장 거리를 하릴없이 거닐기도 했다. 그게 나에게는 낭만이었고 여유였고 생활 그 자체였다. 뒤돌아보아 부끄럽지 않고 후회스럽지 않고 외려 자랑스러운 추억담이 되었다.

장학사 시절 승용차와 관련한 몇 가지 일들은 아직도 기억에 생생하다.

C 시에 거주하는 4명의 장학사들이 내 승용차로 통근을 했다. 아침이면 그들 한 사람 한 사람을 태워 만원이 되면 나의 소형승용차는 힘에 부대꼈다. 다행히 통근길에는 큰 재나 언덕이 없어 한 번도 말썽을 부린 적은 없었지만 페달을 밟는 나는 벅참을 느낄 수 있었다. 더욱 다행한 것은 저녁이면 각기 다른 퇴근길이 되어서 가벼운 기분으로 돌아오곤 했다. 이따금 퇴근길에 만원이 되면 좌중의 의사타진도 없이 삼계탕집이나 오리구이집으로 직행하기도 했다.

"어, 어, 나 오늘 약속이 있는데."

장학사들은 줄줄이 약속타령을 했다. 하기야 장학사만큼이나 약속이 많은 사람도 없을 것이었다. 청 내에서나 사적으로 그만한 나이에 약속이 없다면 믿을 수 없는 일일 테고 장학사라 일컫지 못할 것이었다.

"오늘은 운전병의 날입니다. 운전병 마음 대롭니다."

이게 운전병의 권한이었다. 약속이 있다던 장학사들은 약속 취소 전화를 하느라 바쁘게 설쳐대기도 했다.

우리가 즐겨 찾는 오리집은 주인이 걸작이었다. 다섯 명이 먹기 위해서 큰 놈으로 잡아주세요, 라고 주문하면 캄캄한데 뭐가 보이기나 합니까? 손에 잡히는 대로 잡수세요, 가 답이었다. 나중에 계산서를 받아보면 작은 오리 값으로 기록이 되어 있곤 했다. 먹은 오리가 큰 것이었는지 작은 것이었는지는 아무도 모르는 일이었다.

이런 나의 일방적이고 돌출적인 행동에도 장학사들이 웃음을 띠어주는 것은 나의 기사도 정신에서 비롯된 것이 아닌가 생각했다. 출근길에도 골목길 자택까지 모시러 가고, 퇴근길 거나하게 취했을 때도 어김없이 집 앞까지 대령한 데 대한 보상이었을 것이다. 나는 운전병이어서 금주를 한 것이 아니라 40대 중반 이후 건강문제로 스스로 금주를 해왔다.

장학사 시절 가장 기억에 남는 일이 있었다.

신규교사가 관내에 전보되어 임지에 발령이 나면 나는 그들을 내 차에 태워 학교의 교장실까지 안내를 해주었다. 뿐만 아니라 내가 아는 범위 내에서 학교장에게 신규교사를 소개해주었다. 처음 이 일을 시작한 계기가 있었다. 어느 신규교사가 청도에 발령이 나자 택시로 청도엘 갔었다고 한다. 그런데 그곳은 경북 청도읍에 소재한 청도중학교였고, 그의 발령지인 청도중학교는 경남 밀양 청도면에 있는 작은 시골학교였던 것이다. 그 교사의 실망담을 들은 나는 여기에 내가 할 일이 있었구나 하고 깨닫게 되었다. 그 후 나는 이 일에 신명이 나 장학사로 머무는 3년 6개월 동안 연 두 차례씩 교사 이동에 맞춰 그 일을 기꺼이 수행했다. 나중의 일이지만 어느 연수회에서 만난 한 선생님이 그때 너무 고마웠다고 했을 때는 나의 작은 일에 보람을 느끼기도 했다. 세월은 나에게서, 또 그들에게서 빠르게 흘러갔다. 지금은 중견교사가 되었을 그 선생님들 어찌 지내시는지 보고 싶고 그리워진다.

교감으로 승진하여 세 번째 옮긴 분교장에서 나는 교내에 주차장을 만들었었다. 사실 세 번째 옮긴 학교는 학생 수가 50명이 안 되는 분교여서 나름 인사에 대한 불만도 컸었다. 그것도 그럴 것이 15학급의 고등학교에 근무를 하고 있었고 집 가까운 곳으로 옮겼으면 하는 내신을 낸 것뿐이었는데. 불편한 심기를 달랠 겸해서 시작한 일이 주차장 만들기였다. 정해진 주차장이 없었으니 차주인 나도 불편했지만 다른 선생님들에게도 힘들게 한 것 같았다. 특히 학생들의 교육환경에도 지장을 초래했다.

교내에 승용차 전용 주차장을 만드는 일에는 선생님들도 일손을 도왔다. 그들도 이따금 내 차를 이용하였기에 품앗이를 하는 것과 같았다. 교내 주차장은 내가 아마도 효시가 아닌가 생각한다.

중형으로 차를 바꾼 것은 13년이 지나서였다. 해묵은 소형차는 그 사이 잦은 고장수리를 거쳤지만, 네 군데의 임지를 옮겼을 때도 따라다녔다.

차를 바꿀 때마다 느끼는 점은 신차의 오묘한 냄새였다. 타고 다닐수록 냄새야 절로 빠져나가겠지만 설렘은 좀체 가시지를 않았다. 지금 나는 세 번째로 바꾼 차를 타고 다닌다. 바꿀 때마다 키우던 애완동물과 헤어지는 것처럼 가슴이 아리다. 이제 네 번째로 갈아타야 할 시점이 가까워져 온다. 그때도 그런 느낌은 변할 수 없으리라 생각한다.

나이가 듦에 따라 자주 나가던 모임도 줄어들거나 해산했다. 그리고 생생하다던 이웃이 어느 날 갑자기 세상을 떠나기도 했다. 내가 참가하던 친목계에서도 급격히 회원이 줄어들었다. 처음엔 스무 명도 넘었다. 서울서, 부산서, 대구서 멀다 않고 찾아오던 회원도 오겠다고 찰떡 같이 약속하고서는 끝내 불참하는 일이 늘어났다. 그러다 소식조차 돈절됐다. 요즘은 고작 칠팔 명이 명맥을 이어간다.

만나면 주로 하는 얘기가 지난 시절 좋았던 추억담을 늘어놓는 것이다. 때로는 자신의 건강상태가 옛날 같지 않다는 둥, 병원 얘기나 한약 얘기가 주종이다. 간혹은 아들, 손자 근황을 묻는 것으로 일관한다. 그 많던 차 얘기는 슬그머니 사라지고 없다.

"아들놈에게 주어버렸다."라는 말이 대세다. 경미한 사고라도 내다보면 뒤치다꺼리가 여간 만만찮았다는 후일담들이다.

'감당하기가 힘들었을 테지. 무슨 수로 견뎌낼 재간이 있었을라고. 눈 어둡고, 귀먹으면 자진해서 반납하는 게 정상적인 수순이지.'

모두들 그렇게 사달이 나는 모양이다.

나는 아직 요행히 눈도 밝고, 귀도 멀지 않았으니 그때까지는 어떻게든 신나게 굴려야겠다. 차란 밟는 대로 달리는 거니까.

그리고 나는 영원한 운전병으로 남기를 바라니까.

온통 겨울이면 좋겠다

겨울하면 떠오르는 게 눈이다.

추위 속에서도 눈은 포근함을 주는 것 같다. 눈이 잘 내리지 않는 반도의 남단에 살다 보니 눈은 환상적인 느낌을 준다. 내가 사는 곳에서도 겨울이면 가물에 콩 나듯 눈이 내리긴 한다. 그러나 내리기가 바쁘게 녹아버린다. 아니면 눈과 비가 섞여 내려 쌓이는 눈은 좀체 볼 수 없다. 때문에 눈 내린 도로는 눈 대신 진흙탕이 되어버린다. 그때마다 기대했던 눈을 보지 못하는 아쉬움은 두고두고 남는다.

그런데 올해에는 기상이변이 일어났다. 30년 만에 큰 눈이 내린 것이다. 기상청의 발표에 따르면 남부지방에도 15센티미터의 대설이 예상된단다. 아침에 자고 일어났을 때 창밖으로 내다보이는 설경은 이국에 와 있는 정취를 그대로 느낄 수 있게 해준다. 동네 개구쟁이들은 눈사람을 만들기에 신이 나 있다. 첫눈을 대하는 강아지들도 아이들 못잖게 신명이 난 모양이다. 쉼 없이 이리저리 뜀박질을 하는 모습이 눈 위를 뛰노는 어린 사슴 같기만 하다. 평화로움이 한 폭의 그림처럼 담겨 있다.

스물세 살 되던 해 군대에 갔었다. 그해 겨울, 경기도 포천의 최전방에 배치되었을 때 내린 눈은 상상을 초월한 것이었다. 적설량 40센티미터.

거기다 눈은 그치지 않고 쉬엄쉬엄 뿌리고 있었다. 넓은 연병장에 골고루 40센티미터의 눈이 쌓였다고 상상해보시라. 그다지 높지 않게 지어진 막사가 원시인의 움막처럼 나직하게 가라앉아 크리스마스카드에서나 볼 수 있는 진풍경으로 변했다. 그때야 나는 우리나라에서도 이런 풍경이 가능하다는 사실을 알았다.

그런데 그런 폭설은 반드시 후유증을 앓게 해주었다. 군대의 특성상, 군인들은 연병장이며 작전도로를 밤낮으로 치워야 했다. 고참병들은 눈 치우기만큼 고달픈 군대생활이 없다고들 했다. 신참인 나는 그래도 쌓인 눈에 대한 경이로움과 환상을 지울 수 없었다. 밤새 작전도로 제설작업을 끝낸 군인들은 거의 동상에 걸리다시피 하여 귀대했다. 영하 20도를 밑도는 강추위가 젊은 군인들의 귓바퀴와 손가락을 사정없이 후려쳤기 때문이다.

습지답사를 위해 겨울철 홋카이도를 간 적이 있었다.

우리나라의 우포습지가 학술상으로 귀중한 장소임을 인정받아 세계적인 행사가 벌어질 즈음이어서 홋카이도의 습지탐사는 적잖은 흥분을 주었다. 습지마다 각기 다른 특징이 있겠지만 홋카이도의 습지는 넓은 황무지를 연상케 했다. 눈 내린 홋카이도의 그림 같은 절경은 일본사람들조차 평생에 한 번은 가고 싶어 하는 소망의 땅이기도 하단다.

드넓은 습지 한가운데에 우뚝 솟아 있는 흰꼬리수리의 보금자리는 신비롭기까지 했다. 녀석은 원래 겨울 철새였으나 부상을 당해 동물병원에서 치료를 받은 후 텃새가 되어버렸지만. 겨우 망원경의 도움으로 조망이 가능하였는데, 둥지 위에서의 날갯짓은 위엄이 있었고 기품이 있어보였다. 일본인들은 그것이 홋카이도 습지의 상징이나 되는 것처럼 숭상하고 있었다. 마치 우리가 우포늪에서 사라진 따오기 복원사업을 벌이듯이, 신성시하고 있었다.

폭설이 난무하는 홋카이도의 습지와 천연온천은 참으로 조화를 이루는 것 같았다. 개발을 유보하고 있는 홋카이도 전역처럼 온천 역시 자연 그대로를 고수하고 있었다. 개발할 여지를 남겨놓고 있다는 것은 얼마나 다행스러운 일이며 또한 영광일 것이었다. 좁은 경작지에서 단위면적당 높은 수확, 좁은 면적에 높이만 올라가는 빌딩숲을 추구하는 우리네 현실이, 우리의 가슴을 아프게 짓누른다.

나는 운 좋게도 모스크바 여행을 한겨울에 갈 기회가 있었다. 사방이 잿빛으로 찌뿌듯하고, 얼었다 녹기를 반복하는 도로는 엄청 질퍽거렸다. 질주하는 차량은 제 갈 길에 열중할 뿐 행인을 배려하지는 않는 것 같았다. 행인이 질주하는 차를 배려하는 탓인지 별스런 사고가 일어나지 않는 것은 다행이라는 생각이 들었다. 앞서, 유학 중인 장남 덕분으로 아내가 모스크바에 장기간 머문 적이 있어서 나에겐 야릇한 감흥을 불러일으키는 곳이기도 했다.

을씨년스러운 겨울날씨에 비해 주위의 건물들은 오밀조밀하고 화려한 색상을 띄고 있었다. 인형 같은 궁전이며, 장난기 많은 아이들이 스케치한 듯한 꿈의 별장들. 눈 위에 펼쳐진 광경이 이솝우화를 보는 듯 싱그러워지고 즐겁기까지 했다. 러시아의 서북부에 위치한 도시인 상트페테르부르크에 내린 하얀 눈은 러시아 전체가 눈 속에서 긴 겨울잠을 자고 있는 상징처럼 느껴졌다. 그래도 상트페테르부르크는 남쪽 지방이어서 많은 사람들이 중무장을 하고 따뜻한 거리를 누비고 있었다.

우리 일행이 러시아 고전극을 감상하기 위해 찾은 극장 안은 연회장을 방불케 했다. 공연 도중 보드카와 간이식사도 곁들일 수 있었다. 비싸다고 생각한 입장료에 술과 음식비가 포함되어 있었던 것 같다.

바깥의 찬 공기 속에 머물다 갑자기 들어선 실내에서는 얼굴이 달아오르며 화끈거리기 시작했다. 마실 줄도 모르는 독한 술을 홀짝거린 탓으로 취기가 얼굴을 더욱 달아오르게 했다. 하지만 기분만큼은 코끝이 붉어진 어릿광대처럼 마냥 즐겁기만 했다. 어디에선가에서 흐르기 시작하는 차이코프스키의 바이올린 협주곡이 분위기를 따스하게 감싸주는 것 같았다.

북유럽 여행은 계속되었다.

설원의 나라 핀란드의 겨울 야외수영놀이는 인간의 한계를 시험하는 것이 아니었다. 강력한 체력을 바탕으로 즐기는 스포츠인 것 같았다. 온천 욕장에서 자작나무 잎으로 온몸을 두드리며 신체를 단련시키고 차가운 물에 풍덩 뛰어들어 정신을 맑게 하는 풍습이 있는 나라였다. 하지만 웬만한 정신력으로는, 강건한 신체조건으로는 어림도 없는 일임이 분명했다.

스웨덴은 그야말로 설국이었다. 어디로 가나 허리춤을 넘는 눈들이 쌓여 있었다. 우리가 탄 관광버스의 기사는 현직 고등학교 교장 선생님이랬다. 겨울방학 동안만 아르바이트로 운전한 지 15년이나 된다고 했다. 그분은 사립학교의 교장으로, 생계를 돕기 위해 운전을 시작했단다. 베테랑 운전사로 정평이 나 있었고 그분도 그 일에 만족하고 있었다. 눈이 녹는 봄이 되면 다시 학교로 돌아가실 것이었다.

노르웨이는 눈밭에 서서 오로라를 볼 수 있는 나라라고 했다. 해맑은 색이며 원초적인 음이랑 신비의 오로라 세계가 펼쳐진단다. 그리고 터널의 길이가 세계 최장이라고 자랑하는 나라였다. 북한이 지하로 굴을 뚫는 기술을 노르웨이로부터 전수받았다는 말이 빈말이 아닌 것 같았다. 방금 10킬로미터를 달려 굴속에서 겨우 빠져나왔는데 다시 16킬로미터 굴속으로 들어간다니 눈[眼]의 조리개가 닫힐 시간이 없었다.

아무튼 북유럽의 겨울은 추위와 눈 그리고 굴의 연속인 것 같았다. 눈길은 빨리 갈 수 없기에 느림보 운전이 가능한 것 같았다. 그리고 길고도 먼 굴속은 아무리 달려도 만날 수 있는 차도 사람도 없는 것 같았다.

북유럽 겨울여행의 종지부는 파리에서 찍기로 했다. 북유럽의 여러 나라들이 그렇듯 찌뿌드드한 잿빛 하늘은 파리에서도 걷히지 않고 있었다. 질척거리는 제1공항청사에서 제2청사로 옮기는 내내 화려한 파리의 냄새는 간곳없었다. 북유럽은 온통 젖어 있었고 온통 겨울잠을 자고 있는 것이었다.

러시아의 중년 여성들은 북극의 곰처럼 몸집이 묵직하다.

북극곰처럼 하얀 털로 둘러싸여 있으면 그만이다. 그들에게 겨울은 한없이 길다. 그들에겐 온통 겨울이면 좋겠다. 겨울을 나는 북극곰에게는 하얀 털옷 한 벌이면 족하다. 벗을 것도 껴입을 것도 없다. 종아리를 들추어낼 이유가 있겠는가? 볼륨감 넘치는 가슴이나 잘록한 허리 같은 걸 드러낼 이유는 더더욱 없는 것이다. 깎아낼 뼈나 피하지방을 제거할 필요도 없다. 예쁜 갈색의 눈으로 오로라를 볼 수 있으면 된다. 쫑긋 선 귀로 호두까기 인형의 선율을 느낄 수 있으면 된다. 스피드 있는 세단을 몰고 다닐 이유가 없다. 오색찬란한 꿈의 궁전에서 나비처럼 춤을 추는 꿈을 꿀 수 있으면 된다. 스웨덴 고등학교 교장 선생님이 터널을 빠져 눈 속을 느릿느릿 운전하는 모습을 볼 수 있으면 된다.

그리고 잔인한 4월은 오지 않아도 된다.

창밖을 보라

아침 온도가 섭씨 15도라 따뜻해서 숨쉬기가 편안하다.

지금은 한창 출근 시간이라 오가는 차는 붐비지만 거리를 왕래하는 사람은 정작 드물다. 더욱이 월요일이어서 차들 중에는 주말부부도 많이 끼어있으리라. 그런 차들은 금요일 오후나 토요일이 돼야 가족의 품으로 돌아오리라. 그러다 보니 월요일 아침 승용차로 출근하는 길은 주중에서도 제일 바쁘게 돌아가는 것 같다.

아파트 8층, 내려다보이는 정경이 개미들의 일상을 고속비디오로 보는 느낌이다. 참으로 바쁘게들 움직인다. 얼마 전만 하더라도 나의 일상이 저 속에 묻혀 저들처럼 바쁘게 움직였으리라. 정해진 일에 몰두하면서 규율에 맞춰 오차 없이 움직였으리라.

40년이 넘는 시간, 반평생이라는 표현이 어울리겠지만, 뒤도 돌아보지 않고 살아왔다. 그렇게 살아온 세월이 이제 70대 중반에 머물고 있다. 남들은 나를 만날 때마다 늘 건강하십시오, 가 인사말이다. 65세가 된 시점에서 그런 말을 들었을 때는 내가 벌써 그렇게 늙었나 싶어 별로 듣고 싶지 않은 말이었다. 하지만 근래 들어 주변의 동년배들이 속속 타계했다는 부음을 듣게 되고부터는 예사로이 하는 인사말 같지 않게 들린다. 간곡하게 들리게 되는 인사말은 나이에 비례해 더 간절해지는 것 같다.

건강은 건강할 때 지켜야 한다고들 한다. 그러나 건강할 때는 사실 소중한 그 말이 귓가를 맴돌 뿐 귓속으로 들어오지 않았다. 나에게 있어 불행 중 다행한 것은 태어났을 때부터 부실한 건강상태였다는 것이었다. 참으로 이율배반적인 말처럼 들릴지 모르겠지만 나에게 있어서는 실상이 그렇다는 얘기다. 실상인즉, 어렸을 적 잔병치레로 병원엘 다니길 밥 먹듯 했고 어릴 때의 잔병치레가 일생을 두고 건강을 챙겨야 하는 습관을 형성케 해주었으니 그럴 법 하지 않겠는가.

그로부터 건강을 유지하기 위하여 매일 걸어 다녀야 하는 곤욕을 치러야 했고 약봉지를 차고 다녀야 했다. 요절한 선조들의 사인(死因)을 규명하고 그분들이 주는 사인에 접근하지 않는 지혜를 터득해야 했다. 내가 내린 결단은 마치 나의 건강에 대한 비결처럼 여겨졌다.

41세에 담배를 끊었고 46세에 술을 끊었다. 누군가는 나에게 이제 밥만 끊으면 만사형통하겠네, 라고 농담을 걸어오기도 했다. 헤아려보면, 담배를 끊은 지 어언 36개년 성상, 술을 끊은 지도 31년이 흐른 것 같다. 그러나 아직은 밥을 끊을 처지가 아니어서 오늘 같은 날 아파트 8층 베란다에 앉아 무심하게 창밖을 내려다보고 있는 것이다.

이 아파트로 이사한 지도 8년쯤 되나 보다. 이 역시 전세여서 나는 평생 내 이름으로 등재된 내 집에 살아본 기억이 없다.

20년도 더 되었을까? 내 명의로 된 시골집에 어머니가 홀로 사신 적이 있었다. 방 둘에 부엌 한 칸, 손바닥만 한 채전이 전부인 전형적인 시골집이었다. 값으로는 따질 수 없는 흙과 짚으로 엮은 허름한 가옥이었다. 그것마저 땅 주인 따로, 건물 주인 따로인 집이었다. 게다가 우리 6남매가 공동 투자하여 마련하고 명의는 장남인 내 밑으로 해둔 것이었다. 욕심을 부렸다면 그간 그깟 집 한 채 살 기회는 있었겠지만 내 의식이 거기에 미치지 못했던 것을 새삼 후회해봤자 무슨 소용이겠는가. 아니 그런 후회 같은 것 일랑 지금껏 해보지 못한 것이 나의 실정이었다. 그러기 때문에 나는 오늘 아침에도 아파트 창밖을 아무런 생각 없이 내려다보고 있는 것이다.

조금 전까지만 해도 나는 『식품동의보감』이라는 책에서 무슨 음식이 나에게 좋은지에 대하여 들여다보고 있었다. 그리고 이번 주말에는 텃밭에 무슨 채소를 심을 것인가에 대하여 골똘히 생각하고 있다. 작년에 심은 감자는 시기를 놓쳐 수확을 해놓고 보니 온통 메추리알 수준이었다고 생각하며 피식 웃어본다. 고추 몇 포기 심은 것은 독한 농약을 살포하느라 진을 쏙 뺀 기억만 앞선다. 농사라고 해서 제대로 할 거리가 마땅찮다. 인터넷에 접속하여 뒤지다 보면 한정 없이 많은 조언들이 쏟아져 나온다. 그렇다고 상추 몇 포기 심어놓고 대농이나 할 수 있는 대량의 농약을 살 수는 없는 일이 아닌가. 아무래도 여름농사는 충이나 바이러스를 잡지 못해 할 수 없다는 결론에 이른다. 특히나 오이, 가지 등 여름작물은 탄저병으로 이러지도 저러지도 못했다. 창밖을 내다보며 입만 비쭉거린다.

아직 가을을 기다리기엔 너무나 멀다. 앉은 의자를 흔들거리며 잠옷 호주머니에 손을 찌른다. 앞뒤를 바꿔 입었는지 손바닥이 엉덩이 쪽으로 굽어 들어간다. 그래서인지 손바닥이 금세 따뜻해진다. 굳이 일어나서 돌려 입을 이유는 없다. 하던 그대로가 좋은 것이다. 허리를 세워 상체를 의자에 쭉 펴서 기대어본다. 뻐근하던 척추가 제자리를 찾는지 우두둑 소리를 낸다. 소리에 감사한다. 시원한 느낌이 뒤따른다.

날씨는 찌뿌듯하지만 비가 내릴 기미는 없다. 일기예보도 비가 내릴 확률은 10% 이내라니 아마도 진종일 흐릴 모양이다. 기온차도 아침이나 한낮이나 비슷한 폭이 될 것 같다. 그저 생기가 날 그런 온도, 하지만 노소에 따라서는 다르게 느낄.

여학생들이 춘추복을 갈아입은 지 꽤나 지났지만 몸에 휘감길 정도로는 보이지 않는다. 아파트 바로 아래로 트인 2차선으로 서너 명의 여학생들이 교복차림으로 조잘거리며 걸음을 재촉하는 모습이 내려다보인다. 위에서 내려다보이는 그림으로는 키가 큰지 작은지, 스커트 길이가 긴지 짧은지 잘 구분이 가지 않는다. 스커트 길이가 길어졌다 짧아졌다 하는 것은 아주 오래 전부터 유행을 타는 것으로 알고 있다. 대학시절 김 교수님의 다이제스트 강의 때도 그런 대목이 있었다. 전쟁에서 돌아온 군인 남편이 부인에게 처음 던지는 말이 요즘 스커트 길이는 얼마나 짧아졌나요, 이었다. 남편의 아내 사랑이 그 한 마디에 듬뿍 묻어나는 이미지여서 나는 아직껏 기억을 하고 있는 것이다.

아파트에서 내려다보이는 전망은 멀리까지 뻗쳐있다. 두루 5킬로미터는 되는 삼각주는 아파트로 둘러싸여 있지만 가운데는 고작해야 2-3층 높이의 건물들이 가라앉아 있다. 그러므로 도로가 바둑판처럼 짜여있는 것을 한눈으로 내려다볼 수 있는 것이다. 더욱이 밤이면 상가들의 불빛이 휘황찬란하게 비추고 있다. 대체로 이들 가게들의 영업은 새벽 세 시가 되어서야 소등에 들어간다. 남들은 밤새도록 시끄러워 잠을 이룰 수 없다고들 하지만 몇 번씩이나 잠을 깨는 나로서는 그들의 행태가 거슬리지 않는다. 각자 살아가는 방식이 이처럼 천차만별인 게 요즘의 세상살이인 것 같다. 다 좋을 수는 없지 않겠는가. 제 좋은 대로 따르는 길이 현명할 것이라는 생각이 든다. 나는 좋은 쪽으로 끌어당기려고 노력하는 사람 축에 끼는 것 같다. 그러니까 스스로 옥죄게 하는 스트레스를 덜 받는 사람이 되고 만다. 변화에 익숙하지는 않지만 늦게 대처하려고도 않는다. 아파트 아래로 움직이는 사람들의 행태에 동의하고 눈으로나마 동행한다. 스커트의 길이가 올라가면 여성의 육체미가 드러나서 좋고, 내려가면 그런대로 조신하게 보여서 좋다는 쪽이다.

내려다보다 눈이 자그러울 때면 바닥에 놓인 『음식 보약』이나 『식품 동의보감』을 주워든다. 저자들은 한결같이 우리는 먹는 즐거움과 건강을 생각하는 음식문화의 시대에 살고 있음을 강조한다. 100세까지 살려면 필독해야 할 서적들이다. 흔하디흔한 식재료들이 그마다 궁합이 잘 맞아야 장수를 누릴 수 있다니 상식으로 아는 수준으로는 안 될 일이다. 들여다보아야 그게 그거지만 그렇다고 손에서 책을 뗄 수는 없는 노릇이다. 그러다 큰소리로 여보, 요즘은 쥐눈이콩자반이 떨어졌어요? 먹은 기억이 별로 안 나네요, 라고 아내를 다그친다. 콩에 대한 신비함을 티브이에서, 책에서 누누이 강조하기 때문이다. 그러나 번번이 들려오는 아내의 목소리는 그다지 시답지 않다. 늘 하는 잔소리에 단단히 면역이 붙은 것 같다.

창밖 또 하나의 풍경은 공터 이곳저곳에 심어둔 가로수다. 가로수 안쪽으로 타작을 기다리는 콩대가 흔하게 눈에 띈다. 푸릇푸릇하던 보리도 깔끄러운 가시를 세우고 맥랑(麥浪)을 선보인다. 사이사이에 감자, 고구마, 땅콩까지 줄을 서있다. 헛개, 뽕, 매실, 오가피, 심지어는 옻나무도 심어놓고 있다. 웬만한 한약방이 무색할 정도다. 어떤 이는 밭골을 갈아엎고 어떤 이는 나무를 심으려 구덩이를 파고 있다. 그런 와중에 군데군데 철수를 알리는 표지판이 붙어있는 곳도 있다. 이곳은 곧 새 건물을 시공하기로 약정된 모양이다. 시간이 흐를수록 공터는 사라지고 건물만 빽빽하게 들어서리라. 한적하고 여유로운 공간은 옛날로 물러나리라. 그래서 옛 것은 허허롭고 사라지는 것이리라.

동네 천변은 언제부터인지는 모르지만 유채꽃으로 덮였다. 누가 자의로 심은 것도 아닌데 자생력이 엄청 강한 것 같다. 한쪽 구석에 몇 그루터기가 자리 잡기를 시작하더니 몇 년이 안 돼 무성하리만큼 어우러졌다. 유채꽃 하면 제주도가 연상되던 시절은 갔다. 인근 남지천변 18만 평에 유채가 어우러졌다고 상상만 해도 기분이 좋아진다. 남지의 유채는 천혜의 낙동강변이라 더 늘어날 가능성은 얼마든지 있다. 낙동강과 남강이 합류하는 넓은 지점과 거슬러 올라 6.25 전적지가 있는 박진대교, 다시 거슬러 올라 창녕대교 인근까지 유채꽃이 필 가능성은 항상 현존한다. 내가 살고 있는 낙동강 지류의 유채가 나란히 줄을 지어 온 낙동강을 뒤덮을 날을 점칠 수 있다는 게 기분 좋다.

이렇듯 창밖은 싱그럽고 성스럽기까지 하다. 다만 한 가지, 아파트에서 내려다보이는 안쓰러운 풍경은 자원관리회사다. 새벽부터 문을 열고 동네에 온갖 먼지를 다 뒤집어씌운다. 미꾸라지 한 마리가 온 우물을 꾸정꺼리는 격이다. 쇠들끼리 부딪치는 굉음도 만만찮다. 민가가 주변에 있으면 벌써 민원대상으로 말끔한 정리가 되었으련만 유감스럽게도 거기에 관심을 갖는 사람은 거주하지 않은가 보다. 언젠가는 이전을 하겠지만 아직은 견디며 살아야 할 것 같다. 십자가가 우뚝한 교회도 앞에 있지만 댕그랑거리는 교회의 종소리를 들은 적이 없다.

새벽 세 시까지는 살아 숨 쉬는 파시의 소음도 먼동이 트는 순간 고요의 바다로 변한다. 거짓 같은 기적이 매일 밤과 낮을 경계로 일어났다 사라진다. 참으로 신기루 현상이다. 발 디딜 틈도 없이 포개어 주차한 차들 또한 어디론가 사라지고 없다. 젊은이들의 성전인 이곳이 이곳 젊은이들로만 채워질 리는 만무하다. 도대체 어디서 왔다가 어디로 사라져버리는 것인지 알 수 없다.

오늘도 내려다보는 재미로 하루를 열고 하루를 닫는다. 내가 앉는 안락의자는 내 몸을 포근하게 감싸기에 충분하다. 그리고 오른쪽으로 가지런하게 놓인 몇 그루의 풀포기와 분재가 신선함을 더해준다. 누구는 아파트에서 기르는 분재나 화초가, 더욱이 난은 생기가 없고 비실거리다 창밖으로 내몰린다고 하지만 나의 경우는 다르다. 늘 창문을 열어놓기를 즐겨하는 내 취향에 따라 그들도 바깥의 공기를 마음껏 들이마신다. 그러고는 청량한 꽃냄새와 여과된 맑은 공기를 나에게 쏟아 붓는다. 참으로 싱그럽다. 향기롭다. 내 텅 빈 머릿속에 꽃냄새와 맑은 공기가 가득해진다. 거듭나는 건축으로 인한 도시화가 여느 삼류도시의 형태로 바뀌어가기까지는 나는 창밖으로 펼쳐지는 모든 살아있는 것들을 사랑하리라.

76세의 1박 2일

나는 저지난해 『74세의 하루』라는 제하의 수상문을 책으로 펴낸 적이 있었다. 2년이 지난 지금 그때보다 모든 면에서 나아진 상황은 단호히 없다. 건강 면에서는, 사그라지는 불씨처럼 못해졌으면 못해졌지.

지금이나 그제나 노인의 축에 끼다 보니 발생하는 문제는 역시 잠이다. 다른 늙은이들에게 물을라치면 나이가 들면 들수록 수면시간이 점점 짧아진다고 한다. 초저녁엔 숟가락 놓기가 바쁘게 잠에 빠져들지만 꼭두새벽이면 누가 부르는 듯이 신기하게도 완전히 잠에서 깨버리게 된단다.

뿐만 아니라 한 시간에만도 몇 번을 깨는지. 이쯤이면 좀이 쑤셔 더 이상은 누워 있을 수도 없는 노릇이다. 그러다 보니 수면시간이 큰 폭으로 줄어들고 수면의 질 또한 엄청나게 저하된다. 그리고 그 영향은 낮 시간대에 오롯이 물려받는다. 온종일을 양지에서 비실거리고, 자는지 마는지 꾸벅거리다 그렇게 시간이 흘러간다. 마치 겨울잠에서 아직 덜 깬 말라빠지고 어벙한 곰 같다.

나는 간만에 1박 2일의 국내여행을 할 작정으로 인터넷을 뒤져 자료를 수집한다. 승용차로 가는 길이어서 도로망을 이리저리 연결 짓기를 수십 차례. 숙박시설과 토속음식점을 찾아 일일이 필기장에 옮기고. 주변의 관광명소와 조상의 얼을 심어둔 서원이나 고찰 등을 도로망과 연결 짓고. 높지 않은 산을 찾아 절 구경도 하고 등산도 가볍게 곁들이고. 협곡을 찾아 불볕더위를 식힐 스케줄을 짜기도 하고. 1박 2일에 필요한 옷가지며, 벌레에 물렸을 때를 대비한 약품과 같은 것들을 한 통에 모아 준비하고. 소화랑 배탈, 신경통, 두통에 대비할 뿐 아니라 반창고까지 가정상비약을 또 다른 통에 쓸어 담아 모조리 싣고 가는 계획을 수립하고. 생수와 간식까지 챙기고. 끝으로 필요한 경비를 꼼꼼히 셈하여 안주머니에 꼬깃꼬깃 챙겨 넣는다.

자, 출발이다.

동산에 해가 삐죽하게 고개를 내미는 시각 5시 30분. 전날 차 정비를 끝내고 오일도 가득 채웠다. 섭씨 20도, 습도 30%! 쾌적한 새벽 공기를 가르며 승용차는 반도의 북쪽을 향해 질주한다.

당초 계획한 행선지는 경북 북부 일원이다. 좀 더 구체적으로 말하면 최근 개통된 봉화군의 V트레인 협곡열차를 타는 것이다. 그러려면 가는 도중에 몇 곳을 들렀다가 1박을 춘양에서 하는 편이 좋겠다는 요량으로 나서는 길이다. 4, 9 춘양 장을 겨냥해야 장꾼 행세를 겸할 수 있겠다는 생각이 깔린 것이다.

나의 차에는 내비게이션이 장착되어 있지 않다. 여행지에 대한 큰 얼개만 짜놓았을 뿐 나머지는 그때그때 분위기에 맞춰야 구애받지 않는 여행이 될 것임을 나는 이미 여러 차례의 여행에서 터득하고 있다. 어쩌다 보면 주객이 전도되어 처음 계획한 목적지를 턱없이 벗어나는 일도 있지만. 그게 뭔 대수냐고 웃어넘기면 그만이다.

부산-대구 민자 고속국도에서 경부고속에 접속하고 곧이어 영동고속으로 방향전환을 한다. 대구 기점 군위까지는 그야말로 직행이다. 고속 때문에 곁눈질할 겨를이 없다. 평일 새벽의 고속도로는 거침없이 펼쳐진다. 군위 IC를 빠지면 4차선 일반도로다. 나는 기꺼이 그 길을 택한다. 영주, 봉화로 둘러가는 고속국도는 버리는 편이 낫겠다는 생각에서다. 안동에서 청량산 길을 염두에 두고 있기 때문이다.

차의 속도를 늦추고 시원한 바람을 창문으로 끌어들인다. 상쾌한 느낌이 폐부까지 닿는 듯하다. 시방부터가 진짜 여행의 시작이다. 차창과 백미러를 통해 들릴 만한 명소가 나타나기를 기대한다.

첫눈에 들어온 곳은 군자(君子)마을이다. 2차선 도로로 접어들자 이내 좌측으로 기와집이 즐비한 마을이 전개된다. 잊지 않고 운전모를 벗고 밀짚모자를 눌러 쓴다. 오른편 주차장에 차를 세운 후 도로를 건너 세워둔 표지판에 잠시 눈길을 준다. 그 사이 햇볕은 살갗을 태울 만큼 강렬해진다. 옛날 양반네의 거주지가 안동호수 밑으로 가라앉자 이리로 옮겨온 모양이다. 현대생활과 동떨어진 넓은 기와집에 사는 사람이 없다. 귀퉁이에 문화재를 관리하는 늙은 내외가 사는지 고즈넉하기조차 하다. 평소 걷기를 좋아하는 나로서는 어차피 동네 한 바퀴를 둘러본다.

경북은 특히 북부지역은 양반 동네가 집성촌을 이뤄 다른 곳과 비교가 된다. 운치가 있고 격이 높다. 같은 경상도라 해도 남해를 끼고 있는 바다마을에 비해 말의 억양부터 다르다. 말뿐만 아니라 행동거지도 느릿해 보인다. 하지만 그마저 품위가 넘쳐 보인다. 퇴계 이황 선생의 도량에 이르러서는 그 극치를 이루는 것을 느낄 수 있게 되는 것 같다. 시인이자 독립운동으로 일관해 온 이육사 님의 기념관에서도 선비정신이 담뿍 깃들고 있음을 놓칠 수 없다.

북진을 거듭하는 나에게 집중호우로 유실된 도로를 보수중이니 차는 우회전하라는 수신호를 보낸다. 수신호를 따를 수밖에 없지만 내비게이션이 없는 나로서는 거리나 방향을 겨냥해 나가기가 만만찮다. 결국, 다다른 곳은 비포장 외길이다. 돌아가자고 해도 너무 북진을 한 것 같다. 길은 외줄기, 임도는 낮고 높은 산을 감돌면서 도무지 정상차도 쪽으로 내려갈 엄두를 내지 않는다. 멧돼지라도 불쑥 뛰쳐나올 듯하다. 짙은 숲 그늘, 고도(高度), 멧돼지에 대한 상상은 더위보다 추위를 느끼게 한다. 한바탕 산 속을 헤매다 보니 두어 채 민가가 내려다보인다. 노부부인 듯, 감자 캐던 손길을 멈추고 길손에게 길안내를 자상하게 해준다. 달려온 산 바로 뒤편에서 길을 잃은 것이다. 산길을 내려가 산자락의 끝을 잡고 계속 우회전을 하면 포장도로가 나오고 연이어 도로표지판도 발견할 수 있다고 한다. 강원도 인제에 갔다 폭우로 인해 홍천 가는 길을 우회한 것을 기억해낸다. 가도 가도 끝이 없는 비포장도로를 밤새도록 달려 먼동이 틀 무렵 홍천에 닿았을 때 피로보다 기쁨이 앞섰던 달콤함을 지금도 느낄 수 있다.

그 사이 계곡을 만나 발이 시리도록 물에 담근다. 예정에 없던 스케줄이 슬며시 끼어든 것이다. 낚시터에서 하릴없는 구경꾼이 되기도 한다. 예상치 않은 길모퉁이에서 다른 차들이 빠져나가도록 턱을 괴고 기다리기도 한다. 동해 바닷가로 가려는 차, 더 깊은 골짜기로 파고들려는 차, 그리고 나처럼 길을 잃은 차도 더러 있는 것 같다.

출발 전 예상대로라면 춘양 장을 누비다가 소고기국밥 한 그릇을 점심으로 때우려는 것이었다. 그런데 지금은 땅거미가 내린 지 오래다. 장꾼은 간 데 없고 간혹 상점 주인들만 뒤치다꺼리하느라 굼뜨게 움직인다. 기대에서 벗어난 광경에 닻을 내릴 수 없다. 서둘러 숙소를 잡는다. 낡았지만 깨끗하게 정돈된 모텔 2층이 내 차지가 된다. 에어컨도 선풍기도 중간 크기의 티브이도 갖추고 있다. 침대는 새로 커버를 입혀 깔끔하게 보인다. 침대에 몸을 던진다. 갑자기 나른해지기 시작한다. 나의 일상에서 벗어난 행동들이 오늘 여행과정에 올려있다. 나의 일상이란 별 게 아니다. 식전 걷기, 식사 후 뜸뜨기, 오전 낮잠, 오후 드라이브, 인터넷 검색, 저녁 걷기, 작품 교정이 틀에 박힌 일과다. 오늘은 평상시와는 생판 다른 각도로 돌아가고 있다. 몸살로 치닫는 것 같다. 교사생활 중 내가 제일 싫어했던 학생은 안 하던 짓을 하는 학생이었다. 안 하던 짓을 하는 학생은 몸살감기에서 하루도 자유로운 날이 없었기 때문이었다. 학급의 결석생은 그런 학생이 도맡아 했기 때문이기도 하다. 지금 내 꼴이 영락없이 그런 것이다. 틀에 박힌 일들 중 어느 하나도 제대로 이행하지 못한 나로서는 엄습하는 격한 몸살을 이겨내기 어려운 지경에 처하고 만다. 새벽 다섯 시 반에 출발, 오후 일곱 시 도착. 장장 열세 시간을 넘게 운전을 하고 다녔다는 얘기 아닌가. 생각할수록 달라붙는 몸살에서 헤어날 수 없겠다는 강박감에 빠진다. 잠은 쏟아지지만 막상 잘 수가 없다. 저녁이라도 해결해야 그 스태미나로 내일의 여행을 무사히 끝낼 텐데.

　　나는 기어이 침상에서 몸을 일으킨다. 현기증이 일어나면서 하늘이 핑 돈다. 몸의 중심을 지탱하기가 용이하지 않다. 벽에 손바닥을 붙여 가만히 기다린다. 잠시 진정이 된 틈을 타 엘리베이터를 이용해 아래층으로 내려온다. 모텔 여사장이 나를 보고 어디가 아프냐고 묻는다. 현기증이라고 하니까 식사를 배달할 수도 있으니 그리 하라고 한다. 나는 근처 식육식당을 묻고 그리로 향한다. 식사를 끝낸 후에도 어지러움과 후들거림이 가시질 않는다. 나는 여사장에게 링거를 맞을 수 있는 야간진료병원을 묻는다. 여사장이 웃는다. 지금은 간이병원도 보건소도 약방도 문을 닫은 시각이라고 한다. 야간진료는 100리 밖 봉화읍에서나 가능한 일이란다. 꼭 링거를 맞아야 할 형편이라면 산파하던 동네 할머니가 계신데 거기에 문의할 수 있다고 한다. 나는 부탁을 하고 산파 할머니는 한참이 지내서야 주사기와 주사액이 든 약통을 들고 나의 방으로 들어온다. 주사기에 노란색 하얀색 액체를 섞는다. 이윽고 바늘이 혈관을 찌른다. 짜릿하다. 전엔 이렇게까지 아프지 않았다는 기억이 생생하다. 할머니가 돌아가시고 한 시간 반이 경과했을 때 잠시 졸았던 눈이 뜨인다. 주삿바늘이 꽂힌 자리가 복어 배처럼 볼록 튀어나오고 통증이 수반된다. 얼른 팔뚝에서 바늘을 빼낸다. 삼분의 일이 남은 주사액을 신문지에 싸서 휴지통에 버린다. 그 후 할머니는 다시 만나지 못한다. 셈은 이미 끝난 일이다. 여사장이 부어오른 팔뚝을 보며 대수롭잖게 여긴다. 그런 일쯤 다반사로 일어난다는 듯 심드렁한 표정을 짓는다. 그날 밤 나는 새벽까지 한 번도 깨지 않고 깊은 잠에 빠진다. 어쩐 영문인지는 모르지만 다음날 아침은 몸이 개운하다.

협곡열차를 타겠다는 기본계획은 아직 유효하다. 잠에서 깬 즉시 춘양역으로 차를 몬다. 협곡열차는 출발역이 분천이다. 그런데 시간이 마뜩잖다. 다시 집으로 대어 가기에는 첫차 운행시간이 너무 늦고 건강도 예사롭게 생각할 문제가 아니다. 일단 분천으로 달려간다. 상가가 즐비하고 거리가 사람들로 붐빈다. 신생도시의 냄새가 확 풍긴다. 기차를 타려고 아예 역 광장에 텐트를 치고 캠핑을 하는 무리도 있다. 나는 김밥 한 줄을 아침 대용으로 사먹고, 승용차로 다음 역인 양원으로 가는 길이 열려 있는지를 묻는다. 상점주인은 반신반의다. 최근에 열렸다는 소문을 들은 것 같기도 하다는 애매한 대답이다.

내친 김에 확인도 할 겸 양원으로 달린다. 길은 자꾸 좁아지고 고도는 높아진다. 지천으로 깔린 나무숲 속을 요리조리 감돌아 서너 채 가옥이 산기슭에 매달려 있다. 염소를 키우는 할아버지가 퉁명스러운 목소리로 갈 수는 있을 거라고 귀띔한다. 갈 수는 있되 험난하다는 얘기로 들린다. 사방에 산사태로 무너진 흔적이 있고 우회전 하시오, 좌회전 하시오, 돌아가시오, 라고 매직으로 휘갈겨 써서 붙인 방향표시가 있다. 가다 보면 제자리, 돌다 보면 길이 끝난다. 나는 기어이 양원역을 찾아야 한다. 그것은 나에게 내려진 임무이다. 임무는 반드시 수행되어야 한다. 수양 중인 듯한 젊은이가 가리켜준 길은 폐쇄된 지 오래다. 나는 마지막으로 오솔길을 택한다. 리어카 한 대가 겨우 지나갈 만큼 좁은 길이다. 게다가 한 쪽은 절벽이다. 그 길은 뭉개질 듯 협곡에 걸린 다리와 연결된다. 한국전쟁 때 간신히 폭격을 면한 듯한 다리를 건너자 누군가가 써 붙인 조그만 양원역 표지판이 보인다. 차도는 거기서 끝이다. 역까지는 내려서 걸어야 한다. 드디어 숲 사이로 역이 보인다. 저게 티브이에 선을 보였던 그 민자(民資) 역이란 말인가. 너무 작다. 골짜기는 넓고 깊은데 역은 너무 초라하다. 역사 옆 화장실은 싸리나무로 엮어 만든 듯 천장이 없다. 앉아야만 몸을 가릴 수준이다. 그나마 지금은 출입문을 막아버렸는지 들어갈 틈이 보이지 않는다.

역사(驛舍) 앞 안내판을 읽으며 역사의 내력을 더듬는다.

양원역이 없었던 이곳 주민들은 기차가 양원을 지나갈 때 장보따리를 기차에서 던지기도 하고 사람이 직접 뛰어내리기도 했단다. 인근 역에 내린 주민은 거리가 가까운 터널을 통해 귀가하기도 했지만 그 과정에서 모진 목숨을 잃은 사람들도 있었단다. 급기야 어느 중학생이 탄원서를 내고 노태우 대통령이 감동을 받아 양원역이 탄생했단다. 역은 그렇게 생겼지만 오르고 내리는 사람이 없어 민망했던 처지에, 협곡열차 V트레인의 최근 개

통은 한 때 오지이기는 했지만 이제 세인의 입에 오르내리는 명물로 탈바꿈하게 된 것이다.

양원 다음 역으로 가려던 나는 꿈을 접어야 한다. 강원도 태백으로 도 경계를 우회하여야 어느 정도 승용차의 진입이 가능해지기 때문이다. 하는 수 없는 일이다. 하늘이 말리는 일을 어쩌랴.

귀가하는 길을 동해안 울진으로 정한다. 4차선 일반국도가 반듯하게 펼쳐진다. 산골짝에서 헤매다 보니 백두대간 태백준령이 마치 미끄럼을 타듯 미끄러져 내려간다. 사랑바위 휴게소에서 감자부침개와 메밀국수로 출출한 점심 배를 채웠으니 속이 든든하고 편안하다. 엊저녁에 엄습했던 피로감이 거짓말처럼 개고 있다니 나로서도 믿기지 않는다. 산과 할머니가 나에게 무슨 요술을 부린 것 같기도 하다.

귀가 내내 이어지는 4차선 일반국도는 동해의 푸른바다를 따라 끝없이 펼쳐진다.

(후기) 여행을 마치고 3일 간 병원에서 링거를 맞고 푹 늘어지게 자고 나니 제정신으로 돌아온다. 꼬박 이틀 간 24시간을 운전대를 잡았으니 그럴 만도 하다. 언제였던가, 대천해수욕장을 당일 코스로 18시간을 운전했던 적이 있었다. 새삼 그립다. 여행을 끝내던 날 체중은 평소보다 1킬로그램이 늘어났다. 매번 하는 여행의 결과가 체중 늘이기가 아닌가 싶기도 하다. 그래도 이 다음 여행지는 어디가 좋을까 생각할수록 벌써부터 좀이 쑤신다.

신라의 개

　나는 『경남문학』의 소설부문 신인상을 수상한 이후, 3년여 아무런 작품 활동을 하지 않고 있다. 어쩌다 60대 후반에 「회유」라는 단편소설을 써서 응모한 것이 입상은 됐지만 정식으로 문학공부를 하지 않은 탓에 기본이 닦여있지 않아 자격지심을 느끼고 있다.

　내가 응모한 작품을 K 대학교 국문학과의 Y 교수가 심사를 보았는데, 썩은 과일은 한 입만 깨물어도 알 수 있는 법. 처음 몇 줄을 읽다가 역해서 도로 돌려보냈다고 피력한 바 있었다. 당연히 그랬을 것이다. 하지만 경남문학에서는 한 편의 당선작이 절실했던지 다시 원고를 Y교수에게로 보내 재검토를 의뢰했던 것 같았다. 구걸하다시피 하여 계간지에 실린 글이 나의 첫 글 「회유」였다. 결국 우여곡절 끝에 뽑은 함량미달의 글이어서, 『경남문학』 소설분과의 H 회장은 다음 글을 써서 낼 때는 먼저 자기를 경유해 달라는 주문을 잊지 않았다. 설익은 과일을 험난한 시장바닥에 내놓기가 여간 안쓰러웠으면 그리 했을까 싶었다.

　늦게야 글을 쓰겠다고 한 주제에 그래도 내친 김에 「신라의 개」라는 제목으로 한 편의 단편을 조작해냈다. 나로서는 수십 회에 걸친 안압지 탐사를 바탕으로 공들여 쓴 글이었다. 엄청 망설인 후, H 회장에게 메일로 작품을 보냈다. 실로 3년 만의 일이었다. 처음에는 이 작품을 『현대문학』으로 등단한 실력파 단편소설가 D 선생님에게 들고 갔었다. 그는 내 보따리에는 관심을 보이지 않았다. 평소 잡글을 쓰던 나의 필력을 익히 알고 있었던 그로서는 일고의 가치도 부여하지 않겠다는 신념에 차있는 듯했다. 그 글이 그 글 아니겠는가, 그 사이 무슨 개과천선이 있었으려고, 하는 듯이. 간 김에 그분의 서재에서 문학특강만 한 시간여 경청했을 뿐이었다. 그리고 돌아 나올 무렵 그분이 직접 썼다는 장편소설 『티』 한 권을 선물로 내주었다. 그분의 소설은 장편이면서도 어쩌나 까다롭게 엮였던지 몇 쪽 넘기지 못하고 그만 포기하고 말았다.

그래도 기댈 곳은 『경남문학』의 H 회장밖에 없었다. 어쨌든 나를 등단시킨 장본인 아니었던가. 차마 용기가 나지 않았지만, 이메일로 인사말과 함께 「신라의 개」를 실어 보냈다. 며칠 뒤 답신이 도착했다. 아니나 다를까 그의 혹평은 A4 용지 한가득 담겨 있었다. 글이 줏대가 없이 흔들거리고, 산만해서 더 이상 읽을 수 없다는 식이었다. 한 마디로 처음 썼던 글에서 한 치도 나아진 것이 없고 오히려 후퇴했다는 평이었다. 그럴 줄 알았다. 그런다고 쉽사리 물러날 나야 아니지만, 나로서는 공든 탑이 무너지는 아픔을 감내하기 어려웠다. 사람들이란 원래가 그다지 중요하지도 않은 일에 정성을 온통 붓는 것이라고 생각하고 있는 터수지만.

30쪽이 넘는 분량의 「신라의 개」였지만, 그리고 실로 간만에 내놓은 졸작이었지만, 뒤로 물려 한쪽 모서리에 제쳐놓을 도리 밖에 없었다. 그리고 잊기로 했다. 교정만 해도 수십 차례 했기에 어느 쪽에 무슨 글이 쓰였는지, 눈을 감고서도 식별할 수 있는 정도였는데. 그래도 매주 토요일이면 버릇이 되어버린 안압지행 탐색여행은 계속되었다. 그토록 익혀진 습관을 어찌 쉽사리 내려놓을 수 있었을까.

안압지와 신라의 개는 연관이 있을 것 같기도 했다.

신라시대 때 신라의 개가 존재했었던 것은 사실이다. 얼마 전 신라견 연구팀은 신라의 개 복원사업에 성공했음을 사실화했기 때문이다. 덩치는 풍산개 수준, 털은 진돗개처럼 텁수룩한 흰색, 꼬리가 잘려나가 엉덩이가 매끈한 모습. 용맹하기로는 월담하던 왕자를 물어 죽인 사실로 입증됐다. (그게 정사인지는 밝혀진 바 없었지만) 이런 정황으로 미루어 신라의 개가 안압지에 살고 있었음은 부연할 문제가 아니라고 생각했다. 다만 왜 신라의 개가 그 후로 종적을 감추었는지에 대하여는 알려진 바가 없었다. 나는 그 문제에 관하여 애석하게 여겨 매주 토요일이면 안압지를 찾게 되었다. 또한 안압지의 유물을 발굴하여 전시해둔 박물관에 구두의 뒤축이 닳도록 뛰어다녔다. 이따금은 도서관에 박혀 내가 필요로 하는 뭔가를 찾으려고 애썼다. 하지만 비전문가인 나로서는 내 눈으로 들어오는 실체를 발견할 수 없었다. 행여나 하여 장날이면 개시장 주변을 얼쩡거려보기도 했지만 헛수고였다. 어차피 소설이라는 게 허구를 추구하는 일이다 보니 너무 실체에 접근하는 것에 대하여 경계를 할 필요성을 느끼게 되었다. 그것은 내 편이한 생각에 불과하겠지만. 그러나 정작 나로서는 실체이건 허구이건 어느 것도 아닌 어떤 것으로 달려가고 있음을 느끼고 있었다.

내가 경험해 터득한 부분과 나의 상상력을 동원해 그간의 내용을 집약하여 신라의 개를 집필하기 시작했다.

앞서도 언급했다시피 나의 글쓰기는 의욕이 앞서 확고한 구상이나 글의 앞뒤를 재지 않고 마구잡이로 전개하는 경향을 띄고 있었다. 마치 어떤 영상이 떠오르면 마구 휘갈기는, 어쩌면 시나 수필에 가까운 글을 쓰는 것이었다. 자료는 오랜 기간에 걸쳐 마련해놓고 그것을 토대로 쓰기는 며칠 밤낮을 소요하여 밀어붙이는 식이었다. 일단 한 편의 단편소설이 완성되면 그것은 논리에도 맞지 않는 엉망이 되어버리고 만다. 그렇다고 해서 그것을 결코 포기하지는 않는다. 그것은 내 스스로 만든 아집이다. 그러니까 하는 수 없이 뒤따르는 작업이 복잡하게 얽히고설키기 마련이었다. 수정의 반복이 연속되었다. 수정은 몇 달 내지는 일 년이 지나도 끝나지 않았다.

어쨌든 그렇게 해서 쓰인 글이 「신라의 개」 2탄이었다. 30쪽에 이르던 글이 확 바뀌어 20쪽으로 줄어든 게 특징이었다. 그러자니 내용도 바뀌었다. 첫 번째 글을 요약한 것이 아니라는 것이다. 하지만 이 글을 누군가에게 보여 정당한 평을 얻어내야 할 텐데 막상 보여줄 대상이 떠오르지 않았다.

내가 심기일전하여 다시 쓴 「신라의 개」를 최종적으로 읽어보았다.

먼저 살아있는 역사를 앞세웠으니 뒤따르는 무리를 수습할 수 없었다. 그것을 문맥에 맞춰 정당화하려니 적어도 중편으로는 가야 할 판이었다. 그러나 나는 중편에 대한 매력을 느끼지 못했다. 뭐 세계적인 단편작가 앨리스 먼로의 흉내를 내려는 것이 아니었다. 순리를 벗어난 사실들이 대바늘로 꿰맨 듯 느슨하게 엮인 데가 한두 곳이 아니었다. 신라의 개를 복원하는 과정과 《문화일보》의 지 기자가 등장하여 개를 이용한 사기극을 벌이고 (마지막 신라의 개는 달리는 열차에 치어 장렬한 최후를 마치고), 개 무덤을 통일신라시대 김유신 장군 모시듯 안압지의 출수구에 수중장하고, 그믐밤의 어둠과 안개는 실루엣이 되어 죽었다던 신라의 개는 환생하고……

내가 생각하기로도 어지럽다. 그야말로 안갯속이다. 공감을 얻기보다는 무례가 점철돼 있다.

그렇다고 어쩌랴.

내가 살고 있는 고향에 천재적인 소설가에 대하여 잊고 있었음을 기억해냈다. 약관의 나이에 장편으로 많은 이의 심금을 울린 작가였다. 다짜고짜 원고를 들이밀었다. 그분은 자기를 찾아주는 사람을 결코 배척하지 않는다는 사실을 역이용하자는 것이었다. 막장까지 가보려는 나에게 그건 그리 어려운 일이 아니었다. 내 예상은 적중했다. 기꺼이 맞아주었다. 일이층 방이 온통 서재였다. 책들이 빼곡하게 차 있었다. 커다란 장편 대하소설을 준비하는지 별도로 꾸며놓은 집필실이 숱한 자료들로 가득했다. 내가 원고 검토 작업을 부탁드린 지 일주일이 경과한 날 선생님으로부터 만나자는 연락이 왔다. 선생님은 나에게 할 말이 많다고 운을 뗐다. 내가 부탁했던 원고를 보고 일차적으로 붉은색 볼펜으로 맞춤법과 띄어쓰기에 대한 교정을 끝마쳐놓은 상황이었다.

선생님이 나에게 이른 말은 대략 이런 것이었다.

민간인 차원에서 신라의 개를 복원하는 데 필요한 모금액이라면서?

안압지 출수구의 물마개가 박달나무 남근으로 된 사연과 출수구 앞에 신라의 개 고혼을 음각한 기념비를 세우겠다는 발상은?

신라의 개 품종과 생김새, 그리고 왕자를 물어 죽였다는 사실에 대한 고증은?

그리고 등장인물이 왜 그리 많은지.

변 씨, 지 기자, 이름 모를 도사, 신라견, 신라견 복원 연구팀, 주모,

그리고 나.

　장소 이동은 왜 그리 급하게 바뀌는지.

　안압지, 박물관, 도서관, 남산, 카페, 주막집, 동해남부선, 문무대왕릉, 형산강, 무슨 대하소설의 무대.

　한 마디로 실루엣을 통해 신기루를 본 느낌이랬다. 왜 이런 발상을 하게 되었는지. 원래의 시발점에서 비약함이 걷잡을 수 없는데 원바닥과 절충하는 것에 대한 생각을 묻기도 했다.

　그리고 무릇 단편소설이란 단일한 사건, 인상, 효과에 대한 그림이라고도 했다. 그것은 내 글이 군더더기가 붙고 붙어 앞뒤가 연결되지 못하고 있음을 지적하는 말임이 분명했다. 그렇다면 뭐 한 군데 제대로 이루어진 바가 없다는 결론 아니겠는가.

　선생님은 내 교직생활 40년을 회고하여 글을 쓰는 일이 어떠하겠느냐고 했다. 그건 내가 평생을 두고 체득한 것을 진술하게 써보라는 얘길 터. 그러나 이 부분에서 나의 주장은 달랐다. 내가『교육장이 되는 길』이라는 4백 쪽에 달하는 자서전을 전2권으로 나눠 출간한 사실 때문이 아니라 더 이상 뒤돌아보고 싶지 않은 곳이 교직이고 가능한 한 빨리 잊고 싶은 곳이 교직이었다. 한평생을 주로 고등학교에서 입시 위주 교육을 해온 내가 할 수 있는 일이 무엇일까? 동일한 일상(쫓겨서 섬에 있는 학교로 전보된 일을 제외하고)의 연속선상에서 끽소리 한번 질러보지 못한 주제에. (어쩌다 장학사가 되고, 교감이 되고, 교장이 되고, 교육장이 되고, 교육위원이 된 것을 제외하고)

　나는 가슴 깊은 곳에서 끓어오르는 새로운 변신을 시도하고 싶은 충동을 억제할 수 없는 것이다. 무한한 소재와 무한한 소설적 배경이 널려 있지 않은가. 한 분야에 국한하는 일은 나를 속박하는 것과 다를 바 없다는 것이 내 생각이자 주장이다.

어쨌든 아직은 이곳저곳에서 나의 소설적 행보에 회의적인 바람이 거세게 불어 닥치지만, 나는 그것을 존중하며 거울삼아 나의 세계로 달려가고 싶은 것이다.

존슨의 편지

펴 오래 전 얘깁니다.

제가 마산중학교에 재직했던 시절이었으니까 1960년대 후반쯤 되나봐요. 1963년에 처음 교편생활을 거제도의 농업고등학교에서 시작하여 의령농업고등학교를 거쳐, 연판장 주동교사로 거제수산고등학교로 쫓겼다가 상륙한 곳이 창녕중학교였으니 6년 새 다섯 학교로 떠어다닌 셈이 되는군요. 참으로 고삐 풀린 망아지 모양 잘도 뛰어다녔습니다.

창녕중학교는 창녕농업고등학교와 한 울타리 안에 있었습니다. 양교를 통틀어 교장 선생님이 한 분 계셨고 교직원들도 한 교무실을 함께 썼습니다. 그렇다고 규모가 작은 학교는 아니었습니다. 중학교 15학급, 고등학교 6학급이었으니 웬만한 도시학교 규모랄 수 있었습니다. 중학교에는 축구부가 창설되어 있어서 대회 때마다 출전을 했습니다. 그러나 연습할 상대가 없어 종종 고등학교 학생들을 급조하여 연습경기에 임하곤 했지요. 때로, 나는 선수가 부족한 고등학교의 부정선수로 뛰었고요. 고등학교 학생들도 중학교 선수 못잖은 실력파들이 있었지만 3:0으로 점수를 접히고 시합을 했었습니다. 비록 연습경기였지만 내기를 걸고 하는 시합이어서 양팀 다 사생결단으로 뛰었습니다. 우스운 얘기지만, 이 때 고등학교에서 두각을 나타낸 학생들은 강제로 중학교로 끌어내려 선수생활을 시키기도 했었습니다. 그들은 그 뒤 청소년대표로, 국가대표로 이름을 드날린 선수도 있었습니다. 세상 참 요지경이었다니까요.

　제가 마산중학교로 자리를 옮긴 것은 창녕중학교의 교장 선생님 덕분이었습니다. 그분은 훗날 경상남도 교육청의 학무국장님이 되셨습니다.

　그 무렵 교사들의 도시학교 전출은 하늘의 별 따기였습니다. 그랬는데 하루는 교장 선생님이 저를 부르시더니 어쩌면 마산으로 갈지도 모르니 그리 알고 있으라고 했습니다. 저는 영문을 알 수 없었습니다. 막상 정규발령이 아닌 중간발령을 받고 현지에 도착하고서 안 사실은 도내에서 처음 시작하는 원어민 사업에 저를 끌어넣은 것이었습니다. 그러니까 저에게 특수임무를 부여한 것이었지요. 사실 그 무렵엔 정규대학의 영문과를 졸업한 인재가 학교까지 밀려올 상황은 아니었습니다. 제 동기만 해도 졸업 후 미국으로 들어간 치가 2/3 정도였으니까요. 나머지 대부분은 대도시로 자리를 옮겨갔지요. 저처럼 사범대학을 졸업한 영어교사들은 매우 드물게 변방을 돌고 있었기에 코를 꿰이게 된 것 같았습니다. 그러니까 그만큼 영어를 제대로 전공한 사람을 구하기가 어려웠던 시기였습니다. 영어과로 전과를 희망하는 타 교과 전공자들로 하여금 시험을 치르게 하여 자격증을 주고 영어교사로 임명하기도 했었으니까요. 그때 많은 미술, 체육 전공자들이 영어과로 쏟아져 들어왔었습니다. 그들 중 일부는 유감없이 실력을 발휘해 고등학교에서 진학지도에 성공을 거둔 인재들도 있었습니다.

　마산중학교 부임 1주일이 되던 날, 저는 도교육청 영어과 장학사의 부름을 받았습니다. 대뜸 공문을 들이밀며 마산중학교를 평화봉사단 원어민 도시범학교로 지정해 두었으니 일정에 맞춰 일을 추진하라는 것이었습니다. 부끄럽게도 저는 그 당시에는 시범학교가 무얼 하는 것인지조차 몰랐습니다. 공문에는 서울 소재 교육회관에서 원어민을 인수하여 학교에서 성과를 거양하라는 것이었습니다. 지난 6년 동안, 제 깐엔 제법 똑똑한 체했던 주제에 말 한 마디 변변찮게 못하고 학교로 돌아왔습니다. 저는 연구부장이 시키는 대로 꼭두각시처럼 매달려 있었습니다.

드디어 원어민을 데리러 서울로 가게 되었습니다. 교장 선생님을 필두로 연구부장 선생님과 제가 여의도의 교육회관에 도착하였습니다. 제가 서울에 간 것은 기껏해야 용산과 장거리 시외버스가 있는 마장동 정도였습니다. 그곳은 전방부대에 근무했을 때 휴가차 두어 차례 다녔던 곳이었습니다.

훗날 교장 선생님은 시내 교육장까지 역임한 베테랑이었습니다. 연구부장 선생님도 도시에만 근무를 해 도시생활에 익숙해 있었습니다. 그런데 모임장소가 교육회관 17층이었는데 우리 중 그 누구도 모임장소에 가는 방법을 알고 있지 못했습니다. 엘리베이터 입구에서 붉은 제복을 입은 안내자가 친절하게 타라고 했을 때 우물쭈물 타긴 했지만 내릴 방법을 아무도 숙지하지 못했던 것입니다. 촌사람이 별 것이겠습니까? 모르면 촌사람이지요. 우리는 꼭대기 층까지 올라갔다가 다시 1층까지 내려오게 되었습니다. 우리가 1층에서 내릴 사람들이겠습니까? 붉은 제복의 안내자는 내리기를 독촉하고 있었고 우리는 버티기 작전에 돌입했습니다. 맨 뒤쪽에는 교장 선생님이 버티고 있었고, 가운데는 연구부장이 둘 사이에 끼어 버티기 작전에 합세하고 있었습니다. 나는 맨 앞줄에 방패막이 노릇을 해야 했습니다. 하늘 같은 교장 선생님을 여기서 내리게 할 수는 없지 않겠습니까? 이윽고 많은 회의 참석자들이 물밀듯 밀고 들어왔습니다. 그 중 어느 분이

기계조작을 했던지 엘리베이터는 17층에 멈추었습니다. 뒤에 서 계시던 교장 선생님이 어느 틈엔가 밖으로 빠져나갔습니다. 저는 교장님이 그처럼 순발력이 빠르다는 것을 그때 처음으로 목격할 수 있었습니다. 연구주임 선생님도 교장 선생님의 순발력에 뒤질세라 교장 선생님의 꽁무니를 따라 내렸습니다. 젊은 저도 순발력이라면 남 못지않을 자신감을 가지고 있다고 자부했지만 위기의식 앞에서는 여지없이 무너져 내림을 깨닫게 되었습니다. 회의가 진행되는 내내 저는 교장 선생님을 바라보았지만 근엄하셨고 표정에 변화가 없었습니다.

우리학교에는 데니스 존슨 씨가 배정되었습니다. 그분은 첫인상이 곱살스러웠고 상냥해 보였습니다. 공식행사가 마무리되자 저는 사적으로 존슨 씨와 인사를 나누었습니다. 그리고 교장 선생님과 연구부장 선생님을 차례로 소개했습니다. 우리 일행은 새마을호로 부산에 닿았습니다. 남포동에 자리 잡은 어느 그릴에 만찬 초대를 받았기 때문이었습니다. 우리는 화려한 불빛과 대리석으로 쫙 깔린 밑바닥에 흙이라도 튀길까봐 발을 제대로 펼칠 수가 없었습니다. 점심은 불고기 스테이크를 주로 하는 곳이었습니다. 와인을 한 잔씩 기울인 뒤에 우리는 다소 긴장감이 풀렸습니다. 일행은 마산으로 돌아와서야 여행의 피로감을 느낄 수 있었지만 반면에 안도감을 느낄 수도 있었습니다. 다들 각자 처소로 돌아간 후 나는 미리 예약해둔 가정집에 존슨 씨를 홈스테이식으로 안내해주었습니다. 존슨 씨도 만족해 하는 눈치였습니다.

저는 1학년 담임을 맡았기에 수업도 1학년에 국한해 했습니다.
제가 들어가는 수업에 존슨 선생님도 함께 수업을 했으므로 난생 처음으로 협동수업(Co-teaching)을 하게 되었습니다. 교과의 진도는 늦었지만 학생들의 반응은 대단했습니다. 중간평가나 기말평가에서 학생들의 평균점수는 80점을 웃돌았습니다. 평소라면 아무리 문제를 쉽게 출제해도 평균 60점에도 이르지 못했습니다. 후일담이지만 이 학생들이 중3이 되었을 때의 영어성적은 인근 유명 여자고등학교 2학년 학생들의 성적을 상회했습니다. 이토록 원어민 한 사람의 열정과 관심, 노력이 큰 성과를 거둘 것이라곤 미처 생각하지 못했던 바였습니다. 누군가가, 극한사항에 처하면 3개월에 시장 영어쯤은 마스터할 수 있고, 6개월이면 대학의 강의도 청취할 수 있는 수준에 이른다는 말을 들은 적이 있었습니다. 존슨 선생님은 학생 한 사람 한 사람이 그의 연구대상이나 되는 것처럼 심혈을 기울였습니다. 어쩌면 성적향상은 이미 예견된 것이나 다름없었습니다. 다른 교과도 그러하겠지만 언어의 발달과정 또한 개별진단과 개별치료가 적절하게 이루어질 때 엄청 두드러지게 발전할 수 있음을 보여주는 사례였습니다.

존슨 선생님은 시내 영어과 선생님들을 대상으로 교원연수에도 참가했습니다. 연수결과를 점수로 환산하는 시스템이어서 참가 선생님들의 열성도 대단했습니다. 존슨 선생님은 교사연수에 대비해 항상 자료들을 준비했고 활용했으며 교사가 직접 참여하는 방식으로 수업을 유도해 나갔습니다. 무엇보다 존슨 선생님은 대화중심의 수업을 했으며 현지에서 구사하는 생활영어의 교본을 인쇄해 배부하기도 했습니다. 그때 연수에 임했던 교사들 중 몇 분은 교육부의 연구관, 장학관으로 장족의 발전을 보인 분도 계셨습니다.

돌이켜보면 제가 장학사로 도교육청에 근무했을 때, 우리 도의 원어민 수업을 위해 뉴욕에 간 적이 있었습니다. 그때 저는 30권 정도의 현행 영어

교과서를 어렵사리 구해서 갔었습니다. 뉴저지 주립대학에서 예비 원어민 교사를 위한 사전 연수회가 1주일 간 열렸습니다. 제가 한국에서 애써 운반해온 이 교과서들을 교실 뒤편 탁자에 펴놓았을 때 그들의 표정은 말할 수 없을 만큼 우울해보였습니다. 솔직히 말씀드려서 그들은 어느 것도 교과서로 인정하지 않았습니다. 참으로 부끄럽기까지 했습니다. 원어민들을 인솔해오는 과정에서 어렵게 구한 우리나라 영어 교과서를 모두 쓰레기통에 버리고 올 수 밖에 없었습니다.

존슨 선생님은 우리나라 글과 말을 배우려고 무척 애를 쓰고 있었습니다. 그러나 도(道)의 방침은 원어민의 한국어 사용을 원천봉쇄하고 있었습니다. 존슨 선생님은 야간을 이용하여 몇몇 죽이 맞는 한국 선생님들과 매일 모임을 가졌습니다. 그분들 중에는 시내에 거주하는 영어과를 제외한 젊은 타 교과 선생님들이었습니다. 존슨 선생님은 그들에게서 국어를, 한국 선생님들은 존슨 선생님에게서 생활영어를 배우려는 것이었습니다. 영어를 배우려는 그들의 그러한 노력은 대화면에선 영어를 전공한 선생님들을 앞서가는 분들이 많았습니다. 막걸리 파티를 여는 횟수가 많아지면서 존슨 선생님은 굳이 막걸리를 고집하는 단계에 이르렀습니다. 그러나 빵과 치즈로 길들여진 존슨 선생님의 위가 막걸리와 맵고 짜고 신 음식에 한꺼번에 적응하기는 어려운 일이었습니다. 존슨 선생님은 끝내 부산의 병원에 입원하게 되었습니다. 저는 존슨 선생님의 입원실을 가끔 찾아 무료를 달래주곤 했습니다. 우리의 우정이 그로 인해 돈독해지는 것 같았습니다. 퇴원 후에도 존슨 선생님은 막걸리를 계속 마셨으며 모임도 계속했습니다.

가을에 접어들면서 저는 둘째 동생의 익사사고 후유증으로 노이로제를 앓게 되었습니다. 이번에는 제가 한 달 넘게 부산의 분도병원에 입원을 하게 되었습니다. 병문안은 나에게서 존슨 선생님으로 바뀌었습니다. 꼭 무슨 품앗이를 하는 격이 되었습니다. 노이로제는 나에게 7년간이나 머물러 있었지만 그 때 존슨 선생님의 병문안처럼 따뜻하게 느껴진 적은 없었습니다.

내가 학교로 다시 돌아왔을 때 둘째 아들이 태어났습니다. 하나만 낳고 그만인 줄 알았는데 8년 터울로 둘째가 태어났으니 집안의 경사였습니다. 존슨 선생님은 둘째의 백일을 기하여 아기 옷을 사들고 우리 집엘 방문해주었습니다. 그럴 정도로 서로의 마음을 열어두고 있었던 것 같았습니다. 총각이었던 존슨이 어떻게 머리를 그쪽으로 쓰게 되었는지 생각할수록 과분한 정을 나에게 주었다는 생각이 들었습니다.

흐르는 세월은 막을 수 없는 것 같았습니다. 선발고사를 거쳐 엘리트 집단으로 구성되었던 마산중학교가 갑자기 추첨제로 바뀌면서 대혼란을 겪게 되었습니다. 저도 학교 만기가 되어 타교로 전출을 해야 했고, 존슨 선생님도 3년간의 평화봉사단 복무기간을 마쳐 고향으로 가야 했습니다. 저는 더 이상 중학교에 머물고 싶지 않았습니다. 처음 교직에 내딛었을 때 고등학교에서 시작했듯이 고등학교로 다시 돌아가고 싶었습니다. 존슨 선생님은 제가 고등학교로 프로모션 하고 싶어 하는 마음을 도장학사에게 귀띔한 것 같았습니다. 장학사는 저의 인사문제를 외국인에게 의뢰하였다고 노발대발했었습니다. 결국 저는 마산에서 진주로 전근발령을 받았습니다. 그 즈음 진주에 연고를 둔 선생님들이 밥에 미만큼 과감히 연고지를 버리고 마산지역으로 옮기긴 했지만, 마산에 연고를 둔 선생님들이 진주로 옮긴 사람은 저를 제외하고 유례가 없는 일이었습니다. 저는 솔직히 인사에 감사하는 마음은 없었지만 기꺼이 그곳 여자고등학교로 자리를 옮겼습니다. 제가 고등학교를 원한 결과라고 생각했기 때문이었습니다.

참고로 저의 인사기록 카드를 꺼내보면 도무지 제가 누구에게 청탁을 해서 옮긴 적이 없음을 알 수 있을 것입니다. 생활권이 판이한 마산과 진주를 두루 근무한 사람이 어디에 있으며, 거제도와 남해도라는 섬에 두루 근무한 사람이 어디에 있으며, 고향도 아닌 거제도에 두 번씩이나 귀양 보내는 처사를 무엇으로 설명을 해야 하겠습니까? 중학교를 거쳐 고등학교 15학급 교감 경력을 가진 사람이 학생 수 100명 미만의 분교 교감으로 근무한 사람은 또 어디에 있겠습니까? 또한 도교육청 장학사 3년 반 경력을 포함해 교감 경력 10년 6개월 경력자에게 승진을 시켜준답시고 면 단위 3학급짜리 교장으로 임명한 역사가 어디에 있는지 궁금할 따름입니다. 교사 때는 인사가 잘 풀리지 않아서인지 인사 때마다 저를 끼워 돌렸으니 저로서는 일 년마다 옮겨 다니는 사고 교사 딱지가 붙지 않은 게 이상하게 들릴 지경이었습니다. 교감 때는 그렇다 치고 교장이 되어서는 아예 제자리에 붙박아 놓는 게 정상적인 인사였는지 되묻지 않을 수 없습니다. 정년이 3년 단축되고부터 교장 자격증만 취득하면 바로바로 승진하여 심지어는 초임에 대도시 고등학교 교장으로 직행인사를 하던 때였으니, 그러고도 제가 외국인의 힘을 빌려 인사 청탁이나 했다고 몰아붙이는 꼴이 참으로 가엾고 역겹게 여겨지는 것입니다. 말이 났으니까 말이지만, 40년 교직생활을 해온 사람으로 한 번도 전셋집을 면해보지 못했으니 이제는 차라리 자랑으로 여겨야겠습니다. 박봉에 시달린다고 엄살을 피우던 사람들도 다 소유하는 아파트 시대에 지지리도 못난 재택 무능을 저는 오히려 장기로 생각하는 사람이 되어가고 있습니다.

존슨 선생님은 캘리포니아로 귀향을 했습니다.

일 년 후, 그분은 평화봉사단(Peacecorp Volunteer) 스태프가 되어 다시 한국으로 돌아왔습니다. 근무지는 본부가 있는 서울이었습니다. 우리가 다시 만난 것은 강원도 춘천의 성수중학교에서였습니다. 성수중학교에서는 평화봉사단 지원 미국교사에게 예비교육을 시키는 곳이었습니다. 어느 날, 평화봉사단 본부에서 원어민에 대한 교육과정 이수에 협동교사(Co-teacher)가 필요하니 귀하가 동의해주신다면 감사하겠다는 서신이 왔었습니다. 제가 어리둥절해 있었을 때, 저는 전화로 울리는 존슨 선생님의 상냥한 목소리를 들을 수 있었습니다. 마침 여름방학 기간 중 4주일 코스였으므로 저는 기꺼이 춘천으로 달려갈 수 있었습니다. 교육과정의 운영은 마산중학교에서 존슨 선생님과 제가 개발했던 방식을 그대로 적용하는 것이었습니다. 그곳에는 저처럼 협동교사로 일하는 많은 한국의 여선생님들이 있었습니다. 그 중에는 미국인과 결혼한 부부들도 가끔 보였습니다.

춘천에서의 원어민 예비교육은 그해 겨울에도 계속되었고 저 역시 멤버로서 함께 일을 했습니다. 지금도 기억나는 일은 눈이 내리지 않는 남부지방에 사는 저로서는 눈 내린 성수중학교 교문 입구의 비탈길 때문에 곤욕을 치렀던 일이었습니다.

존슨 선생님은 그 뒤 1년 동안 서울 본부 스태프로 봉사하다 본국의 부름을 받아 평화봉사단 총본부 요인으로 세계적인 일들을 하게 되었습니다. 그분의 인품과 자상함은 능히 그분에게 그런 일을 할 수 있도록 하게 했을 것입니다.

그리고 40년이라는 세월이 물같이 흘러갔습니다.

그분은 60대 후반이 되었고, 저는 70대 중반에 이르는 나이가 되었습니다. 그분이나 나나 이제는 공직에서 물러났습니다. 그리고 그분과 나 사이의 아련한 관계는 잊힌 지 오래였습니다. 제가 공직에 있었을 때, 우리 도(道)가 시행하는 원어민 업무를 맡게 되어 뉴욕에서 열흘 정도 머문 적이 있었지만 그분을 기억해낼 수는 없었습니다. 대신에 같은 과 동기 중에 가장 친하게 지냈던 친구가 이민해 디트로이트에 살고 있었으므로 몇 차례 전화를 냈을 뿐이었습니다. 친구도 한가롭게 세계일주 중이어서 만나기는 커녕 통화도 하지 못했습니다만. 혈혈단신으로 뉴욕에 떨어졌으니 외톨이 신세일 수밖에 없었습니다. 다행하게도, 원어민(native speaker 1.5세대) 리크루트 사업을 하던 뉴저지 주의 닥터 김을 만나게 되어 뉴욕과 뉴저지의 지리, 한국인이 애용하는 스탠포드 호텔 투숙, 나이아가라 투어, 닥터 김의 사택, 사택의 커다란 사과나무, 사과나무 아래 가지런히 놓인 우아한 의자(유독 광택이 나고 품위 있어 보이는 한 개의 의자-전직 대통령의 자리), 혁의 가방 공장(훗날 도지사가 된), 등등 상류사회의 면모를 소개받았습니다. 그런 모든 것들이 나와는 무관한 것들이었지만 닥터 김의 따뜻한 배려는 나를 인정해주는 처사여서 굳이 싫어할 이유는 없었습니다.

저는 69세의 아내가 만학도로 전문대학에 다녔기에 운전병 역할을 하고 있었습니다. 전문대학은 창원에 있었습니다. 제가 사는 밀양에서 창원까지는 45킬로미터이었으며 소요시간은 50분 정도 걸렸습니다. 아내가 수업을 받는 동안 시간을 땜질하기 위하여 학교 옆 공원이나 도서관에 들르곤 했습니다. 그날은 도서관에 있었는데 휴대전화의 벨이 울렸습니다. 마산중학교 교장 선생님의 목소리가 흘러나왔습니다. 외국인이 저를 찾는다는 것이었습니다. 그러면서 전화기를 그 외국인에게 바꾸겠다고 했습니다. 그분은 제가 오래도록 잊고 있었던 데니스 존슨 선생님이었습니다. 한국정부의 초청으로 한국을 방문 중이며 박 선생님이 뵙고 싶어서 마산에 내려와 수소문을 하던 중이라고 했습니다. 친절하게도 도교육청의 은사 찾기 파트에서 내용을 접수하고 저의 전화번호를 일러주었다고 했습니다.

저는 마산중학교로 당장 달려갔습니다. 마산시는 창원시로 통합돼 있었고 가까운 거리에 있었습니다. 그분은 늙지 않은 모습을 지니고 있었습니다. 아니 아주 곱게 늙어 있었습니다. 그분의 부인도 동행을 했는데 그분처럼 인자했고 넉넉해 보였습니다. 존슨 씨는 마산에서는 경상도 말을 썼으며, 서울에서는 표준말을 구사했습니다. 그러나 40년이 지난 지금 그분은 경상도 말씨나 서울 말씨 어느 것도 잊은 지 오래인 것 같았습니다. 저에게 영어로 대화를 나누자고 제안을 했습니다. 대화의 중심에 존슨 선생님의 과거 행적을 부인에게 전달하는 일이 대부분을 차지했습니다. 저는 존슨 선생님과의 아름다운 추억을 더듬으며 이야기를 엮어 나갔습니다. 존슨 선생님 곁에는 통역을 하는 한국인을 수행하고 있었습니다. 그러나 묵힌 저의 영어대화 실력이 되살아나서 통역은 뒷전에서 웃고만 있었습니다.

존슨 선생님 내외분을 떠나보내고 나서 저는 따뜻한 쌀밥과 구수한 된장찌개를 대접하지 못한 것이 새삼 안타까웠습니다. 존슨 선생님이 선물로 주고 간 샌프란시스코 다저스 야구팀의 모자가 사이즈가 작아 작은 며느리에게 대신 선물을 했습니다. 작은 며느리의 신랑에게 아가 옷을 싸준 것이 40년이 지났는데 그 며느리가 또한 존슨 선생님의 선물을 받았으니 묘한 인연 같은 게 느껴졌습니다. 일정에 쫓겨 돌아가는 그들에게 양말 세트를 내밀었던 것이 조금 쑥스러워졌습니다.

존슨 선생님 내외분이 샌프란시스코로 돌아간 지 보름이 지났을 무렵입니다. 밀양의 우리 집으로 그분의 엽서가 도착했습니다. 엽서봉투에는 내외분의 웃는 모습이 담긴 사진 한 장이 동봉되어 있었습니다. 고운 추억을 되새김질 하는 것은 동서양이 다를 바 없는 것 같았습니다. 저는 그분 편지에 답신을 보내기 위해 편지지와 규격봉투를 우체국에서 구입해놓았습니다. 우리 내외와 막내아들 부부의 사진이 인화되어 나오면 곧장 답장을 써서 송부하려고 합니다.

다음은 그분이 보낸 영문 편지입니다.

Dear Mr. and Mrs. Pak,

I hope you have had a good year and that you are in good health. It was wonderful that we had the chance to meet again when we were in Korea in 2010.
My wife and I are enjoying our retirement. We are both playing a lot of music and making new friends in our community.
Our son Karl is working at a new job installing solar panels not far from San-Francisco.
We are very interested to hear that Korea has elected a new woman president. Of course, I remember her father very well.
We send you best wishes for a very happy holiday season.

Sincerely, Dennis

다음은 존슨 선생님의 편지에 대한 저의 첫 번째 답신입니다.

Dear Mr. and Mrs. Johnson,

I have received your letter from San-francisco, U. S. A. a few days ago. My wife and I were very happy that your family were fine and in good health. Congratulate that your son Karl is working at a new job near San-francisco.

I send you two photos. And let me introduce my family.

One, containing three persons, is my wife and second son. As you know, my second son was a baby when you visited my house with his clothes. Now he is 41 years old, and married three years ago. He is working at a small construction firm.

The other is a picture of my wife, first son's family and second son's family. The young girl, second from left, is my granddaughter. She will enter a girl's high school this spring. And my first son, scarlet shirts, is a professor in Korean Synthetic Art University. His wife, on red shirts, majored in Russian Literature at Moscow University, is working in Russian Trade Company.

They are all busy day and night. Therefore, I scarcely see them usually, except Hangawi, 15 August, and New Year in lunar calender. But I am very interested in driving a car, so my wife and I often travel all around the country, not waiting for their visit. And my wife and I are going to travel to Kyushu, Japan this spring. Kyushu is my birthplace, so I hoped to go there for a long time. My wife is studying Japanese in order to interpret Japanese for me. But that is the question how she could learn foreign language for a short time. Even though she is 73 years old, I praise that her enthusiasm is successfully going on.

Come spring, we are taking heavy overcoat off. And we will get light and colorful suit on. And we will spend our time listening pretty songs nature gives us.

My wife would like to tell you that Mr. Johnson was very kind and sympathetic. She was sorry that when you met me in Masan Middle School, she could not hear of you.

We send you best wishes for a pretty season.

Sincerely yours, Park Sung Kee

4부 **손전등**

– 박상민 –

손전등

-박상민-

손전등을 하나 산다.

출장을 가던 중 고속도로 휴게소에서 거닐다가 눈에 밟힌 것이다. 램프 구슬이 여럿 달린 LED 전등부터 빨간색, 초록색 불빛이 교차하는 알록이까지 데면데면 훑어보던 차에 녀석에게 끌린 것이다. 자그마하고 회파란 불빛이 날카로운 녀석을 주머니에 넣는다. 작은 손전등 하나에 기분이 우쭐거려짐을 감출 수 없다.

얼마 전에 이사한 집은 나지막한 1층 슬래브다. 자전거나 겨우 지나다닐 골목 끄트머리에, 오래 전부터 자리 잡은 티가 나는, 마당이 좁은 집이다. 고장 난 외등이 높다랗게 달린 게, 고만고만한 출입구가 돌출해 비슷한 다른 집들과 구별이 간다. 집안에는 무에 그리 급했는지 앞 주인이 넉살 좋게 남겨두고 간 쓰임새를 다한 물건들이 득시글하다. 나는 외등 고치기를 깨끗하게 포기한 뒤 남아있는 잡동사니 속에서 행여 쓸 만한 걸 찾아 뒤적이기 시작한다.

"답지 않게... 그런 걸 다 챙겨요?"

빨갛고 각이 진 골동품 하나를 면장갑으로 닦아내고 찬찬히 들여다보고 있을 때, 아내가 불쑥 한마디 던진다. 자질구레한 것들을 내쳐버리는 내 귀찮아함에 익숙한 아내다. 더 이상 용도를 부여할 수 없는 것들을 쓰레기봉투에 쑤셔 넣는다. 들어갈 차례를 기다리고 있는 빨갛게 각이 진 고물 손전등은 내게 호기심을 불러일으키고 있는 것 같다. 녀석의 필라멘트에 눈을 둔 채 빙긋 웃어주며 고무로 덮인 스위치를 살짝 눌러본다. 눈만 커다란 이 덩치는 전혀 힘을 쓰지 못한다. 자기능력을 너무 오랫동안 쓰지 않은 탓인가 보다. 그때 언젠가 버려졌어야 할 것이다. 그런데 지금에야 나에게로 달려와 나의 눈을 현혹하는 이유를 나는 알 수 없다.

강변을 따라 산책로를 만든 것은 멋진 선택이라고 생각한다. 늦가을이 되어 산책로엔 새로 심은 주홍색 코스모스가 눈길을 가둔다. 잠자리는 눈만 여럿일 뿐 색감은 신통찮아 어색한 주홍색 여덟 꽃잎 위에서도 좋아라고 바람에 덩실댄다.

강변산책로에 밤이 내린다.
동쪽 산등성에 닿은 어둠이 중천을 넘어 서쪽 높다란 하늘에서 아래로 물을 들이며 내린다. 어둠이 길어질수록 스산함도 깊어진다. 그 길목에 발자국을 댄다.
엇박자로 세워진 가로등들이 하나씩 멀어져간다. 얼마나 걸어왔는지 절로 뒤돌아보게 된다. 저만치 보이는 공터 불빛을 등에 업고 조금 더 나아간다. 여기가 늘 돌아서는 자리다. 오늘은 공터의 불빛이 아스라해져도 한 계점을 뛰어넘으리라. 오른쪽 주머니에서 꺼내 쥐어진 손전등만큼은 나에게 믿음을 주리라 확신하면서.

나의 압도적인 믿음에 화답하듯 녀석의 열기가 나의 손을 지나 팔을 타고 머리에 전달된다. 어둠속의 불빛은 나의 온전하고 독실한 믿음의 징표다. 나는 이 작은 녀석의 열기가 하늘처럼 미덥다.

더는 나아갈 수 없다고, 정말 충분히 멀리 왔다고 느낌이 들었을 때 돌아선다. 어쩐 일인지 멀찌감치 있을 줄 알았던 어제의 한계점은, 그러나 턱없이 가까이에 있다.

집으로 돌아오는 길은 너무 멀게 느껴진다. 나의 소중한 믿음은 길이 가 딱 정해져 있기에 조바심이 난다. 그러나 드디어 집 앞이다. 손전등으로 높이 매달린 고장 난 외등을 비춘다. 자신의 누런 색깔은 오간 데 없고 파르스름한 흰색으로 물든 외등이 어제 그대로일 따름이다. 내 믿음의 불빛은 표정 없이 딱딱한 구조물 안에까지 투여하지 못하고 있다. 손을 이만큼 더 뻗어보지만 믿음의 길이만 줄어들 뿐이다. 나의 새로운 믿음으로도 저 녀석을 바꿀 수 없다니. 그저 반사된 흉내를 낼 뿐이라니.

아내는 건넌방에서 무언가를 정리하나 보다. 달그락거리는 소리를 들으며 불을 꺼둔 거실과 안방에 들어서 전등을 켠다. 밝다. 밝으면 내 믿음은 사그라진다. 이제 어떡해야 하나? 다시 바깥으로 나서야 하나? 아니면 손전등을 끄고 이 방에 있어야 하나?

지은이 **박성기**

일본 규슈 미야꼰조 출생
경북사대 영어과 졸업
교육장 및 교육위원 역임
『미리별 교육』 주간
『교육장이 되는 길』, 『무와 숭어』 발간
「회유」로 『경남문학』 신인상 수상

자세한 이야기는 다음에

초판1쇄 발행일 2014년 9월 30일

지은이   박성기
발행인   이성모
발행처   도서출판 동인
주 소   서울시 종로구 혜화로 3길 5 118호
등 록   제1-1599호
TEL   (02) 765-7145 / FAX (02) 765-7165
E-mail   dongin60@chol.com
ISBN   978-89-5506-632-6
정가   15,000원